贵州旅游经济发展理论与实践研究

刘韬 著

郑州大学出版社

图书在版编目(CIP)数据

贵州旅游经济发展理论与实践研究/刘韬著. — 郑州：郑州大学出版社，2021.9
ISBN 978-7-5645-8097-1

Ⅰ.①贵… Ⅱ.①刘… Ⅲ.①旅游经济-经济发展-研究-贵州 Ⅳ.①F592.773

中国版本图书馆 CIP 数据核字(2021)第 166297 号

贵州旅游经济发展理论与实践研究
GUIZHOU LÜYOU JINGJI FAZHAN LILUN YU SHIJIAN YANJIU

策划编辑	郜 毅	封面设计	曾耀东
责任编辑	胡佩佩	版式设计	苏永生
责任校对	吴 静	责任监制	凌 青　李瑞卿

出版发行	郑州大学出版社有限公司	地　　址	郑州市大学路40号(450052)
出 版 人	孙保营	网　　址	http://www.zzup.cn
经　　销	全国新华书店	发行电话	0371-66966070
印　　刷	郑州宁昌印务有限公司		
开　　本	710 mm×1 010 mm　1 / 16		
印　　张	14	字　　数	253 千字
版　　次	2021 年 9 月第 1 版	印　　次	2021 年 9 月第 1 次印刷
书　　号	ISBN 978-7-5645-8097-1	定　　价	68.00 元

本书如有印装质量问题，请与本社联系调换。

目录

绪论 ··· 1
- 第一节 研究背景 ··· 1
- 第二节 研究目的 ··· 3
- 第三节 研究意义 ··· 3
- 第四节 旅游经济发展理论研究现状 ··· 5
- 第五节 区域旅游经济核心概念 ··· 11

第一章 旅游经济发展基本理论概述 ··· 20
- 第一节 旅游需求的基本理论 ··· 20
- 第二节 旅游消费经济行为 ··· 26
- 第三节 旅游供给基本理论 ··· 38

第二章 贵州旅游资源 ··· 53
- 第一节 业态结构 ··· 53
- 第二节 贵州旅游业态结构及分析 ··· 64
- 第三节 人文资源 ··· 76
- 第四节 贵州发展旅游新业态思考 ··· 85
- 第五节 主要景点与路线 ··· 90

第三章 贵州旅游业业态发展实践及新业态发展研究 ··· 115
- 第一节 贵州旅游业业态整体分析 ··· 115
- 第二节 贵州旅游业业态结构 ··· 117
- 第三节 贵州旅游业业态结构分析 ··· 119
- 第四节 贵州发展旅游新业态的可行性及路径 ··· 121
- 第五节 贵州发展旅游新业态的意义 ··· 123

第六节　贵州发展旅游新业态的条件……………………… 124
　　第七节　体验型民族村寨旅游…………………………… 129
　　第八节　白酒文化旅游…………………………………… 132
　　第九节　升级版红色旅游………………………………… 135
　　第十节　主题酒店………………………………………… 139

第四章　贵州旅游新业态发展策略……………………………… 142
　　第一节　企业创新………………………………………… 142
　　第二节　旅游者参与……………………………………… 144
　　第三节　政府支持………………………………………… 145

第五章　贵州旅游经济产业治理实践及机制研究分析………… 149
　　第一节　贵州旅游产业治理现状概述…………………… 149
　　第二节　贵州旅游产业治理问题及分析………………… 150
　　第三节　贵州旅游产业治理机制分析…………………… 152
　　第四节　贵州旅游产业新型治理机制构建……………… 155
　　第五节　贵州旅游产业新型治理机制系统运行模式…… 159
　　第六节　贵州旅游产业新型治理机制优势分析………… 161
　　第七节　新型治理机制及系统合理运行的对策建议…… 162

第六章　贵州旅游经济发展实践案例…………………………… 165
　　第一节　镇远旅游业简介………………………………… 165
　　第二节　郎德上寨旅游业简介…………………………… 183

第七章　国内外其他旅游经济发展理论及实践启示…………… 191
　　第一节　国内其他旅游经济发展理论…………………… 191
　　第二节　国外其他旅游经济发展理论…………………… 202

参考文献………………………………………………………… 218

绪 论

第一节 研究背景

服务劳动理论是马克思劳动价值论的一个重要组成部分。马克思认为服务劳动是一种劳动形式,"任何时候,在消费品中,除了以商品形式存在的消费品外,还包括一定量的以服务形式存在的消费品。因此,消费品的总额,任何时候都比没有可消费的服务存在时要大。"马克思认为服务劳动和物化劳动都是劳动形式,其劳动力都可以成为商品,都是买卖的对象。旅游产业作为服务业的重要组成部分,其产品和服务能够带来经济效益,产生利润。在《剩余价值理论》中,马克思解释"服务"时说:"服务这个名词,一般地说,不过是指这种劳动所提供的特殊的使用价值,就像其他一切商品也提供自己的特殊的使用价值一样;但是,这种劳动的特殊使用价值在这里取得了'服务'这个特殊名称,是因为劳动不是作为物,而是作为劳动提供的。"由此可见,纯粹的服务劳动就是一种特殊使用价值,是采取活动的形式,处于流动状态,具有不固定不物化的基本特点。此外,马克思对服务劳动的类型进行了具体的分析,他说"某些服务,或者说,作为某些活动或者劳动的结果的使用价值,体现为商品。相反,其他一些服务却不留下任何可以捉摸的,同时提供这些服务的人分开存在的结果,或者说,其他一些服务的结果不是可以出卖的商品。例如,一个歌唱家为我提供的服务,满足了我审美的需要;但是,我所享受的,只是同歌唱家本身分不开的活动,他的劳动即歌唱一旦停止,我的享受也就结束;我所享受的是活动本身,是它引起我的听觉的反应。"由此可见,马克思将服务劳动分为两类:物质生产领域中的服务劳动和非物质生产领域中的纯粹服务。相应地,服务产品区分为:可分离的商品形式和不可分离的活动形式。自20世纪70年代以来,全球的旅游业发展迅猛,其创造的产值已经超过钢铁、石油、汽车制造业,成为全球第一大产业。在我国,经过30多年的迅猛发展,旅游业不仅成为新兴的现代服务业,而且日益成长为具有战略性的国民经济支柱产业,在非物质生产领域中的纯粹服务业中发挥越来越重要的作用。随着经济水平的不断提高,人们在物质需求得到满足的同时也在寻求精神层面的提高,旅游以愉悦身心和提高生活质量为目的,正逐渐成为人类社会普遍参与的生活方式。与此对应,旅游业迅速发展成为最具潜力的朝阳产业,旅游业的发展对整个国民经济的发展起着越来越重要的促进作用。贵州省地理位置独特,拥有得天独厚的自然资源和人文旅游资源,近些年贵州省旅游业全面发展,呈现一片繁荣景象,但在发展过程也存在着一些问题,如对资源的开发和保护不到位、旅游基础设施不完善以及旅游资金缺乏问题等,都在一定程度上制约了贵州省旅游经济的发展。

国发〔2012〕2号文件、贵州"十二五"规划均指出要把贵州旅游产业努力培育成为战略性支柱产业,将贵州建设成为旅游经济大省;因此,当前贵州旅游处于重大历史发展机遇期。贵州冬无严寒,夏无酷暑,旅游资源丰富,拥有18个国家级风景名胜区,除此次之外还有9个国家级自然保护区,有国家级历史文化名城和国家级重点文物保护单位。贵州是少数民族聚居区,其原始古朴的民族节日、民族服装更引人注目,秀丽的自然风景结合淳朴的民族风情使得贵州旅游资源举世无双。

但是贵州旅游业旅游品牌和形象建设欠缺,诸如镇远古镇、西江苗寨等旅游景点在全国知名度不高;由于龙头品牌不多导致对地区发展拉动作用不强;贵州交通不便,导致其对游客的"引力"下降;生态环境脆弱,对旅游的环境承载能力差。种种问题阻碍着贵州旅游业的发展建设,如何更加高效、更加科学、更加系统地治理贵州旅游产业也就成了一个重大问题,因此,分析和探究贵州省旅游经济发展进程中存在的一些问题,思考促进贵州省旅游经济快速发展的对策势在必行。

第二节 研究目的

　　旅游业并不是一个独立的产业,在国民经济中无单一的产业与之对应,但它在国民经济中确实存在,尤其是旅游产业具有综合性的特点,发展旅游业不仅能够很好地促进经济社会发展、增加国民收入、赚取更多的外汇,对于扩大就业领域、带动相关产业的发展也具有巨大的作用。因此,对旅游经济的分析与研究显得愈发重要。对贵州省的旅游产业经济的研究,先研究其总体特征,总结出贵州省旅游产业发展的总体特点,接着对贵州省旅游产业发展现状进行分析,即认识本质之前,先了解现象,也是对旅游产业经济分析的基础分析。

第三节 研究意义

　　目前贵州旅游业的发展面临着经济效应低下的局面,旅游产业集聚度低,规模效应不明显,如何实现旅游产业更好更快发展,达到旅游产业产出最大化,形成政府—企业—旅游者多方共赢的局面仍然任重而道远,因此贵州旅游业的发展以及治理受到国家和地方政府以及学界的重视,研究如何从构建旅游产业治理机制角度促进旅游产业更好更快发展具有重要的理论意义和现实意义。

一、理论意义

　　进入21世纪以来,随着世界经济和社会的发展,为促进旅游产业的快速、协调、可持续发展,需要对旅游业的发展方向、发展模式、产业政策等进行深入的思考。然而目前我国旅游业在快速发展过程中的产业治理研究还仅限于从表象上分析其途径和方法,未对其内在进行深入研究,特别是未能对旅游业产业治理机制包括旅游业治理的主体、产业发展、产业治理机制构建等基础理论和实施路径进行内在作用机理的深入研究。因此,本书由旅游业基础概念分析开始,结合贵州旅游业实际情况分别对旅游业治理机制相关内容、相关理论基础、产业特点、现状、机遇和挑战、新型产业治理机制构建等进行了系统研究。这不仅对于提高贵州旅游业产业治理的理论水平有着重要意义,对指导目前我国旅游业进行产业治理机制创新,突破发展困境,也具有重要的指导意义。

二、现实意义

在改革开放和经济快速发展的大背景下,贵州旅游业发展保持了持续高速增长的势头,贵州接待国内游客总量一直以高于全国平均水平的速度增长,2008—2012年,年均增长率为15%,高于全国11%的平均增长率,从国内旅游者的比重来看,由2004年的0.9%提高到2010年的1.6%。这说明两个问题,一方面贵州的国内旅游业以高于全国平均水平的速度在发展,在国内市场上所占份额越来越大;另一方面,贵州的市场绝对份额还比较小,和东部旅游大省相比还存在差距。总体上看,贵州的旅游业仍然处于高投入、低产出的发展阶段,旅游业投入产出水平较低,旅游产业面临全面提升的压力。因此,对贵州旅游经济发展进行全面深入的研究,对于提高贵州旅游产业的投产出水平,全面提升旅游产业竞争力,促进旅游产业更好更快发展,建设"多彩贵州",促进贵州旅游质的飞跃具有极其重要的实践意义。

对旅游产业经济的分析研究,表现在旅游经济在国民经济中的作用愈来愈大,不仅能够促进经济社会发展、增加国民收入、赚取更多的外汇,而且对于扩大就业领域、带动相关产业的发展更有着不容小觑的作用。

同时,旅游经济的发展能带动相关行业蓬勃发展,拉动区域经济发展。由于旅游业是个综合性较强的行业,它包括行、游、住、食、购、娱为主的众多相关因素,因而旅游业可表述为多要素集合性综合产业。旅游业不像农业和工业那样,行业界限分明,能够按同质性规律划分成专门独立的经济产业,它是隐含在现有的宏观经济变量之中的。因此,旅游能够带动区域交通、住宿、餐饮、游览、购物、文化娱乐、金融、通信、零售、物流等多个行业的发展也是显而易见的,旅游业与其他相关行业的关联与依附,使整个区域的产业结构得以调整与优化,拉动区域经济发展,最终加速区域经济的发展。

旅游业是一种综合性较强的行业,与其他行业的相关度较高,因此,旅游业的发展能直接或间接地为社会提供就业机会。同时,旅游业可以通过产品的开发为当地经济收入的提高做贡献,为当地居民提供更多就业机会。

因此,旅游业的发展完全可以作为一个地区的扶贫开发项目,且该项目具有见效快、永久性的特点。

除此之外,旅游经济发展能够更好地扩大国际交流,增加国家外汇收入。出入境旅游不仅能够拉动境内外的经济文化交流,而且出入境旅游能够直接增加外汇收入,进而能够调整国际收支平衡表。尤其对出入境旅游市场的发展,更是将来整个旅游业的发展的最终目标。

第四节 旅游经济发展理论研究现状

近年来,旅游经济逐步成为一些国家和一些地区经济提升的重要支撑产业,尤其是拥有得天独厚的自然资源和历史文化资源的国家和地区,它们依靠资源优势,逐步形成地区特色旅游产业链。随着旅游业发展日益迅速,国内外学者对旅游经济研究日益增多。就国内而言,对于区域旅游经济、地区之间旅游差异性研究人员较为集中,而鉴于国外学者,他们较为集中于旅游产业的创新及其生态旅游、低碳旅游方面。其中,湖南师范大学王凯认为,改革开放以来,我国旅游业发展迅速,不过区域之间旅游经济和发展水平呈现出非均衡状态,因此他主张要调控区域之间发展差异性,实现区域旅游经济的统筹协调发展。

中国科学院王德根认为,东部沿海地区旅游经济发展省内差异性较大,而对于中西部地区旅游经济省内差异性不大,同时,他指出旅游资源、交通条件及其地区经济发展水平是地区发展旅游业的重要支撑。此外,随着生态环境重要性的日益显现,国内学者近年来对生态旅游、低碳旅游研究增加。

国内学者唐静认为,地区要解决生态旅游经济造成的生态破坏现象,缓解生态危机,必须要构建和谐的生态环境,构建内生化的生态旅游发展模式,建立健全生态旅游经济发展模式。

而就国外学者而言,美国学者冈恩认为,规划作为未来的预测,处理可预见的事件,是唯一能使旅游业获得好处的方法。这对于我国发展旅游经济具有重要的借鉴意义,有助于地区在发展旅游业过程中,先做好规划,再进行旅游资源的开发。同时,国外很多学者对乡村旅游进行了大量研究,尤其是日本,他们认为乡村旅游是乡村振兴的一剂药方,有助于地方经济的发展,增加居民收入,增强城乡之间的联系。

一、国外研究现状

1927年,意大利学者马里奥蒂出版了《旅游经济讲义》一书,被认为是第一次对旅游经济进行了系统化研究的尝试。该书认为旅游的本质是经济现象,其内容涉及国内旅游状况、旅游统计、旅游接待业以及旅游中心等问题。20世纪30年代,欧洲的旅游研究曾出现过一个小的高潮,先后有多部旅游研究问世。例如,1931年德国学者博尔曼发表了《旅游论》,认为"旅游论的所属是经济学,它的根本问题不仅属于国民经济学及经营经济学的领域,而且不能不应用各学科的成果";1933年,英国学者奥格威尔出版了《旅游活动》,用数学统计方法科学地研究了旅游者的流动规律,并从经济学的角度给旅游者下了定义。

第二次世界大战以后,各国对旅游经济的研究走出了低谷,获得了前所未有的发展。1954年,德国学者克拉普特出版了《旅游消费》一书,对旅游消费的动力和过程做了专题研究。1955年,意大利学者特罗伊西出版了专著《旅游及旅游收入的经济理论》,对旅游经济概念,旅游收入及旅游经济效益做了比较深入的探讨。1950年,日本学者田中喜一教授的论著《旅游事业论》问世,从经济的角度研究国际旅游,从而深化了旅游经济的研究。

斯蒂芬·史密斯(2000)将旅游业划分为两个层次:第一层次是专门为旅游而存在的一些企业的总和,第二层次是受旅游影响较大的一些企业的总和。这样的划分剔除了那些对旅游依赖不显著的行业、企业。

国外对旅游业产业治理相关理论基础研究有以下三点。

第一,产业链与产业发展理论。马歇尔研究了企业与企业之间的价值链理论,他认为企业与企业间的分工是最主要的。赫希曼在其著作《经济发展战略》中从产业前向联系与后向联系的角度对产业链进行了解释。在波特(1985)看来,企业本质上是一条价值链"通过研发、采购、生产与销售等价值活动",把原材料转变成最终产品,"不断地让渡价值并满足顾客需求",实现价值增值;不同的企业,尽管具体活动及其组合方式上存在差异,但最终目的都是创造价值。所以波特指出,企业要塑造竞争优势,就需要经常审查自身价值链的各种活动,找出价值链中关键活动,并分离非关键活动。

科林·克拉克在威廉·配第在国民收入与劳动力流动之间关系学说基础上提出了产业发展理论,其重点研究了产业发展的结构问题。劳动力随着经济发展水平和人均收入水平的提高逐步依次从第一产业向第二产业、第三产业转移。在此过程中,第一产业的劳动力将减少,而第二产业、第三产业的劳动力将增加。一国人均收入水平越高,第一产业劳动力占比越小,而第二产业、第三产业劳动力占比越大。

库兹涅茨在配第-克拉克理论的基础上提出了库兹涅茨法则。法则认为,随着时间的推进,农业部门的国民收入占比不断下降,工业部门的国民收入占比大体不变或略有上升,服务部门的国民收入占比大体不变或略有上升;除此之外,随着时间推移,农业部门劳动力占比不断下降,工业部门劳动力占比则大体不变或略有上升,服务部门劳动力占比则基本上升。

第二,产业集聚理论。马歇尔(1890)在《经济学原理》中首次提出了产业集聚的概念,他从外部经济入手界定了地方性工业集聚的内涵,这个内涵反映了企业和产业集聚的地理特征,同时也反映了"一业为主"的产业结构特点。

波特(1998)认为,产业集群是某一特定领域内相互联系的企业及机构在地理上的聚集体。这个概念突破了产业区理论所热衷的投入产出系统概念。

第三,网络治理机制理论。琼斯等(1997)从需求的不确定性、资产的专用性、任务的复杂性与交易频率等四重维度入手,并结合结构嵌入理论,提出了网络治理的社会机制,包括进入壁垒、宏观文化、联合制裁和声誉。

二、国内研究现状

我国对旅游经济的研究起步较晚。但是,随着改革开放政策的实施,旅游业的迅速发展,我国政府有关部门和学术界对旅游经济问题的研究取得了一定的研究成果。20世纪80年代初,王立纲教授撰写了从政治经济学演化而来的《旅游经济学》,这是我国第一本系统论述旅游经济的专著,在我国旅游经济研究领域里实现了"零的突破"。1984年,上海社会科学院部门经济研究所旅游经济研究室集体编写了《旅游经济学》,该专著较为系统地介绍了国际上旅游经济研究的范畴和方法,从而初步确立了旅游经济学科建设的体系框架。两年以后,陶汉军、林南枝的《旅游经济学》出版,它既注重理论研究,又注重与中国的国情结合,成为旅游经济学科理论建设和教育实践中影响很广的一部著作。此后,有关高校也相继编写了一些《旅游经济学》《旅游概论》和旅游经济方面的著作和教材。可以说,到了20世纪80年代后期,我国旅游经济学科建设已初步形成体系,学术研究渐成风气,在旅游经济教学中也有了较为完整的系列教材。20世纪80年代末到90年代中期,我国旅游业发展迅速,旅游产业规模基本形成。1986年,旅游业正式纳入国民经济序列。目前,国家又把旅游业排在第三产业的首位,优先发展。在这一阶段里,一方面由于旅游经济学的理论基础大致奠定;另一方面,旅游业的发展实践亟须理论指导,因此,旅游经济研究的重点转向战略研究、规划研究、项目研究和专一方向的深化研究。旅游经济的理论融入实践,颇见实效。在这些研究中,层次最高、也最具代表性的就是由国务院发展中心主持,中心主任、著名经济学家孙尚清任组长的国家重点课题——《中国旅游经济发展战略》。1992年,该课题的研究成果最终形成了专著——《面对21世纪的选择——中国旅游经济发展战略》,确立了中国旅游业"适度超前"的发展总方针。其不仅对1978年以来我国旅游经济运行的方方面面进行了比较透彻的分析和总结,而且就20世纪90年代我国旅游业发展战略做了深入的探讨。

迄今为止,国内区域旅游经济方面的研究,比较重要的大型调查和研究有两项:一是中国人民建设银行投资调查部在1986年组织全国重点旅游城市、地区的建设银行对旅游业进行了调查,最后以内部资料汇编的形式印刷发行;二是前述由孙尚清主持的国家哲学社会科学"七五"重点课题——"中国旅游经济发展战略"。此外还有一些零星的研究,如入宫浩兴等对西安地区经济效益的综合分析,邢明对秦皇岛旅游经济的调查,德国学者埃德曼·戈森对中国大理、黄山的研究等。但对于区域旅游经济的理论与方法的研究目前仍然有所不足,尚未有完整的理论体系建立,有待于我们进行深入的探讨与研究。

(一)旅游与旅游业

由于旅游业自身包含的范围大、涉及面广、外延性强等特点,导致了目前旅游产业的界定比较模糊,所以,旅游课题研究起来显得不如第二产业方便,旅游产业的模糊性给旅游集聚的研究也带来了一定困难。尽管存在以上困难,许多学者也对旅游产业的定义给出了自己的见解。张涛提出了旅游业内部支柱性行为为旅游业的包含范围。具体来说,评价某行业是否构成旅游业内部支柱性行业,应以该行业是否对旅游业生存和发展具有决定性意义,即是否真正起到支撑作用为标准。具体可从该行业与旅游者旅游活动的相关程度、与旅游业运行的相关程度、该行业的创收能力、该行业吸纳就业的能力四方面来判断。最后得出结论:旅游业的支柱性行业构成应为四个行业,即旅游景区业、旅行社业、旅游饭店业和旅游交通业。

我国学者张辉(2002)认为凡是直接或间接为旅游活动提供服务和产品的行业均属于旅游业。并进一步指出:由于旅游业要满足旅游者从居住地至旅游目的地旅游消费的全部需要,涉及行、住、游、食、购、娱等多项需求,从满足需要出发的社会各相关行业如交通运输业、饭店业、景区业、商业、饮食业、娱乐业、旅行社业等都是旅游业的组成部分。旅游业不同于其他传统产业,它的产业边界没有明确的规定,也没有明确的划分。

刘伟、朱玉槐(2001)提出应该从广义的角度重新认识旅游业。认为旅游业是指以旅游资源为凭借,以旅游设施为条件,为人们的旅游活动提供服务,从中获得经济效益的所有社会经济部门。

李肇荣和曹华盛(2006)认为旅游业就是以旅游资源为依托,以旅游设施为条件,以旅游者为对象,为旅游者的旅游活动创造便利条件并提供其所需的商品和服务的综合性产业。

张凌云(2006)指出:"以需求串联的角度来考察,凡是生产或提供满足旅游消费者在旅游过程中所需要的产品和劳务的部门或企业的集合称为'旅游产业'。"

(二)旅游业产业治理的理论基础

1. 产业集聚理论

国内对于产业集聚的研究时间较短。邓冰等(2004)在波特产业集聚理论基础上提出了旅游产业集聚的定义、特征以及影响因素等。刘志高(2006)从集聚产生的效应入手,证明了旅游产业集聚的存在,并阐述了旅游业集聚存在的先决条件,即旅游目的地企业有明显的空间聚集特征。宁奉菊(2007年)首先界定了旅游产业集聚核心企业和概念。其次分析了山东泰安旅游业空间集聚和空间的相关性,从而认定泰安形成了旅游产业集聚,同时也研究了其集聚形态。麻学锋对我国旅游产业集聚现状进行了分析,指出了旅游产业集聚对我国旅游业发展的现实意义,并提出了旅游产业集聚的创新措施。

2. 博弈论

国内将博弈论与旅游产业结合起来分析旅游产业发展的研究并不多。赵康、房树华(2008)从博弈论的角度分析了环渤海地区旅游产业发展的现状,从博弈主体角度指出了环渤海地区旅游产业发展存在的问题,最后将博弈论与旅游产业结合起来,提出了建立环渤海地区旅游产业联盟的模式。陈英(2008)将博弈论运用于旅游产业,分析了旅游产业各个相关主体旅游企业、旅游者、当地政府、社区之间的博弈关系,并指出了存在的现实问题,提出了相应措施。

阳宁东、周幼平(2004)研究了博弈论在规范旅行社市场中的作用。首先构建了旅行社市场的一价博弈模型,分析了其贝叶斯均衡,研究了各个旅游主体的利益,接着实证研究了"零团费"问题,并就如何利用博弈论规范旅行社市场提出了建议。

3. 产业链理论

刘贵富(2006)认为,产业链是同一产业或不同产业的企业,以产品为对象,以投入产出为纽带,以价值增值为导向,以满足用户需求为目标,依据特定的逻辑联系和时空布局形成的上下关联的动态的链式中间组织。许林峰、严北战(2011)提到集群式产业链是经集群与产业链的两种中间组织有机耦合而成的新式复合组织,相对于一般传统意义上的集群之地域界定,产业链之产业关联界定,集群式产业链则需从产业维度、空间维度和关系维度三方面综合考量。

王保伦(2004)将旅游产业链表述为:为满足旅游者的旅游需求,将相关行业的生产者组合起来,通过包价或零售将旅游产品间接或直接销售给旅游者以助其完成客源地与目的地之间的旅行与游览,在此过程中所形成的产业供需关系就是旅游产业链。黎霞(2005)认为旅游产业链是指从旅游资源到消费品之间的层次,即旅游产业链是一种路径,这种路径使一种或多种旅游资源通过若干产业层次向消费者转移。

三、研究评述

首先,目前研究大多从一个角度一种机制去分散地研究某产业的治理情况,不能深入地多角度构建科学的治理机制来分析问题的实质,而且得到的结论常常片面化比较严重,且针对旅游业产业进行专门的治理机制研究的文献较少;其次,许多研究还仅限于从表象上分析产业治理机制如何促进旅游业产业发展,未对其内在机理进行深入研究,没有形成系统的理论。特别是未能从理论上对产业治理的相关理论,诸如理论基础、概念界定、内容剖析、特征描述、方式途径等内容进行深入的探讨。

所以目前对于贵州旅游业乃至全国旅游业来讲,亟须解决的是从旅游业基本分析开始,构建多种理论综合应用的科学治理机制,进而从宏观上解决覆盖产业现状、产业发展、产业效应增加等方面的问题,微观上解决旅游产业体系各微观主体如何拟合优化等问题。

第五节　区域旅游经济核心概念

一、旅游经济的形成与发展

旅游经济的发展是伴随着人类社会经济水平的提高而产生和发展起来的,是社会生产力发展到一定阶段出现的一种经济现象。旅游经济是在旅游活动有了一定的发展,并具备了一定物质条件的前提下,才产生的一种社会活动。旅游经济的形成就是旅游活动向商品化发展的过程。从旅游经济的发展历史看,旅游活动的商品化过程主要取决于三方面的因素。

以工业革命为主导的社会生产力发展,为旅游经济的形成打下了坚实的物质基础。资本主义商品经济的发展,为现代旅游经济的发展创造了巨大的需求。

专门从事旅游经济活动的服务机构的建立,是旅游经济形成的重要标志。

总之,旅游经济的形成条件,一是具备了一定的物质技术基础;二是产生了对旅游的大量的社会需求;三是与此相适应而成立的专门为旅游者提供游览、休闲等旅游活动的服务机构,于是旅游活动实现了商品化过程,旅游经济就产生和发展起来了。

二、区域旅游经济的概念

区域旅游经济学是随着人类社会实践的深入和科学技术的迅猛发展，而产生的一门新兴学科。它融合了区域科学、旅游经济、文化和其他学科的理论、方法，是一门崭新的学科。其研究和阐述的是特定区域旅游经济活动中的经济现象、经济关系的本质和发展规律。

旅游经济是以出售旅游产品获取效益的一种经济形式。它包括两层意思：一是通过旅游服务，实现财富转移；二是通过风景出口，即旅游产品的形象出口，达到创收创汇的目的。其特点是产品经过消费以后仍然存在，产品的消耗只是旅游者得到一种产品享受，而不是得到产品的实体。

旅游经济是以旅游活动为前提，以商品经济为基础，并随着社会经济发展而发展的一种综合性社会现象，它具体为旅游活动过程中旅游者和经营者之间，按照各自的利益而发生经济交往所表现出来的各种经济现象和经济关系的总和。（罗明义《现代旅游经济》，1994）

旅游经济活动是商品经济高度发展的产物。旅游经济是对旅游经济活动中的经济现象、经济关系和经济发展规律的研究。（林南枝、陶汉军《旅游经济学》，1994）

旅游经济是以旅游活动为前提，以商品经济为基础，依托现代科学技术，反映旅游活动过程中旅游者和旅游经营者之间，按照各自利益而发生经济交往所表现出来的各种经济活动和经济关系的综合。（罗明义《旅游经济学》，1997）

综合上述关于旅游经济的概念，并结合区域科学基本知识，笔者认为，区域旅游经济学是研究和揭示区域与旅游经济相互作用规律和相互关系的一门科学。区域旅游经济学，是以区域为着眼点，运用以旅游经济学为主的理论与方法，研究和探索区域旅游经济发展变化的规律。简言之，就是人类旅游经济活动的空间规律。它的贡献与独到之处，就在于它以空间维度来观察旅游经济现象，对旅游经济活动做出理性解释和把握。

区域旅游经济学的研究对象是区域与旅游经济的相互作用、相互关系及其变化规律，也就是旅游经济活动的空间表现形式。

区域旅游经济学的研究内容，是依据其研究对象而定的。它是把区域与旅游经济相互作用、相互关系作为其中心内容，不是孤立地或分别地研究区域空间或旅游经济学问题,而是把区域与旅游经济作为一个有机整体来观察,分析其产生、发展、演变的规律。

三、区域旅游经济的内涵

区域旅游经济就其学科属性而言,当纳入经济学的范畴,其发展标志着旅游经济活动的广泛发展,它不仅是区域经济赖以生存和发展的基础,也是区域国民经济的重要组成部分。

区域旅游经济的研究是在旅游活动发展的基础上,随着旅游经济活动由国内向国外,由区域向世界范围的扩散而逐步深入的。

区域旅游经济的发展,其基本内涵是在宏观旅游经济背景中,区域旅游经济总量增长,人均旅游收入水平有所提高,旅游基础设施不断改善,旅游产业和空间结构逐渐趋于合理,地区间建立合理的经济关系,逐步缩小地区间经济发展水平的差距,以及为此目标而制定的区域旅游政策等。其不仅包括地区经济增长,还包括社会文化、生产生活条件和生态环境的改善等。

区域旅游经济发展涉及的内容较为庞杂,其发展过程一般应包括经济增长和经济结构变化两个基本过程,即区域旅游经济发展是区域旅游经济增长伴随经济结构变化的客观过程。

区域经济增长是指经济总量、规模的扩大,是"量"的含义,而区域旅游经济结构变化是指区域旅游产业结构、空间结构的变化,具有内在的"质"的含义。区域旅游经济增长与旅游经济结构变化两者相互制约,相辅相成,并统一于实践过程,即区域旅游经济发展阶段特征之中。

四、区域旅游经济发展的理论基础

区域旅游经济可以是旅游经济学的研究内容,又可以是区域科学,特别是区域经济学的重要研究内容。因此,区域科学和旅游经济学的基本理论和方法便成为区域旅游经济发展的基本理论与方法的直接来源。

在我国,由于旅游经济是一门新兴学科,且旅游经济活动的市场环境条件不足,研究旅游经济问题的社会经济基础尚不完备,因此还有待于不断地深入研究与探索,使其研究内容不断充实,理论体系不断完善。

五、经济发展理论

区域旅游经济发展具有明显的经济效益(直接经济效益、间接经济效益),具有乘数效应,能够带动其他产业如建筑业、商业、交通运输业、农业等行业的发展,提高区域经济实力。因此,区域经济发展必须遵循经济学的一般原理。

必须进行产业投资机会分析,在确定要发展旅游经济的前提下,还需对其产业结构以及所选的旅游项目进行投资效益分析,以便建立最佳的产业结构。

必须进行市场调研和策略研究,首先要综合分析客源的社会经济基础、心理特征、需求状况、客源地与目的地的空间相互关系,客流量大小及时空分布规律和发展趋势;其次要进行市场定位,确定第一目标市场、第二目标市场和机会市场;最后要利用产品质量、价位高低、销售渠道、促销手段以及公共关系等确定旅游市场的营销策略组合,以达到提高市场占有率的目的。

必须进行旅游供给与需求的研究,根据市场需求和旅游资源与设施的供给状况,确定供给指标和需求指标,以达到旅游供给与需求的动态平衡。

必须进行旅游综合效益分析,即对发展旅游经济所获得的社会效益、经济效益和环境效益进行综合的分析核算,评价经营成果。

总之,运用经济学的原理和方法可以使区域旅游经济发展立足市场,面向消费,合理开发资源,优化产品结构与项目,体现旅游经济发展的经济、社会和生态效益。

六、区域科学理论

区域(region)作为旅游经济发展的地域背景,是人类经济活动及其必需的生产要素存在和运动所依赖的"载体"——地域空间。

区域发展(regional development)是区域科学的核心研究领域。自然因素、经济因素差异和空间距离的不可消除性是区域旅游经济发展存在的客观基础,也是区域科学研究的主要内容。从地域空间发展来看,旅游经济发展不仅在区域内存在明显的差别,而且各旅游区在发展阶段、发展规模及水平上也存在着差距,因此,旅游产业布局必须根据各旅游区间旅游经济的发展水平及区位状况,进行合理分工和布局。所以我们在其研究过程中必须以科学的有关理论为依据,运用数学分析和经验分析的方法,对区域旅游经济活动的空间布局与发展以及旅游经济发展政策进行分析研究。

七、闲暇游玩理论

随着科学技术的进步与生产力的发展,人们拥有的闲暇时间越来越多,特别是双休以来,闲暇问题更为突出。人们在闲暇时间内都有从事户外游玩活动的需要,户外游玩活动的产业化、商业化是旅游经济发展的直接动力。闲暇游玩不仅仅是市民需要,公务旅行者在闲暇时间内也有游玩需求。

八、旅游系统理论

区域是一个复合系统,区域旅游经济的发展并不等于其各子系统发展的简单相加。所以在区域旅游经济发展中,既要考虑旅游景点的开发、建设和保护,相关服务接待配套设施的建设、客源市场的开拓;又要紧密结合区域所在的重点依托城市经济的发展状况、区域经济发展目标、协调与相关行业的配套发展。避免旅游系统内部子系统的不合理倾向性发展,减少在旅游经济发展中的盲目性和不必要损失,求得协调发展格局。

区域旅游经济发展是一个动态、连续的过程,其间会出现一系列不连续的跃进、震荡、后退现象。因此,旅游经济发展需采取近、远期相结合的方式,根据发展过程中反馈的信息不断对其进行补充、修正,建立连续性、滚动性的发展模式。

九、旅游区位论

区位论是产业布局与城镇聚落和区域空间组织优化的理论,主要包括工业区位论、农业区位论、空间相互作用理论、中心地方论、城市地域结构理论以及一般区位论等,旅游业作为国民经济的一项产业,其空间布局与项目选址、旅游线路安排等都存在区位优化问题。

市场结构与市场区位旅游地客源市场一般有三级结构:一级市场(基本市场)、二级市场(开拓市场)和三级市场(机会市场)。其中一级、二级是最基本的市场,是旅游地客源市场的主体,占的份额最大,也最稳定。大项旅游项目开发应根据市场结构的一般特征,造址于客源市场力大、交通方便的地域,即经济发达地区,以保证正常运行的门槛入口。

旅游者外出旅行从事户外游玩活动,存在一个门槛距离即随距离增加游玩人数增多,递增与递减的节点离城市的距离即门槛距离,超越这一门槛距离,呈距离衰减现象。不同区域由于其经济发展水平不同,门槛距离也不相同。发达地区门槛距离大,距离衰减曲线平缓;落后地区门槛距离小,距离衰减曲线陡峭。同一地区在不同的经济发展时期门槛距离也不相同,门槛距离的大小直接影响着区域旅游项目的选址和竞争能力。

十、可持续发展理论

1990年,加拿大温哥华全球旅游持续发展大会提出《旅游持续发展行动战略》;1995年,联合国教科文组织、环境规划署和世界旅游发展组织等共同在西班牙召开可持续旅游会议,在保持和增强未来发展机会的同时,满足旅游者和旅游地居民当前的需要,在保持文化完整性、基本的生态过程、生物多样性和生命维持系统的同时满足经济社会发展和美学的需要。

可持续发展从狭义上说,就是要实现经济、环境和资源之间的协调发展,使经济发展对自然资源需求量与其保有量和增值量相协调,使其既能满足当代人的需要,又不对后代人需要的满足造成威胁;从广义上说,就是要实现区域经济与全国经济之间的协调发展,缩小发达地区与不发达地区之间的差距,使国民经济持续、健康增长。

可持续发展已经变成未来的最优选择,而区域旅游经济可持续发展的贯彻执行,必然要通过发展来予以落实。可持续发展理论要求区域旅游经济的发展要考虑到客源地和旅游目的地之间的文化、经济势差,不断优化旅游社区的内部产业结构,提高旅游地居民的基本素质,以适应市场经济的发展,从旅游地的内部培育发展动力,解决地区经济、文化发展的差距。

十一、区域旅游经济发展研究的主要方法

(一)坚持理论联系实际的方法

区域旅游经济是对旅游经济活动实践的科学总结,它的研究必须坚持实事求是的科学态度,坚持理论与实践相结合。

坚持理论与实际相结合,运用现代区域经济理论分析旅游经济活动中的各种经济现象和经济关系,必须从旅游经济活动的客观实际出发,解决旅游经济发展中的实际问题,揭示其发展变化的客观规律,并上升为科学理论,用以指导地方旅游经济发展的实际工作。

坚持理论与实际相结合,必须以"实践是检验真理的客观标准"为准绳,只有在实践中对区域旅游经济现象、经济关系及经济规律的科学总结和概括进行反复检验,并根据实践的发展进行修改、完善和充实,才能使区域旅游经济理论体系不断成熟和完善。

(二) 定性分析与定量分析相结合的方法

任何事物都有质和量两个方面。区域旅游经济既要研究特定区域旅游经济活动产生、发展和变化的规律性(质),又要研究其变化的数量关系(量)。如旅游投入与产出的关系、旅游价格变化与旅游需求量变化的关系,旅游产品销售与利润变化的关系等,这就要求把定性分析与定量分析紧密结合起来,如此得出的研究成果才有可信度和可操作性。

(三) 系统分析的方法

建立在系统论、信息论和控制论基础之上的系统分析法,是一种新型的、综合型的研究方法。它强调从系统、综合的角度来研究事物运动的客观规律性,从而克服研究问题中的狭隘、片面、孤立、静止及封闭的观点和方法。区域旅游经济虽然是从属于国民经济的一个部分,但其本身也是一个系统,只有运用系统分析的方法,才能真正掌握区域旅游经济的整个理论体系和方法,有效地指导实际工作。

区域旅游经济活动是社会活动的一个子系统,其本身又是由各种要素所组成的系统。因此,在研究区域旅游经济时,既不能局限于旅游经济活动的某一个方面或环节,更不能以地理划界而孤立地研究某个区域。区域旅游经济的研究要着眼于旅游经济活动的全局,以世界旅游经济为背景,才可能揭示和掌握区域旅游经济的客观规律性。同时,坚持系统分析方法,必须对区域旅游经济发展进行动态分析。

(四) 注意学科综合的方法

旅游经济活动是一项综合性的社会经济活动,其内容涉及人类生活、生产的多个方面。因此,区域旅游经济的研究必然要涉及区域经济学、旅游学、社会学、心理学、旅游统计学、会计学、计算机运用等多学科知识。因此，在研究区域旅游经济时，要注意拓展思路，开阔眼界，注意学习和了解其他相关学科的理论研究及发展，并注意运用其他学科的最新研究成果，丰富本学科的内容。

（五）区域旅游经济的特点

1. 现代旅游经济的一般特点

现代旅旅游经济虽然形成于19世纪中叶，并有所发展，但是一直到20世纪中期才进入新的发展时期。在19世纪中叶到第二次世界大战的100年间，旅游经济的发展十分有限，仅限于国内旅游，国际旅游不仅人数少，而且游距较短；区域旅游经济的作用有限，对国民经济的影响不大，地位不高。第二次世界大战以后，随着科学技术的进步、世界形势的稳定及各国经济的发展，促使区域旅游经济活动迅速发展，并形成以下特点。

（1）综合性。现代旅游经济活动不再是单一的旅游活动，而是包括食、住、行、游、购、娱六大活动在内的综合性经济活动。因此，在旅游经营中必须重视旅游经济活动的综合性，提供全面的、高质量的旅游服务，在市场竞争中取胜。

（2）大众性。现代旅游经济活动已经普及到社会大众。旅游不再仅仅由少数富有者所享受，而是面向大众社会活动，特别是随着社会生产力的提高，人们可支配收入的增加，以及闲暇时间的增多，使许多人具备了旅游消费的能力，于是大众旅游就迅速发展起来了。同时，旅游经济活动的大众性，也为旅游经营者带来了大量的旅游需求及客源，从而促进了现代区域旅游经济的发展。

（3）广泛性。现代旅游经济活动已不再局限于小范围内的旅游，而是打破了地域空间的界限，成为一种广泛的全球性的社会经济活动，特别是通信技术和手段的发展，以及现代交通运输条件的极大改善，使全球大范围的旅游成为可能。客源可在较短时间内，较少地支出而获得更多的旅游需求的满足。而旅游经济的广泛性，又促进世界各国间的交流与联系；适应于国际旅游发展的需求，从而又为旅游经济活动增添了丰富的内容。

（4）持续性。世界旅游经济发展盛况空前，呈现了一种高速发展的趋势。旅游经济对国民经济的影响在不断加大，对其他产业的带动力显著增强，旅游业成为新型产业。旅游经济已发展成为人们的一种经常性的活动。

在许多经济发达的国家及发展中国家,旅游已成为人们生活的一个重要组成部分,甚至成为人们的一种生活习惯。

2. 我国旅游经济发展的新特点

(1)发展空间逐步宽松。随着近几年来我国经济改革和发展,国家和地方的财政收入有了较大的增长,人们的收入也在不断提高,因此一方面可以有更多的资金用于发展旅游经济所需的资金投入,另一方面,居民的旅游消费支出也有很大的增长潜力,这就为今后我国旅游经济提供了较为宽松的发展空间。

(2)旅游经济政策趋于成熟。国家近几年大力支持和推动旅游经济的发展。西部大开发战略,更以生态建设和环境保护为根本点和切入点。重视生态环境保护的方针政策同时也为旅游经济发展提供了政策性的指导方向。

首先,旅游生态环境建设步伐加快。近几年,国家把生态环境建设、结构调整和资源开发结合起来,不断加强对自然生态环境的建设和保护,制定了《全国生态环境建设规划》,并要求各级地方政府明确建设目标、任务和重点,全面实施天然林资源保护工程,精心组织生态环境的综合治理,实施退耕还林(草)等工程。坚持生态环境建设与水利、水电资源开发相结合,与发展林业、畜牧业相结合,与旅游资源开发相结合的原则,从根本上保证了旅游经济的发展。

其次,国内旅游经济在短短的几年时间迅猛发展。许多优秀的旅游景点为国内旅游经济发展起了创新和带头作用。每年接待大批国内外游客,对该地区的经济发展起了相当大的促进作用,也使人们看到旅游经济在拉动内需、促进经济发展过程中所起的重要作用。在沿海经济发达地带,许多地方的著名旅游区,都在积极维护和培育旅游经济的发展。

最后,全国性的旅游市场正在形成。近几年,国家将继续加快和发展旅游经济,完善旅游市场法制建设,依法治理和规范旅游市场秩序。在加强生态环境保护和建设的基础上,大力发展基础设施建设,加强对航空业的投入和标准化管理工作;对铁路系统进行提速和电气化改造,并在西部地区增加了许多支线;高速公路的建设也加快了步伐。与此同时,大力整顿旅游公司及中介机构,以提高服务质量,保护消费者权益。这些措施对于深度开发旅游资源,促进全国性旅游市场的形成具有重要意义。

总之,随着现代社会经济的发展,旅游经济的发展蒸蒸日上。

第一章

旅游经济发展基本理论概述

第一节 旅游需求的基本理论

一、国内旅游概念

国内旅游,简单来说就是一个国家内的居民离开所在的常住地,到本国的另一个地方进行旅游的行为。其判断依据主要有两个,一是旅游的出行距离。例如,美国将单程大于等于160千米作为国内旅游的出行距离标准,法国则将国内旅游定义为出行24小时以上、4个月以下的旅行。二是出行的逗留时间,我国对于国内旅游的定义为居民离开其常住地,停留时间超过6个小时但不超过1年的不以求职赚钱为目的的外出活动。

二、旅游需求的概念及层次分解

(一)旅游需求的概念

旅游需求是指在一定时间内,旅游者有意愿并且能够购买旅游产品和服务的数量,即旅游者对某一旅游目的地需求的数量。需求是指人们有能力购买并且有意愿购买某种商品的欲望,当这种商品为旅游产品和服务时,就构成了旅游需求;或者说,旅游需求就是有旅游意愿并且具有闲暇时间的消费者,在各种可能的旅游产品和服务的价格下,愿意并且能够购买的旅游产品和服务的数量。

由此可以看出,旅游需求表现在三个方面:一是旅游者对旅游产品的购买欲望,二是旅游者对旅游产品的购买能力,三是一种有效需求。

实际上,旅游需求和我们所认识的一般意义上的商品需求有所不同,这主要源于两个方面。一是商品所有权上的差异。一般的商品在被购买者购买之后,商品的所有权就会发生改变,即所有权从商家转移到消费者的手中,伴随着商品所有权的转移,消费者对商品的需求也就会被满足。但是旅游需求中的商品就不一样,旅游产品和服务在被消费者购买之后,并不是必然导致所有权的转移,即从商家手中获得所有权。比如,你购买了旅游景点的门票,并不是代表着你获得了旅游景点的所有权,而只是获得了一定时间内的使用权而已,并且这个使用权是通过人的移动来实现的。由此可以看出,旅游需求的实现并不只是要求消费者具有购买旅游商品和服务的支付能力,还需要具有一定的闲暇时间;如果不具备足够的闲暇时间,旅游需求也是无法实现的。二是旅游商品供给情况也是影响旅游需求实现的重要因素。供给可达性能够刺激和触发旅游消费增长,也能够反映旅游供给的保障。旅游资源、旅游服务以及旅游基础设施的供给数量和供给结构都会对旅游商品供给可达性造成影响。比如,2017年12月开通的成西高铁就在一定程度上刺激了两地的旅游需求,旅游供给可达性提高,两地往来旅游的消费者数量有所增加。

(二)旅游需求的层次分解

从消费者角度看,形成旅游需求必须具备两个前提条件:一是旅游者的购买意愿,二是旅游者对购买旅游产品的支付能力。依据这两个要素可以对旅游需求进行层次分解(见图2-1)。

第一个层次下,按照是否具有支付能力,可以将旅游需求划分为意愿性潜在旅游需求和现实旅游需求两个类别;第二个层次下,依据旅游者的购买意愿、闲暇时间和供给可达性,又可将现实旅游需求划分为非意愿潜在旅游需求、强制代替旅游需求和符合意愿的旅游需求三类。

意愿性潜在旅游需求又称潜在旅游需求,是指旅游者具有旅游产品购买意愿,但自身却不具有旅游产品的支付能力情况下对旅游的需求,属于潜在的旅游需求。

现实旅游需求是指旅游者具有旅游产品支付能力情况下,产生的对旅游的需求。现实旅游需求可分为已实现旅游需求和未实现旅游需求,未实现旅游需求又称非意愿性潜在旅游需求。

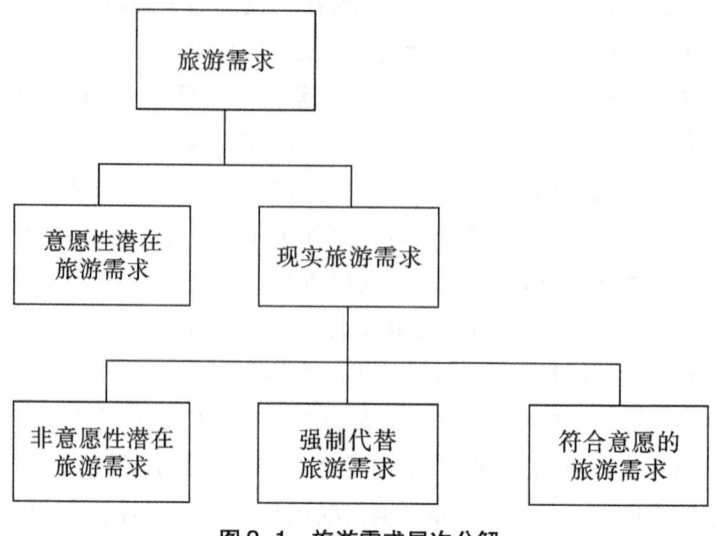

图2-1 旅游需求层次分解

在现实旅游需求中,非意愿性潜在旅游需求是指具有购买旅游产品和服务的支付能力,却因外界原因不能提供符合意愿的旅游产品和服务导致需求未能实现的情况下产生的潜在旅游需求。强制代替旅游需求是指旅游消费者因为受到供求不均衡的影响,只能够选择其他旅游产品和服务进行替代,这是一种强制代替实现的旅游需求。符合意愿的旅游需求即旅游产品和服务在各方面都能够满足旅游消费者的意愿,而旅游消费者购买了这部分的旅游产品和服务,就是符合意愿的旅游需求。

非意愿潜在旅游需求和意愿性潜在旅游需求一起被称为总潜在旅游需求,按照需求理论中的概念,总潜在旅游需求是属于无效的旅游需求,是未能实现的旅游需求,反映了旅游产业发展所需要开拓的空间。而强制性代替旅游需求和符合意愿的旅游需求构成了已实现的旅游需求,是有效的旅游需求。

(三)国内旅游需求的影响因素

对国内旅游需求影响因素的分析较多,但是基本所包含的因素较为类似,只有少数指标存在差异。总体来说,国内旅游需求影响因素可以概括为四个方面,分别为旅游需求方因素(demanders)、旅游供给方因素(suppliers)、宏观环境因素(macro-environment)和重大事件(events)。

在国内旅游需求理论中,最根本的内容就是国内旅游消费者,即旅游的需求方。在经济学中,消费者是市场最重要的参与者之一,而消费者的需求是最根本的需求,在旅游市场中也一样,所有的供给均是围绕旅游消费者的需求派生而来的。

1. 旅游需求方因素

在国内旅游需求理论中,最根本的内容就是国内旅游消费者,即旅游的需求方。在经济学中,消费者是市场最重要的参与者之一,而消费者的需求是最根本的需求,在旅游市场中也一样,所有的供给均是围绕旅游消费者的需求派生而来的。

国内旅游需求的旅游需求方因素主要包括个人可支配收入水平、闲暇时间、消费习惯和消费预期四个次级因素。前文我们讲了实现旅游需求的必要条件,其中支付能力是必不可少的一个条件,没有支付能力就不能叫作需求,因此,个人可支配收入是旅游需求方中最根本的因素。闲暇时间的多少也对旅游需求的实现产生了很大的影响,如果闲暇时间不足,那么即使我们具备旅游需求意愿和支付能力,也无法实现旅游购买行为,即实现有效的旅游需求。消费习惯是指消费者的个人购买习惯,是消费者在长期的购买实践行为中逐渐形成的具有一定稳定性的习惯。在旅游产品消费中,消费者的消费习惯同样也会起到一定的影响。消费预期是指消费者对未来消费市场和经济情况做出预判,从而依据预判的结果改变自己的消费方向和消费内容的一种行为。例如,在旅游消费市场中,游客在出游前对旅游目的地的各个旅游场所的热闹程度进行预估,依据这个预估的结果,游客可能会改变原本的旅游消费目标,甚至改变旅游目的地。

2. 旅游供给方因素

影响国内旅游需求的因素中,供给方因素对国内旅游需求起到了至关重要的作用。旅游产品和服务的供应者是旅游消费市场的构成主体,供给方与需求方形成的供求关系会对旅游需求产生非常大的影响。

国内旅游需求的旅游供给方因素主要包括旅游产品价格水平、旅游供给竞争程度以及旅游产品和服务质量三个次级因素。众所周知,价格是市场的信号灯,是影响需求的最关键的因素,旅游产品的价格同样也对旅游消费市场有着重要的影响,对一般商品来说,需求和价格总是呈反比的,但是也有部分商品的需求和价格是呈正比关系的。因此,此处国内旅游需求与旅游产品价格关系的变动方向有待后期进一步研究确认。旅游供给竞争程度是影响旅游供给的一个因素，旅游行业中的竞争如果较大，就会促使供给方从产品方面进行创新，从而提高自身的优势，竞争如果较小则必然会导致创新活力的降低。因此，适当的旅游供给市场竞争会促进产业的发展，从而满足旅游消费者更高的需要，提高需求，促进消费。但是，不正当的旅游行业竞争会导致价格信号失真，供给失衡，引起行业经济动荡，消费需求必然会受到影响。旅游业作为一种具有服务性质的行业，旅游产品和服务的质量对消费者的需求也起到了一定的作用，质量越高的产品自然会引起更高的消费需求，质量低的产品需求自然就少。这种作用在实际生活中经常会得到体现，例如，许多景区会提供讲解服务，有价格便宜的租赁讲解机讲解，也有价格较高的专业讲解员讲解，这时尽管讲解员讲解的价格较为昂贵，但是游客对它的需求并不一定比便宜的讲解机讲解低。

3. 宏观环境因素

国内旅游需求的宏观环境因素是指不包含旅游供给方和旅游需求方的外部环境因素，包括人口环境、经济环境、人文环境和自然环境，等等。这些宏观的外部环境同样会对旅游需求造成一定影响。

宏观环境因素主要包括了政府支持情况、收入分配情况、营销情况和流动性约束四个次级因素。在亚当·斯密的经济学理论中，强调完全依靠市场的作用来指导经济发展，政府仅充当"守夜人"的作用，而在凯恩斯的现代经济学中，在强调市场这只"看不见的手"的作用以外，更要注重发挥政府的宏观调控作用，即利用"看得见的手"来间接影响经济发展。而我国政府的作用与资本主义国家的政府作用又有着很大的区别，其中一点就是宏观调控的作用更强。因此，在研究我国的国内旅游需求的宏观环境因素时，不可忽略的一项就是政府的支持情况。而收入分配情况虽然是体现在消费者的收入方面的因素，但是造成收入分配差异的原因是政府在收入分配制度方面的政策引导，因此属于宏观环境因素。国内旅游产品的营销，其实是一个宏观和微观两个方面的因素，在国内旅游目的地方面的营销主要是依靠政府的宣传政策，而具体的旅游产品方面的营销则是依靠企业在各方面的促销手段来达成，即"政府搭台，企业唱戏"的联合营销状态。但此处我们将这两类营销分别划分进不同的类别，由政府干预营销归于本类中，而由企业自主进行以获取竞争优势的营销活动，归于旅游供给方因素中的旅游供给竞争程度中。流动性约束又叫作"信贷约束",是指消费者手中的流动性资金不足,并且很难从外部(即银行)获得的情况下,从而减少消费和投资的情况,流动性约束会造成消费需求一定程度的下降。

4. 重大事件

重大事件主要是非正常情况下的突发性事件,会对国内旅游需求造成很大的影响,属于独立于上述三类因素之外的特殊因素。例如,2020年新冠肺炎疫情在国内的爆发给旅游业造成了极大的影响,导致了我国国内游客数量下降,国内旅游需求减少。因此,应当把这类重大事件考虑在国内旅游需求的影响因素中。

(四)国内旅游需求的衡量指标

国内旅游需求的衡量指标主要分为四类,分别是国内旅游者人数指标、国内旅游者停留天数指标、国内旅游者消费指标和国内旅游者出游率和重游率。

1. 国内旅游者人数指标

国内旅游者人数也叫国内游客数,是指旅游目的地区在一定时期内接待的来自本国国内居民的旅游者的数量。国内游客数可以用于衡量地区国内旅游业的发展状况,也可用于衡量国内市场对目的地所提供的旅游产品的需求及其变化状况,是判断一个地区对游客吸引力的重要指标。

国内游客数一般有两个指标,一个是国内旅游者人数,另一个是国内旅游者人次数。一般国内旅游者人次数要大于国内旅游者人数,因为一个居民可能在一定时期内多次出游。

2. 国内旅游者停留天数指标

(1)国内旅游者停留天数。国内旅游人天数是指在一定时期内,旅游目的地接待国内游客的总时长,是国内旅游者人次数与人均停留天数的乘积。国内旅游人天数是从时间角度反映游客对国内旅游的需求状况的指标,是旅游目的地对旅游者所产生的吸引力大小的衡量指标之一。

(2)国内旅游者人均停留天数。国内旅游者人均停留天数是国内游客停留天数与游客人数的比值。

3. 国内旅游者消费指标

(1)国内旅游者消费总额。国内旅游者消费总额是指在一定时期内,国内游客在本国的旅游目的地旅游的整个过程当中,所支出的货币总量。是衡量一个国家居民总旅游消费能力的指标,同时也是衡量一个地区旅游市场发展状况的指标。

(2)国内旅游者人均消费额。旅游者人均消费额是指按人平均计算的旅游者在国内旅游过程中的消费支出,即国内旅游者消费总额按国内旅游者数量计算的平均值,是反映国内旅游者在目的地的消费支出情况的人均指标。

(3)国内旅游消费率。是指一定时期内一个国家国内旅游消费总额与该国的居民消费总额或国民收入的比值。可以用来反映一个国家的居民对本国旅游产品和服务的需求程度。

4.国内旅游者出游率与重游率

(1)国内旅游者总出游率。是指在一定时期内,一个国家的居民在国内其他地区旅游的人次与其总人口数的比率。用公式表示为:旅游总出游率=国内旅游人次数/该国(地区)总人口数,表现为百分比形式。一般出游率均指的是总出游率,这是由于数据获取的问题,其他出游率指标计算较为困难。

(2)国内旅游者净出游率。是指在一定时期内,一个国家的国内旅游的人数与其总人口的比率,用公式表示为:旅游净出游率=国内旅游人数/该国总人口数,表现为百分比形式。与总出游率相区别,计算净出游率时所采用的指标是国内旅游的人数,而非人次数。

(3)国内旅游者重游率。是指在一定时期内,一个国家的国内旅游人次与国内旅游人数之比。用公式表示为:旅游重游率=国内旅游人次/国内旅游人数,表现为百分比形式。用于反映在一定时期内,一个国家的居民国内旅游的频率。

第二节 旅游消费经济行为

一、旅游消费行为和游客消费行为研究的历史

对于消费者的思想和行为所进行的研究可以追溯到很久以前。几千年前中国古代思想家就着重论述了有关消费的思想和消费者的行为。这些观

点归纳起来主要可以分为主俭和主奢两种。一派主张勤俭节约,控制甚至抑制消费,以此积聚社会财富,使社会有所发展;另一派则主张鼓励消费,用消费来促进生产,进而促进社会经济的发展。西方古典经济学家在消费思想和消费行为方面也讨论了节俭的宏观经济意义,有的提出了消费者的爱好往往由于风俗习惯、宗教信仰、产品价格和质量的不同而不同等直接有关的论述,有的提出政府应当指导人们的消费,采取措施来关心消费者等观点。这些思想和观点,可以看作消费行为学研究的雏形。

从20世纪初到20世纪20年代,各种应用心理学发展很快,应用心理学对消费行为学的形成产生了直接的作用,把心理学等学科引入了消费行为学研究。20世纪30年代到60年代,消费心理与行为研究进入了应用阶段。第二次世界大战以后,消费时代来临,动机研究,新产品设计的初步研究,调查研究方法的兴起促成了消费行为学研究的进一步发展。

旅游消费行为是消费行为的一种,是旅游经济活动的重要环节,也是实现旅游产品价值的重要条件。随着旅游业的迅速发展,旅游消费行为研究的重要性日益增强。无论国内还是国外,旅游消费行为的专门研究都较少见,主要的工作是附带在相关专题或系统研究中进行的。从国外100多年的旅游研究史来看,研究者尚未出现对旅游消费行为进行系统研究的专著。从近期的研究动态来看,也未将注意力摆在旅游消费行为的系统研究上。从国内旅游科学研究情况来看,旅游消费行为的系统研究已经起步,但严格说来,相关学科所做的工作还需要更多。

二、游客消费行为研究的理论基础和方法

(一)游客消费行为研究的理论基础

1. 对游客消费行为的认知

美国市场营销协会(MA)把消费者行为定义为:"感知、认知、行为以及环境因素的动态互动过程,是人类履行生活中交易职能的行为基础。"在这一定义中,至少有三层重要的含义:第一,消费者行为是动态的;第二,它涉及感知、认知、行为以及环境因素的互动作用;第三,它涉及交易。

消费者行为是动态的。首先,这个定义强调消费者行为是动态的。这意味着随着时间的推移个体消费者、消费者群体和整个社会都在不断地改

变和发展。这一点对消费者行为研究和企业制定营销策略也有着非常重要的意义,它提醒人们用动态的眼光来观察消费者的行为。尤其在当代社会中,整个社会的节奏越来越快,社会的变化越来越复杂,这就使得消费者行为也随着社会结构的变化而变得越来越复杂,消费者行为动态性的特点就表现得日益明显。

其次,就消费者行为研究而言,它的含义是消费者行为的概括归纳,通常会受到特定时期、特定产品以及特定消费者个体或群体的限制,因此研究消费者行为不能将理论和研究成果过分绝对化,要注意到它的局限性。

2. 消费者行为具有互动作用

在消费者行为定义中强调的第二点是消费者行为包含了感知、认知行为,以及环境因素的互动作用,也就是说,要想理解消费者并且制定合适的营销战略,就必须了解他们想些什么(认知),感觉如何(感知),他们要做什么(行为),以及与消费者想法、感觉和行为相互影响的事情和环境(环境心理因素)。无论对单个消费者或某一目标市场进行评价还是对整个社会进行评估,综合地分析全部因素对于理解和制定营销战略都是十分有益的。

3. 消费者行为涉及交易行为

消费者行为包含人类之间的交易。它所反映的是人类在交易当中的整个行为过程。这一点使消费者行为的定义与市场营销的定义保持了一致性。事实上,市场营销的作用就是通过系统地制定和实施营销战略,创造或促进企业与消费者之间的交易活动。

旅游者行为是旅游者在认识、购买、消费和评估旅游产品全过程中所反映出来的心理过程、心理特征和行为表现。游客消费行为是旅游者行为的一部分。对游客消费行为的研究是为了回答在既定的营销环境中和营销活动作用下的有关问题:游客为什么会消费旅游产品和服务?消费什么样的旅游产品和服务?如何消费?何时消费?在何地消费?和谁一起消费?由谁支付旅游消费?消费的数量是多少?

旅游消费作为人类消费的重要组成部分,是指人们在旅行游览过程中,为了满足自身发展和享受的需要,而进行的各种物质资料和精神资料消费的总和,旅游消费行为就是在旅游消费过程中所表现出的行为。在各种消费行为中,旅游消费行为主要是为了满足人们精神享受的一种高层次的消费活动,它属于个人消费的范畴。通常,人们为了满足个人生活需要,必然消费各种物质资料,在这些消费中,包括基本生存需要和发展与享受需要消费两个方面。旅游消费是人们在基本生存需要得到满足之后而产生的一种高层次的消费需要。旅游消费的过程,不仅是旅游者获得精神、物质享受的过程,也是旅游者增长见识、扩大视野,使体力和智力得到充分的发展,提高自身素质的一条重要途径。

(二)游客消费行为的理论及模式

消费既是一个经济问题,也是一个社会问题。不同领域的学者从不同的角度研究、探讨旅游者的行为活动规律,提出了许多旨在解释消费行为的理论。

1. 旅游消费行为的含义

所谓人的行为,是指人们在客观外部因素的刺激影响下,经由内部经验的折射而产生的有目的活动。简而言之,是人类日常生活中所表现的一切动作。心理学家克特·莱温以如下公式来表示人的行为:

$$B = F(P, E)$$

式中,B 代表行为;P 代表个人内在心理因素;E 代表环境,即外界环境(社会、自然等)的影响。上述公式表示行为是个人与环境交互作用的函数或结果。

游客的消费行为就是游客为满足自身的需要,在一定的动机驱使下,通过购买决定或必要的购买决策,实施以货币交换旅游产品的活动。在旅游活动过程中,游客不断消费各种物质资料和接受各种服务,享受与体验各种精神产品,以满足其生理与心理的需要。

2. 习惯行为理论

习惯行为理论认为,顾客的购买行为实际上是一种习惯的建立与保持的过程。消费偏好是在重复使用中逐步建立起来的,无须经过认知过程。消费者的购买行为与刺激—反应的强度有关,而且主要取决于消费者在多次刺激—反应中所形成的习惯强度。这种习惯越强烈,购买动机的诱发就无须建立在对商品的喜欢上。

它的主要内容是:商品的重复使用促使爱好与兴趣的形成。习惯养成理论认为,顾客对商品的爱好与兴趣是在对某商品(品牌)重复使用过程中建立起来的。某位游客经常选择某种旅游方式,它就可能产生对这种旅游方式的爱好,重复进行这种方式的旅游活动。喜爱旅游的消费者由于多次在旅游中获益,以后只要有了足以自由支配的收入和时间,便会考虑出外旅游。

刺激—反应模式,是根据罗森伯格和霍夫兰德的社会态度行为模式改变而来的。罗森伯格和霍夫兰德认为人们的态度是所接受的刺激与可观察的反应(行为)之间的一种内在中介,它反映了人们对某一事物或活动的情感、认知和行为倾向。因此,应用该模式于旅游者行为研究中,就形成了旅游者行为的刺激—反应模式,它描述了旅游者行为是在各种刺激因素的强化中促进习惯性购买行为的形成。此观点认为,从心理学角度看购买行为是一种习惯建立的过程,也就是新购买行为的建立过程。这个过程必须借助强化物的作用。这种观点是根据巴甫洛夫条件反射理论与斯金纳操作条件反射学说的研究成果提出的,即任何新的行为的建立和形成都必须使用强化物,而且,只有通过强化物的反复作用,才能促使某种新的行为产生、发展、完善和巩固。因此,在促使顾客形成新的购买行为习惯时,及时使用强化物具有十分重要的作用。例如,某旅行社的旅游线路不但价廉质高,而且服务周到,游客多次购买使用后十分满意,逐渐形成认准该旅行社的习惯。企业的产品质高、价廉、服务周到成了顾客购买习惯形成的强化剂。

3. 减少风险行为理论

减少风险行为理论认为顾客在购买活动中常常存在着不同程度的风险,因此,顾客在购买商品时,总是力图减少或者回避风险。顾客的购买行为从顾客角度出发去分析是一种努力减少风险的行为。如果风险很大,而且难以减少或回避,则顾客可能不实施购买行为。

减少风险理论的内容是:旅游者在购买旅游产品时,风险程度的大小与购买后可能造成旅游者的损失大小以及实际造成旅游者的损失大小有直接关系,给旅游者造成的损失越大,则风险性越大。

旅游者因购买旅游产品可能面临五种类型的风险损失,即金钱风险(包括时间风险)、身体风险、功能风险、社会风险和心理风险。

旅游者为了避免购买某商品造成风险损失,在做购买决定或决策时,总是力图采取某些措施或办法来减少或防范风险。为了减少购买风险,旅游者会采取选用名牌、从众决策等方法,同时注重生产者的商业信誉。如旅游者做出旅游决策前总是会多渠道收集有关信息;选择参加过并较为满意的旅行社的旅游产品;选择大部分游客选择的旅游线路;选择信誉好的旅游服务商。

购买行为之所以具有象征性的社会意义,原因在于:商品在某种情况下可以作为个人身份的代表,可以表示个人身份及地位的特征与变化。旅游者旅程中选择何种档次的宾馆饭店,就带有一定的象征意义,如商务客人一般会选择四星级以上的宾馆,而普通的观光游览客人多选择二星级或三星级宾馆。国外盛行的奖励旅游也往往显示受奖者的身份和贡献。如果商品用作礼品馈赠或者与他人交换,则表达人际关系的新疏远近,表达赠者与受者或交换双方之间的友谊、情感,因此很多旅游者都乐于在旅游景点购买一些旅游纪念品回去馈赠亲友。在某些商品流行的热潮中,顾客购买时尚、新颖的商品也表达了顾客的追求、情趣,如游客到云南旅游都喜欢购买一些有民族特色的旅游商品,显示出游客对有民族特色产品的偏爱。

4. 学习过程理论

学习过程理论认为消费行为发生于不断的学习过程中,通过学习获得经验,改变原有的购买行为,使购买行为合理化、科学化。学习主要通过理解、思考、比较、判断等机制进行。学习的内容和途径是:个人直接的消费经验;他人间接的消费经验;消费知识和技能;生产者的营销活动。旅游者进行旅游活动前通过旅游宣传进行学习,在旅游活动过程中则直接了解旅游知识,多次旅游后旅游者已经掌握了丰富的旅游知识,成为成熟的旅游消费者。

5. 边际效用理论

边际效用理论是消费者每增加一个单位的商品消费量所能增加的需要满足程度。边际效用分析所研究的就是商品消费量的增加与消费需要满足度之间的关系。

它的主要内容是:首先,西方经济学家提出的效用理论的精髓在于说明消费者如何使用自己的既定收入,以实现效用最大化——即达到最大的满足度,最大限度地满足自己的需要。其次,西方经济学家提出了总效用中的边际效用的概念。总效用是指从消费某一定量的商品中所得到的总满足程度,边际效用则指商品消费量每增加一个单位所增加的满足度。他们认为,随着某种商品数量的增加,总效用一直也在增加,然而边际效用却一直减少。最后,随着某种商品数量的增加,消费者对该商品的需求强度与从该商品的消费中所得到的享受程度均呈递减状态,即商品的边际效用随其数量的增加而减少,这就是边际效用递减规律。基于这一规则,消费者对某种商品的需要量与商品的价格量呈反方向变动关系。

这种现象普遍存在于每一种商品的消费中。从经济学观点看,消费者购买商品的目的是为获得效用。因此,在购买时总要对付出的货币与能够获取的效用进行比较、衡量,以使支出的货币能够收到最高的效用。

由于边际效用递减规律的存在,人们就比较善变,喜欢追求新鲜的事物。新产品刚上市,人们的消费热情一般会很高,有时还会有点迫不及待。但这种产品在市场上越来越多,对它的消费也日益普遍,消费的欲望就会越来越低。要赢得消费者的注意力和忠诚度,企业需要不断推陈出新,使企业的主打产品始终保持较高的边际效用,将其递减速度减缓。

一个新的旅游产品推出之后,总会引起旅游消费者极大的兴趣,争相购买,此时边际效用较高。而随着旅游产品生命周期进入衰退期后,其带给旅游者的边际效用就非常低了。

学者们在对消费行为进行深入研究的基础上,揭示了消费者购买行为中的某些共性或规律性,并以模式的方式加以总结描述。

人类行为的一般模式是"S-O-R"模式,即"刺激—个体生理、心理—反应"模式。人的行为是在一定的刺激下经过心理活动后产生的。购买行为是人的行为的一个组成部分。因此,顾客的购买行为也脱离不了人类行为的一般模式。顾客购买行为的模式如图2-2所示。

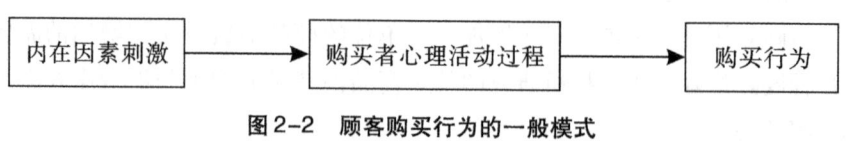

图2-2 顾客购买行为的一般模式

图2-2表明,所有顾客的购买行为都由刺激引起,这种刺激既来自顾客身体内部的生理和心理因素,如生理、心理的需要,个性、态度、习惯、观念等,也可以来自外界环境,如产品的质量、款式、服务、广告、社会的政治情况等。顾客在各种因素的刺激下,产生购买动机,在动机的驱使下,做出购买某商品的决策,实施购买行为,再产生购买后对厂家的评价,这样就完成了一次完整的购买行为。顾客购买行为的一般模式是营销部门计划扩大商品销售的依据。

许多营销专家、心理学家对顾客购买行为的模式进行了多方面的研究,提出了若干典型的模式。

(1)科特勒行为选择模式。菲利普·科特勒提出了一个强调社会两个方面的消费行为的简单模式。它说明顾客购买行为的反应不仅要受到商品、价格、地点、促销的影响,还要受到经济、技术、政治、文化因素的影响。而不同特征的顾客会产生不同心理活动的过程,购买者的个性和决策过程,导致了一定的购买决定,最终导致了顾客对产品、品牌、经销商、购买时机、购买数量的选择。

(2)尼科西亚模式。这个模式是尼科西亚1966年在《消费者决策程序》一书中提出来的。该模式由四大部分组成:第一部分,从信息源到顾客态度,它包括企业和顾客两方面的态度。顾客无商品知识,完全依靠企业起推动作用,企业向顾客发出信息,顾客接受信息后,受到信息的影响并经过自己处理而形成对商品和服务态度的输出;第二部分,顾客对商品进行调查和评价,并且形成购买动机的输出;第三部分,顾客采取有效的决策行动;第四部分,行动的结果被消费者的大脑记忆下来,储存起来,供以后参考或反馈给企业。尼科西亚模式比较严谨,简单明了,清晰易懂,对市场营销理论做出了贡献。但该模式未能对外界环境的影响做出说明。

(3)恩格尔模式,这个模式也称EBK模式,是由恩格尔、科特拉、克莱布威尔三个人在1968年提出的。这是一个很著名的模式,它包括四个部分:①中枢控制系统,它实质上是个体顾客的心理。顾客依据个人的经验、态度、个性,通过评价,对外部信息作出反应,继而开始决策过程。个体控制自身与周围环境的相互作用。②信息加工,通过接触、注意、综合、记忆等获得知识和经验,使外部刺激因素通过大脑变成行为。③决策过程,决定采取何种行动对刺激因素做出反应。④环境影响决策过程的各个方面因素。恩格尔模式比较完整,有逻辑性,比其他的理论模式更强调决策过程。但它未说明需要、动机,也未说明环境如何与内部控制系统和刺激因素发生联系。

(三)游客消费行为研究的主要内容概述

1.旅游市场细分的研究

(1)旅游市场细分的整体研究。林南枝、李天元(1996)把旅游市场细分定义为旅游企业根据旅游者群体之间的不同旅游需求,把旅游市场划分为若干个分市场,从中选择自己目标市场的方法。

旅游市场细分的标准,原则上与一般市场细分无大差异,都以消费者需求的差异性为基础。消费者需求的差异性是由消费者的生理特征、社会经济地位和心理性格不同所致,因此细分市场的常用方法即从分析消费者的两个主要区别入手:即消费者的社会属性和生理特征的区别和消费者对市场营销因素反应的区别。前者包括消费者的社会经济细分、地理细分和心理细分;后者包括消费者对产品的偏好、追求的利益,以及对广告、宣传、价格和销售渠道的信任程度等。细分旅游市场要考虑两个方面:①旅游市场的有形属性,包括市场的规模、地理位置、消费者的人口特点等;②消费者的行为特点,包括购买时间、购买方式、影响购买的因素、购买者所属的社会阶层和心理类别、购买原因等。

按照旅游市场细分的标准,旅游市场细分的主要方法有以下几个。

①按地理环境细分:根据地理因素细分市场,是一种传统的、至今仍然得到普遍重视的细分方法。了解一个国家或地区的人口地理分布,了解各国各地区的自然环境对人们的影响,了解城市生活环境与农村生活环境的区别、特点等等,都对形成旅游市场起重要作用。地理细分因素包括地区、气候、人口密度,及城市规模等。

②按消费者人口结构特点细分:消费者人口结构因素比较多,它包括性别、年龄、职业、收入、家庭年龄结构、家庭人数、种族、宗教、国籍、社会阶层、受教育程度及文化与血缘关系等,旅游者的需求与爱好往往同这些因素有着密切的关系。

③按旅游者心理行为细分:心理行为属消费者主观心态所导致的行为,比较复杂难测。从心理行为进行细分,主要从旅游者的个性特征、生活方式等方面去分析。

④从旅游者的心理需求角度细分:上层阶层、追求舒适者、冒险者、不随俗者、迷心者、便宜货寻求者。美国旅游学家将人们的生活方式分为各种类型:需求促使者、根据外界标准行事者、根据自我意图行事者。

⑤按消费行为细分:消费行为因素包括购买动机、购买状态、购买频率、品牌信赖程度、服务敏感程度及广告敏感程度等。

按旅游目的划分:可分为度假旅游市场、观光旅游市场、会议、商务旅游市场、奖励旅游市场、探亲访友市场。

⑥市场细分对生产经营企业正确制订营销计划,顺利实现营销目标有

着重要的意义:有利于发展新的市场机会;有利于企业制定经营策略和调整经营组合;有助于小型企业在某一细分市场上确立自己的地位;有助于市场渗透;有利于企业提高经济效益。

(2)家庭旅游市场细分研究。崔序、黄安民(1995)对长春市的居民家庭旅游消费进行了分析,对居民家庭进行细分。从收入的角度,把居民家庭分为家庭月收入1500元以下、1500~2500元、2500~3500元和3500元以上四个档次,认为收入越高的家庭,旅游消费偏向度越高;从职业类型角度,把居民家庭类型分为工人、军人、知识分子、干部职员、个体工商户和其他,认为个体工商户家庭旅游消费偏向度高,其他家庭偏向度相对较低;从户主文化程度角度把居民家庭分为小学、初中、高中、中专、大专、大学几个层次,认为户主受教育程度越高,旅游偏向度越高。

(3)游客消费动机和选择偏好的研究。中国人民大学国民生活课题组以问卷调查的形式对游客进行了抽样调查,问卷设计为项目评分的形式,分值为1~7分,1分最低,7分最高。调查结果如下。

游客外出旅游的主要动机在于:①寻求身心的愉悦与放松;②寻求对快节奏现代生活的暂时解脱和对宁静自然的回归;③增长知识,开阔视野,满足好奇心。

进行社会交际,追求自我完善等高层次需求的满足,目前尚不是游客所追求的主要动机。此类动机仍更倾向于在本地而非异地实现。根据马斯洛的需求层次论,游客的旅游行为是在衣食无忧、生活相对安定,"生理"与"安全"层次的需求基本满足之后,追求更高享受满足的表现,但游客目前并未充分认同旅游行为在满足"社会交际""尊重""自我实现"等高层次需求方面的作用。

(四)游客空间移动规律的研究

张捷等(2002)研究了九寨沟风景区游客入游距离特征。他们研究的目标是描述和阐释对九寨沟实地调查结果所揭示的不同群体游客的入游空间行为的距离特征及游客感知距离特征。基本方法是将游客划分成不同群体,而将各群体作为一个整体以考察其平均入游距离特征。研究原始材料取自两个部分,一部分是实地问卷调查,问卷为综合性问卷,涉及旅游者职业、年龄、文化、收入等外在固定因子和环境偏好、旅游动机、心理特征等内在因子以及以往旅游经验阅历等,内容较多,调查难度较大,调查范围较小;另一部分是对当地保护区入境登记(1989—1994年)的随机抽样调查,调查规模较大,但涉及调查研究社会经济背景资料较少。两者互为补充。距离指标按不同计算要求有两个:按客源地市县经纬度计算的大圆距离和按中国交通图集、最新旅客火车时刻表等计算的铁路及公路里程。然后根据收集资料进行各有关距离影响因子的定性或定量相关分析。方法上,通过采用平均入游距离对不同目标客源市场的入游行为统计描述,目标市场划分则除了常规划分外,对旅游态度、入游距离感知等特殊问题综合运用心理学、地理感知理论及社会调查理论等专门设计问卷予以调查并统计。

(1)不同外显特征的客源市场游客入游距离特征描述。年龄方面,通过对九寨沟的274份游客调查统计,反映出青年游客的入游距离大,中、老年游客入游距离较小的规律。职业方面,可以看出从事脑力劳动者如医疗、科技以及学校(包括学生)等入游距离相对远于体力劳动游客,其入游距离更大。文化程度方面,九寨沟入游游客基本体现出文化程度愈高,平均入游距离愈远。收入方面,九寨沟的调查表明,实际收入愈高的游客,入游距离基本上也是愈远,但不是简单的线性关系。

(2)不同主观心理特征客源市场游客入游距离特征统计描述及分析。研究调查了游客的心理收入水平、旅游态度、旅游动机和景观偏好方面的特征,并按其划分客源市场进行入游距离特征分析。为了测定游客收入的心理水平,研究者调查了游客收入水平与平均生活水平相比的自觉心理水平,分为"低得多、稍低、相当、稍高、高得多"共5档,274份调查(221份有效回答)结果规律性很明显:心理收入水平愈高,入游距离愈大,且具有一定的抛物线型特征。这种抛物线型特征,应该与人们的心理感知规律——韦伯定理相关,即随着刺激总量的增加,可感知的最小刺激量也会增加,对于收入而言,人们随着收入绝对值的增高,其感知水平差异的最小刺激量也会增加。

研究者对九寨沟游客的景观偏好进行了直接调查,列出九种主要风景景观并由游客选取最喜欢的类型。按异向型、类异向型、中间型、类内向型和内向型五类旅游心理类型,并以之对旅游目的地进行分类的标准对风景景观进行分类,根据调查得出游客分布及入游距离特征大致是:典型异向型景观有沙漠、雪山、高山,偏好人员分布较少,但偏好人员的入游距离最大;

类异向型景观或中间型景观如大海、瀑布等的偏好人员分布最多,入游距离差异较大,整体上属于中间状态;而内向型景观:平原水乡、湖泊的偏好人员分布最少,入游距离也很小。这一研究结果表明景观偏好本身可以反映游客的旅游心理特征。

研究者还通过瑟斯顿量表及排序法,从三个方面对九寨沟入游游客的旅游态度进行了标定。这三个方面为:出游条件选择,旅游在日常生活中的重要性,以及旅游障碍。调查结果大致反映了平均入游距离随游客的旅游态度由低到高而变大的状况。

旅游动机在理论上应该对旅游者的来游距离有所影响,然而实际调查结果却出乎意料,九寨沟不同旅游动机的入游者其入游平均距离基本没有太大的差别。这一结果至少可以说明,针对特定目的地对游客做动机调查来了解其空间出游行为规律的距离特征,意义不大。其可能解释就是,尽管来游游客对其动机有不同的表述和理解,但由于他们都是以九寨沟这一以自然风光为特色的旅游地为同一目的地,因而其潜在旅游动机存在着较大的一致性。

(3)游客入游距离感知特征及主观替代距离特征。研究采用游客语义差异作为心理感知距离指标,以十分遥远、遥远、远、不太远、不算远、较近、近、很近作为调查问题,并相应地取心理距离感知值为8、7、6、5、4、3、2、1作为距离感知的量表。结果表明:九寨沟游客入游心理距离感知以遥远、远和十分遥远为多,相应的平均入游距离大于1700千米。距离感知与实际距离基本上呈正相关关系,经计算以心理距离的2次方程拟合为宜,其拟合方程为:

$$D(距离) = 325.21 + 27.08 \cdot Dp^2$$

式中,Dp为心理距离衡量值,相关系数较高($R = 0.976, F = 101.45$),临界值$F(\alpha = 0.01)$。亦即距离感知同样具有距离衰减特征。

为了从侧面了解入游者出游行为的距离特征以及九寨沟与其他旅游地空间竞争状况,研究者还专门调查了游客的虚拟替代旅游点情况。从虚拟旅游点的本身知名度或品位来看,通常其质量较高。而游客至虚拟替代旅游地的出游距离,即替代距离本身与游客来九寨沟的实际入游距离有一定的关系。通过对182份有效回答的相关分析,两者之间有一定的线性相关性,回归方程为替代距离 = 986.57 + 0.526×入游距离。相关系数:$R = 0.50$;

F 值 = 59.19>F(临界值)α=0.01≈6.8。F 检验表明当置信度为 0.01 时该回归方程有效。

这一研究首次以九寨沟为实例对游客入游距离特征进行了较系统的描述研究,研究表明:九寨沟游客的入游距离与游客的年龄、职业、文化、收入(包括实际收入与心理收入水平)、旅游态度相关,与旅游动机无关;景观偏好可以反映游客的旅游心理特征,并在一定程度上影响入游距离;距离感知具有随距离增大而同等距离增量的感知值变小的"距离衰减"特征;游客的替代旅游距离与入游距离存在一定的相关关系。

第三节　旅游供给基本理论

一、系统科学理论

随着时代的发展和科技的进步,经典的牛顿力学理论从 20 世纪以来,在各个方面都遇到了问题。系统科学理论便是在这种时代背景下产生的,他与经典的牛顿力学理论不同,它倡导非线性的"系统研究范式"。在系统科学理论研究中,利用其科学性的特点向人们展示更有说服力的研究手段和理念,逐步地改变了科学研究的理论基础和核心思想。

系统科学是以系统的视角进行基础理论的开发和应用科学的学科群组成的。它主要探讨各系统之间的相互联系、整个系统的属性以及探索系统的活动规律。系统科学理论的历程按时间分为三个部分,即古代朴素的系统思想、近代系统思想和现代系统思想。

第一个时期:古代朴素的系统思想。这一时期的思想是来自古希腊时期,亚里士多德说:"组成世界的是来自各个不同的模块,不是无序的堆积。"从中我们可以得出整体所具备的特点是非简单加和性。从《周易》中提出的"五行论"和"六十四卦"可以看出,先人们对客观世界已经有所认识,指出世界是一个整体,组成这个整体的部分是不同的。在《老子》中,出现了宇宙演化思想,从中可以得出结论:我们所生存的客观世界是相互统一的、不断变化的。从以上几个观点可以看出,那时候的人类对客观世界的认识是在对前人的总结中不断进步的,所以我们可以将这个时期看作是萌芽期。

第二个时期：近代系统思想。其时间主要定位在文艺复兴。德国哲学家康德在当时提出了宇宙和地球是不同的,其具有地球所没有的层次,指出组成宇宙的要素之间是相互联系的。黑格尔在学习了康德的理论之后,首先把哲学归纳为一个系统的理论知识体系。在那之后,马克思在更大范围内运用了系统方法,用于研究人类社会和历史的发展上。与第一个时期不同的是,在这一时期,人们不再是总结过去的经验得出结论,而是从哲学的角度分析得出结论。

第三时期：现代系统思想。由于科技的快速发展,系统思想的发展也在不断地前进着。在1920年至1930年,贝塔·朗菲提出了"复杂现象大于因果链的独立属性和简单总和",此后成为第一个构建一般理论体系的人。之后他出版了一本相关理论的书——《关于一般系统论》,里面就对此思想系统做出了明确的说明,并指出系统具有多结构性、动态开放性和整体性等特点,且是一个无数部分组成的整体。由于他的不懈努力,这已经被人们广泛地认识。在1960年之后,人们对系统的认识已经到了一个新的层次,从最开始单一系统研究,到现在的非线性系统研究。

(一)系统科学理论含义

把系统作为研究对象、实际应用多种不同类型的科目组成的理论叫作系统科学理论。系统科学理论主要探究的方面有,系统的规律、系统的联系以及一些和系统相联系的理论知识。随着社会的进步、科技的发展,系统科学理论的研究也正在朝着社会科学的方向发展。学者们把哲学同系统科学相结合,研究系统科学中的哲学问题,最终形成了系统哲学这一研究方向。系统科学理论把整个系统看作是一个多层次、多功能、多因素的复杂系统,在对整个系统进行分析时,应该把各个元素看作是一个整体,统筹兼顾。系统科学理论分为三个部分：系统论、控制论、信息论。三者既相互区别,又相互渗透、相互联系,统称为"旧三论"。从中提炼出来的系统科学的基本原理对旅游产业结构的认识具有指导作用。

在系统科学发展的过程中,各类专家们基于自身领域也对系统科学进行了一系列的定义与分析,对于系统科学的定义不尽相同。比如,"系统是由不同元素组成的""系统是一个由有关联的元素构成的大整体""组成系统整体的要素是有规律地排列的"。也就是说,系统是由大量的有序的、相互关联的元素构成的整体。要素之间的相互联系构成了系统的使用功能和属性,能够体现联系的有外部要素与系统、要素和系统以及要素与要素等。首先,理清要素之间的关联与联系是对整个系统进行研究的前提;其次,系统所表现出来的行为是各要素在非线性作用力下形成的一个合力作用,各要素个体并不一定会完全展现出这种联系;最后,系统是由不同的尺度和层次结构构成的,不同层次的问题不能相互叠加,不同尺度的问题不能相互抵消,也就是说高层次的问题不能根据低层次的问题进行解释说明。整个系统出现了问题,不能靠还原法进行解释说明,而必须在了解整个系统的动力机制以及要素之间的相互作用之后,基于整体的事件,利用科学方法进行解释探讨。

基于系统科学理论,组成系统的是大量的元素,联系就包括了系统与系统、要素与要素和要素与系统;比例关系、要素关联方式、排列形式等构成了结构;功能指的是互相影响下形成的能力、系统的全部运作能力;环境是系统同外部环境产生的关联、相互影响的物质以及其他因素。不仅如此,每一个系统与其他系统都是有一定的联系的,也许是其他系统的一部分。参照系统理论,我们可以把旅游业看作是一个发展的、有众多元素组成的系统,与其他系统不同的是,旅游系统无法清晰地找到组成其整体的全部要素,也不能明确各要素之间的关系图。贝塔·朗菲对系统的认识是,在环境当中有关联的要素组成的整体。黎鹏(2003)认为系统理论是一个全面的、开放的、持续变化的系统,而不是一个局部的、封闭的、静态的系统,系统理论基于一定的思想把系统看作是一个整体,并探寻整体中的构成元素之间的相互关系以及整个系统的发展规律、动力机制等。基于系统科学理论,我们把旅游经济和旅游产业结构看作是一个整体,并认为旅游产业结构是由多个不同要素组成的多层次的复杂系统,而各个子系统之间又通过一定的动力机制共同作用于整个系统,进而推动整个旅游产业结构系统的正常高效运转。

(二)系统科学理论的特征

1.关联性

系统元素之间存在一定的联系,通过某种特殊的连接方式,将这些不同的元素整合在一起,形成一个整体的网络结构,但这并不意味着该整体中的每一个元素都具有整体的特性。

2. 整体性

系统是由不同元素组合在一起形成的一个整体结构,具有整体的特性,这个整体对外表现出系统的特性。这个特性是由构成系统的不同元素之间相互联系、相互作用之后表现出来的一个综合性的结果。因此,我们在研究单个系统元素时一定要从整体的角度研究,充分发挥各个元素之间的联系。想要系统发挥最大的效用,就应该注重各要素之间的整体性和协调性。

3. 层次性

系统是由不同层次的元素组成的,将系统进行细分后,可以形成一级系统、二级系统、三级系统的逐级递减模式,上一级的系统是由下一级的多个子系统组合而成的,这样可以发现,系统是一个多层次的系统。在此需要注意的是,各个层次子系统不是相同的,他们在性质、功能等方面都是存在着一定的差异的。

各子系统对整个系统的影响作用也不相同,如有些子系统对整个系统的影响微乎其微,影响不大,有些子系统却对整体起着至关重要的作用,这同样从另一个方面表现出了系统的层次性。

4. 开放性

在前文中也提到过,系统是具有开放性的,而不是一个封闭的状态,这一观点来源于耗散结构理论,系统无时无刻不跟外界进行着物质和能量的交换,整个系统不断地由简单到复杂、由低级向高级、由无序到有序,不断地演变着,整个系统一直是处在一种动态平衡中的。

5. 动态性

在唯物辩证法中,物质处于时刻不停的运动过程中,通过运动物质的特征、形态和功能才得以体现。系统同物质一样也是在不断运动的,系统具有周期性便是由系统具有动态性决定的。

6. 有序性

在前文中提到,系统的运动并不是无序的,而是具有一定的章法,因此系统设计的最终目的就是使所有的元素处于动态平衡状态,实现动态平衡后使整个系统更加稳定,这些都是因为系统是有序的。

7. 适应性

作为一个开放的系统,为了维持系统的稳定,系统必须与外界进行交流,以便能够获得物质与能量,同时外界进入系统的因素并不完全都是对系统有利的变化,正是由于这个,系统都具有一定的适应性,能够克服不利的影响,适应环境。

综上所述,系统科学理论的出现,是人类在科学研究历史上的又一大发展,其中关于整体性、动态思维和非线性思维的研究方式优先于其他的科学理论,推动了人们科学探索的步伐,巨大的实用性使得其在生活中得到了广泛的应用。在运用系统理论知识时,首先应该对系统的各种特点与规律了如指掌,其次还要把握好各个子系统之间的关系脉络,最后实现控制与管理的目的。在原系统的基础上对其进行开发与创新,使其能够更好地满足人们的要求。

(三)动力系统

动力系统是将动力结构与系统结合后形成的一个综合性的系统。在这一系统中对社会、区域或某种业态的研究摆脱的独立研究的模式,而是根据系统各元素之间存在的联系将其看作一个整体,使系统各部分之间均衡稳定地发展。系统的动力来源是由系统内部元素通过物质与能量的相互转化而产生的能量所提供的。我们研究动力系统就是在研究系统中动力与内部元素的发展和运动的关系。因此,动力是动力系统运行的前提。动力系统自被发现以来就迅速地被应用到经济学中,国内外的大多数学者对动力系统从不同角度进行了深入的研究,由此得出动力系统具有整体性、结构性及开放性和包容性三个主要特点。

(1)整体性。就性质来说,动力系统是一种综合性的系统,系统中所有的元素与能量组成一个相互独立、相互影响的整体。就功能来说,它也能够有效地推进旅游产业的发展。

(2)结构性。动力系统在组成时具有其自身的结构,而这种结构是动态的,受环境的影响而发生变化,根据行业、地区、领域的不同,经济动力系统的结构和组成方式有所不同。

(3)包容性和开放性。科技和文化的进步直接提升了人类的实践能力与动手能力,在这过程中就需要我们不断地发挥自身的潜力,因此动力系统也随着人们能力的增长而不断地添加新的内容。

二、供需平衡理论

在原始社会初期,人类进行产品的生产只是为了满足自身需求,并不会给别人提供多余的商品。随后,因为社会分工的出现,人们开始进行最为原始的以物易物交易,此时的物便是商品的等价物。社会分工的产生是由于市场的出现,而商品的交换又为市场的出现奠定了基础。随着生产力的发展和社会的进步,商品的供需问题不断凸显,供给和需求之间的关系便成为科学家们研究的重点,并形成了以供给和需求为核心的基础理论。

西方对于供需平衡的研究开始较早,18世纪,亚当·斯密在《国富论》中提出了"看不见的手"理论,该理论的提出是基于作者对古典经济学系统、完整的整理总结而得出的。他详细分析了隐藏在分工、交换、货币、价值背后的商品的供给和需求。他认为市场机制中的供求机制和价格机制等对于调整市场的供求关系、刺激经济发展有着十分重要的意义。

19世纪末,新古典经济学家A.马歇尔就供需关系进行了大量的研究,《经济学原理》这一经济学著作完整地体现了他的思想理论。它引入了均衡价格理论、供给和需求弹性公式的概念。通过运用需求曲线、供给曲线和弹性公式等,更进一步研究了供需理论,这也是微观经济学中的主要分析方法。

经济学家J. M. 凯恩斯在1936年出版的《就业、利息与货币通论》一书中就指出过就业量的多少决定了一个国家国民收入的情况,而有效需求是决定就业量的关键因素,当国家的有效需求与就业人口出现了很大的差距时,就意味着有大量的人口找不到工作。凯恩斯还引入了对需求理论产生深远影响的总供给和总需求的概念,以此来分析一国的国民收入,将供需理论从微观经济引向了宏观经济。

凯恩斯主张国家干预,他的总供给和总需求理论影响了当时很多国家的经济决策。直到现在,凯恩斯理论依然被看作经济发展过程中的典范。

保罗·A.萨廖尔森在吸取了凯恩斯和马歇尔关于微观经济与宏观经济的相关理论后,建立了自己的思想,他在1948年出版的《经济学》一书中具体阐述了对经济学理论的理解。在微观上,经济市场通过供给和需求关系的相互影响、相互作用,为国民经济发展带来突破;在宏观上,国家政策、市场环境、产品出口、失业等都能够刺激市场供给需求关系发生变化。

凯恩斯思想理论得到了一大批的簇拥者,他们在继承凯恩斯思想的基础上也进行了突破,IS-LM模型就是他们的成果,该模型是由J.希克斯和A. H.汉森在20世纪60年代建立的,在这个模型中将商品市场与货币市场看作一个整体来研究。IS-LM 模型是研究国家财政政策和货币政策的重要经济学手段。LM 曲线和 IS 曲线代表的是货币市场与商品市场结合后收入与利润的函数关系;这两个曲线结合后就可以直接计算出市场总需求了。

因此,我们要尽量避免商品供求不平衡现象的发生,这种现象一旦出现,对于人类的社会生产活动极为不利。当商品的数量远大于市场需求时,商品数量就会被积存下来,社会劳动力的有效利用无法实现,企业的资金周转就会出现问题,严重时还可能会导致企业倒闭;当商品数量低于市场需求时,人们的消费需求就无法得到满足,生活质量受到影响,消费者对监督企业生产的积极性就会降低,不利于企业的发展与创新。基于我国的社会主义国情,我国主要是通过商品交换的方式来实现按劳分配的,劳动者付出了劳动后就能够得到货币补偿,再通过市场消费,从而达到按劳分配的最终目标。当商品供求平衡状态被打破时,特别是需求大于供给时,城乡居民的收入就会受到很大的影响,他们的消费需求也会受到抑制,按劳分配制度就无法实现,人民的生活水平就会保持原样甚至是退步,这对人民群众的生活积极性打击很大。

1. 旅游需求

旅游需求是市场需求的重要组成部分,自 20 世纪 60 年代以来旅游需求已经得到了很大的发展,张辉(1991)认为旅游者在一定时间内对旅游劳务所产生的需求,并具有支付能力和消费时间的行为就是旅游需求。保继刚学者认为在一定时间内旅游者愿意为了特定价格的商品消费的产品数量就是旅游需求。谢彦君学者认为在一定时间内核心旅游产品所能够产生的直接和潜在的消费行为的数量就是旅游需求的实质。旅游需求通常要经过从旅游体验到旅游动机,最后形成旅游需求的完整过程,在这一过程中需求的产生从被动转化为主动。同时,旅游需求的产生还需要各种主观和客观条件的影响,即有钱、有时间、有吸引力才是刺激旅游行为实现的根本原因,其中主观条件是旅游动机,客观条件是收入、时间和交通条件。为了能够更好地理解旅游需求这一概念,我们从以下三点进行了研究。

(1)旅游需求是旅游者对旅游产品所产生的一种消费需求,这是一种主观的消费思想,这种思想能够促进消费者实现旅游动机,并最终发生旅游行为。

(2)旅游者对旅游产品的购买能力是保障旅游需求有效性的根本,个人可支配收入是衡量消费者购买力的标准。

（3）必须保证旅游需求的有效性，旅游者同时满足有钱、有时间、有兴趣这三个条件才能够满足有效需求的要求，否则就是潜在需求，对潜在需求给予一定的刺激就能够将其转化为有效需求。

2. 旅游供给

在旅游学家的观念里，旅游供给就是旅游经营者在一定时间内向旅游者提供特定价格的商品的数量。在这一概念中，旅游供给的目的是为了能够有效地满足旅游需求，由辅助旅游供给和旅游供给两个部分一起形成了旅游供给。

旅游供给是商品供给的一部分，但是与一般商品供给差别较大，在旅游供给中，旅游商品种类丰富多样，计算旅游供给量的方式明显不同，旅游供给具有地域性的特点，是一种持续性的消费方式，受当地环境和旅游资源的影响，与当地企业联系紧密。旅游产品包括了旅游设施、旅游资源、旅游服务和其他的旅游复合体等，同时旅游供给也包括线性供给、潜在供给、有形供给和无形供给四种类型。

3. 旅游供需矛盾与均衡

旅游供需彼此之间相互依靠，同时又相互冲突。相互依靠主要体现在以下几个方面：旅游需求是决定旅游供给的关键；旅游供给能够保证各种旅游活动顺利开展，从而促进旅游需求的实现；旅游供给是以依赖于旅游需求而出现的，同时也为旅游需求提供服务。相互冲突具体体现在以下几个方面：数量上，供给是大于、小于还是等于需求？质量上，旅游供给能否与旅游需求相适应？时间上，旅游供给是否遵循了季节规律？结构上，稳定的旅游供给方式能否满足灵活多变的旅游需求？综上所述，旅游的供给与需求的关系是相互依存，同时又互相矛盾的，只有处理好供需关系，使其保持相对平衡状态，才能够保障旅游行业的健康可持续发展。

三、供给侧与需求侧的区别与联系

(一)供给侧与需求侧的区别

在开展供给侧结构性改革工作时，必须以整体的眼光调节经济结构，优化结构配置，从而促进经济的稳定可持续发展。相较于需求侧重管理而言，供给侧改革将发展重点转移到结构改革上面。需求侧管理主要体现在消费、出口和投资三个方面，又被称为"三驾马车"；土地、资源、劳动力、创新是供给侧管理的四大主要成分，又被称为"四大要素"；在这里我们可以看到经济发展具有两面性。我们在进行供给侧结构性改革时，不能只注重一方面，要同时兼顾需求侧和供给侧，共同着眼经济的稳定增长，也要注重经济的可持续健康发展。

从改革方向来说，供给侧结构性改革的主体是生产者，立足于生产者的角度实现经济结构的转变与发展。为达到机制创新、技术创新和制度创新，应该通过减免税负来实现，这种方式能够很好地促进生产者创新意识的提高，同时还能降低资源配置的浪费。需求侧改革主要是在扩大内需和增加出口上做文章，经济发展的主要动力是"三驾马车"，主要指向消费者。

从改革效果上来说，供给侧改革从政策实施到企业实现技术创新与结构升级通常需要经历一段较长的时间，不能很快看见改革的效果，这一段时间是企业积累和沉淀的黄金时期，对企业的发展起到关键作用，非常考验改革者的决断力和智慧。供给侧改革的出现为企业提供了新的发展方向，转型升级后的企业要求供给能够长期保持高质量状态，这是对凯恩斯短期需求模式的一种创新，提倡和鼓励制度创新，把创新作为制度和经济发展的原动力，促进企业的创新发展。

提高员工的创新积极性与创造能力。需求侧改革关注的是有效投资对经济发展的作用，通过利用货币政策与财政政策来刺激居民消费，减少了目标实现所需时间，同时效率还得到了一定程度的提升。

从改革政策来说，需求侧改革需要依靠国家实施的各种财政政策和货币政策才能够达到居民消费的目的，产品的数量在增加的同时也不需要担心会出现库存积累的现象。而凯恩斯理论则是通过强有力的刺激使商品需求在短期内快速增长，加大政府投资力度；经济发展过快时，增加税收来降低政府投入，促进经济稳定增长。供给侧改革强调减少税收对企业发展的作用，认为减税能增加企业发展的热情，对促进企业经济增长有推动作用，在政府的监管与控制下，促进企业结构改革与升级，技术更新。供给侧改革的目的不仅是促进需求增长，还要能够处理好以往积存的"存量"，对一些低效益的企业采取处理手段，保证经济市场的繁荣昌盛。

生产端是实现供给侧改革顺利进行的"拦路虎"，目前我国供给侧存在的最大问题是交易成本过高,故供给侧改革的核心在于交易成本的降低。我们必须要从生产者的角度来思考问题,把握好消费端的需求关键。供给侧结构改革需要改革者强大的决策力,对于不合格的部分采取强制清除的手段,从而保证企业的活力。经济发展需要一定的破坏性,对企业结构进行破坏同时也意味着转型,每一次的破坏都意味着为企业注入更多的活力。从本质上来讲,企业创新就是淘汰落后结构,在淘汰的过程中难免会出现各种各样的矛盾,这就需要政府来缓解这种矛盾。因此,在进行供给侧结构性改革时应调节好政府与市场的关系,保护好群众的利益,维护好社会主义市场经济改革方向的正确性,走经济的可持续发展之路。

(二)供给侧与需求侧的联系

供给侧结构性改革提出至今,越来越多的专家学者加入研究之中,各种观点百花齐放,其中最具代表性的是关于加强需求管理的观点,强调在政府的调控下实现供给与需求发展的齐头并进。

需求管理是经济发展到任何阶段都必须进行的一项工作,应对供给与需求给予同等的重视。肯定优化经济结构配置的正确性,维持供给与需求管理的平衡,当工作重点侧重在供给时,应将理念与思路也侧重于供给。

四、供给侧改革理论

(一)供给侧改革理论的内涵

从前文的叙述中可以看出,我国的供给侧改革并不是西方供给侧改革理论的照搬,西方的凯恩斯主义的政策并不适合中国的国情,因此中国之前没有实行过。凯恩斯主义的做法是建立在基础设施建设的基础上,通过刺激短期需求来达到目的,这一切都归因于发达国家的基础设施已相对完备,政府再投资基础设施,顾名思义,就是取代现有的基础设施,增加劳动力再创造出新的基础设施,从而解决就业难问题。然而中国采取的措施是除去增长瓶颈,这在一定程度上增加了需求,从侧面来说,就业率也随之增加了,但是增长瓶颈也就没有了,增长潜力却明显提升。在供给侧结构性改革中,我国没有采用西方的政策。供给学派一向以降低税收为前提,树立民间投资和增加供给的信心,但现在我国所经历的情况不能靠西方的策略解决,只能采取增加总需求来达到目的。

2016年1月26日,习近平在中央财经领导小组第十二次会议重点提出,要明确供给侧结构性改革的根本目的,重视社会生产水平的显著提升,以人民为主体,贯彻人民为出发点的思想方针。供给侧结构性改革的前提是以供给质量提高为基础,通过改革促进结构优化,不断调整要素配置,将有效供给的范围加大,根据实际需求改善供给结构,为了真正服务广大人民群众,要不断改进调整以促进全要素生产,从而加快经济行而有效的发展。

供给侧结构性改革的任务是以增量改革的效益来促进存量调整,同时在增加投资的期间,不断调整、改善投资结构,并为产业结构增加新的源头,通过经济改革,促进经济发展,增加人民收入;必须调整产权结构,使之利于经济发展,国家和民族共同进步,政府与人们团结协作;要重视资源整合,资源优化配置的目标得以实现,优化再生受到重视;产品质量优良得益于产业结构的完善,产品质量良好得益于产品结构的完善,两者是相辅相成的;分配结构的改进,形成公平分配的局面,生产力的提高依赖于消费者的支持;通过改进流通结构,使得交易成本降低,从而有效经济总量比之前有较大的改观;改善消费结构,提高消费品等级,使得人们形成良好的生活品质。供给侧改革致力于经济结构的调整,要素配置能够达到最佳。

(二)供给侧改革理论的核心

经济周期理论和经济增长理论是宏观经济学的两个组成部分。前者主要是阐述经济在短期内克服波动的方法,后者是着眼于长期,经济体怎样实现增长。1~5年是一个较为短期的经济波动期,经济体主要表现为波动起伏发展,总需求管理是解决短期内经济下行最有效的方法。但是在长期(10~30年甚至更长的时间里)解决经济体发展的主要因素是生产要素禀赋以及要素配置效率(全要素生产率所内隐的技术、制度和文化因素)。换句话说,供给侧决定了经济体的长期增长。因此,在发现经济下行时,政府相关部门应该对下行的原因做出判断,如果属于短期效果,则以需求侧改革调控为主;若为长期现象引起的,则采用供给侧改革调控的方法。

随着改革开放,中国经济发展迅速,已成为发展中国家,是不可小觑的经济强国。自从2015年后,我国经济发生巨大改变,经济指标之间的联动性不再像以前那般牢固,经济增长受到打击,CPI也受到影响,出现低位运行的状态,尽管居民的生活水平有了显著的提高,但是企业的发展却在下滑,人民消费指标上升的同时,对于投资行业却很少涉及等一系列问题发生。如果以经济学理论的观点来说,我国的现状不能说是滞胀,更不能理解为通缩。当前,在较长时间的要素积累后,经济出现了结构失衡、动力不足和效率低下的现象。这就需要提高生产水平、提升生产效率来应对,因此,供给侧改革的核心是提升全要素生产率。

(三)旅游供给侧改革理论的内涵

旅游业的供给侧改革是在旅游业领域内,按照国家供给侧改革的理念,调整旅游供给的总量和结构,从而更好满足国民旅游需求的过程,其最终目标是增加有效供给,提高供给水平。全面贯彻党的第十八届五中全会理念,促进经济平衡发展。旅游供给侧改革便是顺应政策改革理念而产生的。经济活动主要受供给和需求的影响。从宏观经济角度来说,产品的售出全靠消费者的需求,供给是指生产得到一个缓冲。在旅游产业发展中,供给和需求方式是需要得到平衡的。不论是需求侧还是供给侧,二者都不能独立于另一方而存在,否则,旅游经济就无法发展下去。一味供给的话,市场上的商品就会出现供大于求,供给过剩;而一味需求则造成商品供应不足,商品价格上升。因此,需要平衡两边的量,调节好需求和供给才能使得旅游业长久发展,这也是旅游供给侧改革的最终目的。

旅游业是属于服务行业的一种,主要是为广大的群众服务,可以刺激消费和推进社会经济的发展。市场经济的实际状况是人们的需求量不断增加,导致供不应求,在旅游产业上的表现就是所提供的服务不能够满足游客的需求。导致这一现象的原因并不是说源头上的供应不够,而是其中没有真正被有效利用;也不是说人们的消费能力不足,只是供给与需求还没有合理地分配和平衡。綮防说:"不论是在哪一个经济发展时期,要促进经济的发展就需要采用一定的鼓励机制,积累更多的人力和物力资本,在此基础上激发出人们的创造力,以提高生产力。"供给侧改革是要对生产要素、生产技术、生产方式及技术创新进行改革提升,同样地,旅游供给侧改革也要通过提升生产要素和生产技术来提升整体的资源禀赋和全要素生产率,因此旅游供给侧改革的核心同样也是全要素生产率的提高,旅游产业要想实现"三去一降一补"就必须提高整个旅游产业的效率。

总的来说,提出各种改善旅游业的供给侧方案就是为了促使旅游业提高供给的有效性,满足游客的需求。要实现旅游供给侧改革的最终目的,就要对旅游业进行结构性改革,不仅要实现旅游产业结构的合理化,还应该在合理化的基础上提高旅游产业结构的效率,整体优化旅游产业结构,即在合理化的基础上进行高效化的研究。

(四)旅游供给侧改革理论的构成

对旅游产业供给侧的改革是基于中国旅游业的整体理念进行的,通过对结构和产量的调节,以此满足不断增长的旅游需求。改革的内容包括:提高旅游有效供给,调整旅游产业结构,增补公共旅游供给劣势,加大旅游供给总量。

1. 增加旅游供给总量

在对接下来旅游业的发展展望中,能否促进其总量的增加需要以下几个新方向得到发展,即购物旅游、自驾房车旅游、度假旅游、老年旅游、修学旅游。购物旅游在很大程度上会受到来自国家对奢侈品税收的限制,在免税和退税上实行的不到位,因此国家需要就此方面改善税收制度。度假旅游增长的提高就需要国家节假日制度的调整,带薪休假制度的改善与提升,同时政府颁布方案来推出更多的度假休闲地区。许多国家的青年们在校期间都会参与修学旅游,这也是学校教育内容的一种,修学旅游不仅促进青少年之间的交流,还可以让他们多多地接触世界。现在退休的老年人想要进行老年旅游,时常要考虑到医保和社保的问题,这就限制了老年旅游的发展。对于房车旅游而言,则有许多方面需要改进,如过路收费标准,司机应该考哪个级别的驾照,车子的上牌以及保险等问题,相关部门需尽快落实。除此之外,国家需要在制度上给予一定的优惠政策,来降低旅游业的投资和游客消费成本,具体可以包括如旅游景点的收费标准,减少对宾馆、酒店的收费标准。

2. 提高旅游供给质量

可以从改善国内旅游市场环境和提高旅游产品供给的科技水平两个方面来进行。随着我国经济的不断发展,旅游行业变得繁荣起来,但是目前我国旅游市场环境存在很大的问题,类似"哈尔滨天价鱼""青岛天价虾"等宰客事件被陆续报道出来,游客与当地居民的关系日益紧张,相当一部分游客对此感到非常失望。这告诉我们如果不采取有效的措施提高供给质量,就会失去越来越多的游客的信任。同时我国旅游业中对科技的使用还不广泛,未能正确认识到科技对旅游业发展的促进作用。

3.调整旅游供给结构

很多旅游规划者在进行景区的旅游规划开发时,会过多地向高消费群体倾斜,而中产阶级或者一般消费者的需求不能被满足。比如,全国各地都存在着高端的旅游场所、旅游消费、高级会所等,但是针对低端消费者的旅游产品和设施却严重匮乏,这就导致了旅游供给不足,中产阶级和工薪阶层的旅游诉求不能得到满足。

4.补充公共旅游供给短板

旅游供给分为由企业私人提供的私人旅游供给和由政府提供的公共旅游供给两个方面。地方政府在进行公共旅游服务设施建设时,应该把当地居民的需求和旅行社的需求放在同等位置进行考虑,比如,交通线路的规划、基础设施的建设,既要方便游客,又要方便当地居民。

张朝枝等在2010年的研究中发现,目前国内多数的研究没有对旅游产业和旅游业进行概念的区分,而是把这二者作为一个等同的概念进行分析。基于此认知,一般学者认为旅游产业是为旅行者提供服务的一个产业,是为旅行者提供服务、商品等各类旅游商品的综合的产业;另一种看法认为旅游业和旅游产业不是等同的概念,但是这部分学者对这两者之间的联系和内涵的认知也有着不同的看法。

王兴斌指出旅游业的作用就是为旅游者提供观光度假、购物、交通运输、康乐服务(旅行社、旅游定点商店、旅游定点娱乐场所、旅游定点餐馆……)等多种娱乐休闲活动,同时旅游业还包括了能够为人们提供智力、人力和中介服务的相关单位、行业及部门(旅游网站、旅游院校、旅游研究规划机构等)。

旅游产业包括旅游行业和为旅游行业提供相关服务的部门或行业,其范围非常广泛,不仅包括与旅游相关和为旅游服务提供各种物质与非物质需求的第一产业和第二产业,同时第三产业中的很多行业与部门隶属于旅游行业范围。谢春山等人将旅游产业定义为旅游业和与旅游服务相关联的行业的总和,旅游业是一个能够为旅游发展提供各种旅游核心产品的企业的集合体,其中有旅游景区点、旅游交通运输业、旅游商品经营业、旅游饭店业等;旅游关联产业的作用就是为旅游的发展提供各种物质或非物质服务。通常情况下我们所说的旅游业是指狭义上的旅游产业,只有把旅游业和旅游相关行业与部门结合在一起的才是广义上的旅游产业的含义。如果以开放的眼光来看待旅游产业,我们就能够发现旅游产业的定义与内涵是非常广泛的。单从供给角度来对旅游产业规划范围,就无法实现相关产品和服务的一致性,同时居民和旅游者在旅游过程中还会出现一些非旅游消费,对于这类消费,以目前的科技水平还无法准确地将其计算出来,同时这种方式也有一定的狭隘性。所以,笔者认为在给旅游产业的范围设定标准时应从旅游活动的依赖性出发,同时研究旅游业的供给与需求,认为旅游业与旅游产业的关系是包含与被包含的关系,即旅游产业属于旅游业的一部分。在进行实证分析和旅游产业结构构建时,在符合常理的基础上对其概念进行一定程度的扩展。本文在进行研究时,综合前人的研究,认为供需平衡理论为供给侧改革的基础理论,并在此基础上进行了旅游产业结构的构建。

在对旅游产业进行界定之后,同样也说明了旅游产业在旅游供给侧改革中的作用和地位。作为旅游业中不可或缺的一部分,旅游产业结构在旅游供给侧改革中起到了至关重要的作用,本文从这一视角出发,分析和优化旅游产业结构,积极抓住供给侧改革这一机遇,旨在实现旅游业的再发展。

第二章

贵州旅游资源

第一节　业态结构

一、贵州历史研究综述

在当代中国历史地理学中,贵州以其鲜明的区域特征和极具学术及现实研究价值的自然、人文历史过程,正成为重要的研究区域之一。当前历史地理学对贵州的关注,不仅在传统的政区与行政地理(政治地理)研究领域得以继续深入并不断取得令人欣喜的进展,而且在历史环境变迁、环境史、经济—社会史等方面得到越来越多的探讨,不少研究得益于对贵州独特和丰富的历史地理状况的归纳及分析,在我国区域研究中正产生积极影响。应该讲,与以往相比,当前历史地理学界对贵州研究的重视,在研究队伍、投入、方向、成果等方面已进入了一个新的快速发展阶段。早在二十世纪三四十年代,因浙江大学史地系内迁至黔,以谭其骧先生为代表的现代中国历史地理学者就已开展过用力颇深的贵州历史研究,所取得的重要成就正如后来葛剑雄先生总结的"替杨保立传,为霞客正名",功彪史册。1942年谭先生发表名篇《播州杨保考》,对杨保族源、迁徙、据播历史及后裔流布等做了详细考证,直到1982年重刊时仍为学界称道,侯哲安先生更是称其为"海内珍本"。同一年,谭先生发表又一重要论文《论丁文江所谓徐霞客在地理上之重要发现》,实事求是地指出《徐霞客游记》内容及丁文江对之评价上的问题,从而使人们对徐霞客地理成就的肯定更为科学,客观上还对明代地理成就做出了重要总结,"发掘"了另一位明代地理大家王士性。这两篇成于遵义的论文,是谭其骧先生的重要代表作,至今仍为方家倚重。1943年谭其骧先生还发表《贵州释名》一文,简要介绍"贵州""夜郎""黔中"三个历史上贵州最具代表性的名称来历。1985年4月,谭先生重返青岩,一路如数家珍,完全沉浸在对故人和往事的回忆之中。谭先生在贵州的岁月和研究成就,在先生钟爱并开创的现代中国历史地理学发展史上写下重要一页。

我国当代历史地理学与贵州的渊源,可以谭其骧先生上述成就为起始,尽管当前和之后对贵州历史地理研究的力量和专业性更强,领域也更为宽泛,但相比于对全国其他或西南邻省的研究仍为滞后,许多方面亟待加强投入,历史地理学工作者应以谭先生及其高水平的研究为激励和鞭策而前行。基于这一精神和以往研究情况,对贵州历史区域与地理认识等做一梳理,并结合学术动向对当前贵州历史地理研究进行评论,以期在总结中不断求索和推动新的研究。

这里说的"贵州",是指从明永乐十一年(1413年)"设贵州等处承宣布政司",使之成为明代十三布政使司之一开始至今500多年的贵州省,以明清两代为主要时期来展开。明以前的历史同样重要,但明清时期是贵州作为一个中央直接管理下的一级政区,区域社会经济得以整体快速发展的重要历史阶段,对现今影响更大和更为具体。这500多年的历史是什么样的状况?有哪些主要的发展特征?对此,以往学术和社会层面上都有许多很好的总结,这里不再赘述,结合个人研究实践,这里就以下两个方面的一些具体问题谈一谈认识,笔者认为可能在当前和未来需要多加关注和研究总结。

一是贵州疆域版图的形成与管理,也就是行政区划的建置史和发展史,这是理解一个地区最基本的研究工作,这其中包括卫所等军事建置。明代永乐十一年(1413年)贵州正式建省,到清代康雍年间[以雍正六年(1728)遵义府划归为标志]奠定现代贵州疆域的基本版图;而明清两代贵州军屯和改土归流的发生也比较广泛和普遍,同样对贵州行政区划发展有着重要作用,许多事例在我国历史政区地理、民族地理和中央与地方行政关系方面具有极高的研究价值。比如,在疆界的形成、清理、调整方面,贵州地区历来存在着比较多的"插花"现象,府厅州县疆界有山川形变,但更多的是犬牙相错。各时期中央与各级地方政府、官吏和士人对此的管理或认识,晚清时期至解放初期,在这方面还积累了大量原始档案和调查资料,均有助于我们深刻认识各级域情和探讨中央与地方关系,尤其是在总结包括县级行政界限在内我国疆域政区与行政管理的历史经验上有着不可多得的研究素材。又如府领亲辖地问题,也就是统县政区除附郭县(府治所在县)外尚直领一定范围的疆土,在清代贵州也比较突出,直至清末全省十二个府就有八个府领有亲辖地,即镇远、思南、石阡、思州、铜仁、黎平、大定、兴义,此外,平越直隶州也有亲辖地。这种情形也使贵州疆域政区和行政区划变得更为复杂,它们是如何形成的?在管理上会有什么样的特点?对当今行政区划有何影响?等等,都值得深入研讨。除以上插花地、亲辖地问题外,明代开始军屯所形成的军事辖区、改土归流带来的民族区域行政区划变化等,在贵州同样影响大,也是需要积极开展的研究领域。

  明代卫所带来的开发问题。明代贵州开发,卫所是关键,是开发的重要堡垒,这一点已是定论。明置贵州都司24个卫(以贵阳卫、贵阳前卫为中心,北有西四卫、东有六卫、南有边六卫、西有上六卫),数量约与云南相当,但贵州疆域面积要小于云南,足见贵州军政地位在明代的重要性。军屯具有以"狭乡"迁"宽乡"的移民实边开发功能,掌握有先进农耕技术和汉文化的内地人口迁入当时尚属"野而荒芜"的贵州边区,必然会带来新的经济增长和社会发展,是卫所开发地区的重要表现之一。卫所普遍设立于交通线上,极大保障了贵州与内地的交往,进而对整个开发进程都有极大促进,这是历史上云贵开发的一个重要问题。卫所与周边民族、土司错杂,这些据点的经济生产与当地传统不一样,而集团性移民文化比较容易保存和继承,由它插入民族地区能够得以延续。当时带有先进生产文化的屯堡可以说在地方上起到示范作用,可以传播内地技术和文化。当然,集团性移民往往能形成由屯堡发展起来的大村镇,由此必然产生集市,与周边进行经济文化流通。此外,明初移民后贵州地方"汉夷"人口数量和分布格局如何?移民、人口史研究表明,明中叶以后汉人成了贵州人口最多的民族,但以明人王士性、清人赵翼的笔记,即便是在云贵主要交通线一带三七开的城内汉多夷少、城外夷多汉少局面,甚至还整体评述道:明代中后期"(黔)汉夷错居而夷倍蓰焉","大抵云南一省夷居十之六七";清雍正时期滇黔两省"流官管辖者十之三四,土司管辖者十之六七",乾隆中期之前"黔东为罗施鬼国,率苗人所居。黔西为罗甸鬼国,率僰人所居。客民侨其间,不及十之一二,故无以矜制,而易于跳梁"。数理统计与文献上的或多不一致,对我们研究卫所移民等开发带来的人口、民族地理格局,能多一些新的比较和思考。所以,以明代贵州为对象,我们能见到军事、民族、行政、文化、自然等地域单元的多样布局或组合,这些单元的互相渗透、融合和发展便形成了今天的贵州地域社会。开展卫所带来的开发研究,实际上仍有着极大的拓展和深入空间。

在疆域政区和地方行政方面,除上述外,苗疆地区也是一个值得关注的区域。在康熙舆图中那时贵州东南部地区还是一个空白区,令人费解的是明清两代为了让黔东、黔东南地区的军屯不落于其他地区,开发不可谓不早,但直到清光绪年间仍有称黔东南为"新疆"和军屯的情形。清代对镇远、黎平等府和卫所的疆界和区划调整,尤其是府卫关系,还与湖广"联动",一方面是与对苗疆地区的控制有关,另一方面则尽显中央与地方关系调整上的微妙。清代贵州、湖广交界区域,府卫各属两省,每每割湖广卫所归黔,则黎平等布政司政区则归楚;当黎平等府归黔,则卫所复归楚。到清代,这种现象随着对古州等"苗疆"之地的征讨,以及政府对苗区的控制能力加强后发生改变,府卫统归一省的呼声日高,最终卫所改设归为布政司体系。至同治初年议贵州屯制,认为"黔苗建屯已久,虚名鲜实",故有建议"去兵之名,收农之实",改军田为民田。宣统三年(1911年)经度支部会议奏准,"裁撤卫弁,将田丁卫田归并地方管理",至此历史上的贵州军屯方告结束。

二是改土归流与民族社会变化问题。对改土归流的研究成果比比皆是,从宏观到个案,从制度变革到地方实态,均有诸多有价值的论述。改土归流实质上是中央权力的渗透,通过改流,使民族地方"渐比中州",最终的结果是将地缘单元、行政单元、民族单元融合在一起,也使贵州内部更为紧密。作为多民族聚居区,历史上贵州土司数量庞杂,"尝考洪武初,西南夷来归者,即用原官授之。其土官衔号曰宣慰司,曰宣抚司,曰招讨司,曰安抚司,曰长官司。以劳绩之多寡,分尊卑之等差,而府州县之名亦往往有之。袭替必奉朝命,虽在万里外,皆赴阙受职。"据龚荫研究统计,有明一代贵州共有土司228家,其中文职土官25家。按照明代官方档案《土官底簿》的统计,明代后期贵州土官共15家。至清末,据统计,贵州全省土司剩55个长官司。

明清时期,贵州是我国改土归流的主要地区之一。改土归流对民族地区而言,是一个重大的制度变迁,以往单纯从事件史、制度史角度来观察地方社会变化可能存在着诸多不足,比如将许多实际上比较复杂和丰富的地域、民族社会变动,停留于仅是改流的某些"善后"措施或现象来做观察,这种视角容易忽略民族社会的实际情况,似乎改流后民族世界就已"同化"甚至是"消失"了,我们难以清晰见到这种制度变革下的民族政治、社会组织和结构,乃至经济、文化、思想的演进情况,或者说这方面的事例没有被呈现得更为具体和丰富。所以对土归流的研究应走向"过程研究",以改变"现象研究"产生的局限。

做这一工作,可能需要对土司、民族地区自身社会管理情况和改流后的情况做出必要梳理,并作比较分析,换句话说就是要将民族基层地域社会的发展过程具体地呈现出来。以清代水西地区为例,赵翼称"凡土官之于土民,其主仆之分最严,盖自祖宗千百年以来,官常为主,民常为仆,故其视土官,休戚相关,直如几乎天性而无可解免者。……。贵州之水西倮人更甚,本朝初年已改流矣,而其四十八支子孙为头目如故,凡有征徭,必使头目签派,辄顷刻集事。流官号令,不如头目之传呼也。"改流后,"四十八目"影响力依然很大,流官管理体系的实施不尽顺畅,正所谓"土司改流官,土目仍世业"。

但由于民族交往日益频繁和社会时代发展,这并不完全阻碍地主经济在原土司制度统辖地区的发展,于是就孕育了"土目田"等特殊土地制度和关系,新旧社会、经济制度混杂形态的出现,亦表明地主经济对领主经济的冲击和影响。

道光年间,"苗人(按:指彝族)佃种土目之田,岁上牛羊猪鸡,以为年例年租。土目有婚丧事,又量纳银钱食物,俗谓之'红白扯手'。至其强而暴者,科敛其苗而又虐使之,佃户不堪其累,则私质所佃田于汉民之黠者,因而兴讼。故苗人之私典佃田,由土目之不恤佃户也。水西有四十八土目,安氏而外,沙、杨、潘、陆,皆倮罗裔也;其次为黑种,又其次仲家、仡佬、花苗、青苗、白苗、蔡家子、龙家子、六额子,皆役使于土目。佃其田者,皆曰佃户"。从彝文田契中可见,土目是"土目田"的所有者,一般分给其子民"苗人"佃种,这一关系实际上更多的是维持或保留了原土司制度下"领主"经济生产关系,"苗人"身份仍带有明显的农奴或佃仆性质;由于当地"苗人"负担过重,加之不善治田,故部分土地又被他们转租出去,给汉人佃种,"私典佃田"与汉民,更多的是地主经济形态。尽管是出于生计所迫,而且并非主动"置"田转租,但这里的"苗民"身份类似于"二地主",十分特殊。当然,耕种土目田的"苗民"社会地位近似于农奴,除交纳粮银外,还要承担许多苛派和劳役。

再以嘉道年间《黔南识略》所载来看,卷24《大定府》对土司、土目下的彝族社会管理、土地关系有着较为全面的记载:"关厢内外多豫章荆楚客民,乡则夷多汉少,今之自谓土目者皆安氏裔也。"自改流后,"均系报亩入册,与齐民等,无所谓土司,亦无所谓土目也。其支庶错居府属者,沿其夷俗。凡其祖报垦之田土,悉归长子承受,名曰土目;其或以私积别置田产者,亦概谓之土目。其等有九,曰九扯。最重曰更苴,次则慕魁、勺魁、骂色,以至黑乍,各有司事,其服色与汉人无异。土目有婚丧等事,则敛派佃户,谓之派扯手。甚至同里及附近田地之粮户夷民,有被其强压者,不从则捏为叛佃,讦控不休。而争继夺产,好斗健讼之风彼此效尤。"

威宁州:"其民夷多汉少,汉人多江南、湖广、江西、福建、陕西、云南、四川等处流寓,各以其省设一头人;夷人则有土目,其次曰得暮、麻色。土目多安姓,大约田多而佃户众者,即称土目,非官设也。夷民俱听土目约束,地方有命盗案及征粮等事,皆责成土目协差分办如乡约。"乾隆年间南笼府对土目田地的改革要彻底得多,基本上建立起了地主经济制下的租佃土地关系:"在昔为土目之佃人,亦即士兵也。分地而耕,纳租于主者是为公田。其余众苗通力合作,土目按亩收利者,则属私田。自改土以来,其公田已入粮册,而私田存于土目,为口食之资。苗民耕种粮田,输纳而外,出谷一、二斗于土目,是主佃之名犹存也。"到了嘉道年间这一地区苗民"输纳而外,出谷一斗半于土目,至今主佃之名犹存也。东南乡之怀德,西北乡之永化二里情形如此"。

土司制度仅为中央赋予的管理形式,土目田地制是彝族传统社会制度——则溪制,受地主经济影响下在经济生产上的反映形式之一。方国瑜、史继忠、余宏模和潘先林等对彝族社会改流后遗留的"则溪"制度和土地制度均有过深入研究。则溪制度,产生比土司制还要早,可以说是水西彝族社会制度的核心,它将彝族社会的宗法制、等级制、世袭制紧密结合在一起,形成严密的政权、兵权和族权的统一。而温春来、黄国信等的最新研究还表明,尽管历史上有汉人等跻身贵州西北彝族社会"勾"的政权,且经清初军事征剿和"保甲编户"等,土目等形态所反映出的旧的"彝制"仍在地方民族社会发挥作用,甚至到近代以来依然在"历史记忆"和"现实生活"中产生重要影响。可见,对改流及民族社会的研究需要掌握多套"话语",须对民族和地域自身经济、社会和政治体系的演变做出足够分析,只有这样才能更为全面和符合历史实际。

上述问题的解决,将有助于丰富和促进我国历史政治地理、民族关系史、社会经济史的发展,对当前贵州全面发展也能提供积极咨鉴作用。当然,明清贵州历史的丰富性不仅限于以上方面,近些年,清水江流域山林买卖活动形成的文书、彝苗等民族地区社会基层组织与运作、山地社会文化、石漠化和土地利用等都是史学界和社会关注的热点问题,随着各级重视和研究投入,有理由相信未来贵州历史研究必会有着新的发展和突破。

二、贵州区域的理解与划分

区域这一概念是用来理解地表的主要途径之一,对于自然、人文复杂和差异较大的地区,科学合理地划分区域对提高研究工作的质量有着积极作用。相对于自然区划而言,贵州历史人文区域划分更为复杂,因历史时期全省的经济、文化发展指标要弱于内地省份,集聚效应有限,故做出合理的经济、文化历史区划难度较大。基于区域划分走向综合性的考虑,如何做好除自然、行政等相对稳定和明晰的区划之外的区域划分,需要对历史和地理两方面的区域概念做一梳理。地理学的"区域"概念是地理学研究的基本范畴之一,其基本思想是"根据其空间的差别性,根据空间划分为大陆、地区、地方和地点来理解地表"。地理学认为,区域研究是体现自然和人文相结合的重要层次和有效途径,区域研究"必将是地理学的核心研究领域"。故在地理学中形成对各个地区地貌、气候、水文、植被、灾害、经济等的多套区划体系。历史地理学将地理学的思想积极引用至历史研究中来,形成了相对成熟的对"历史区域"的理解模式,即基本原则是以自然地理区划(尤其是地貌)为基础,以行政区划为统计界限,同时又结合历史和现实人文地理格局来划分,主要模式是"自然地理区划"+"历史行政区划"+历史要素区划(如人口、土地、灾害、水利、产业、文化、语言、宗教)。当然,在各类专题区划基础上也会归纳出综合的大项区划,如文化区、经济区等。这其中历史行政区划是关键,是所有要素区划赖以体现的基本载体。历史研究中的"区域"观念与划分深受法国年鉴学派"空间史学"影响,注重地理的历史特点,就社会历史和制度文化的地域差异问题展开多层次探讨,与历史地理学的理解是一致的。在历史研究中,对区域较为倚重的学科,如经济史、社会经济史等研究,亦有着比较精要的归纳和实践。比如,在对中国古代经济区的划分上,大致有如下模式。

(1)适当的经济单位=经济地区。

(2)必须是一个自然生态条件相对统一的地域+最好还属于同一水系+在人们心目中应当是一个特定的概念=经济区域。

(3)"自然生态的相对一致性、完整性"是最基本的条件+劳动分工的地域差异、地区主副业综合发展的相对独立性、产业的专门化=中国古代经济区。

(4)社会经济史认为区域即差异,完成差异的综合研究,是社会经济史的区域研究目标,代表是吴承明先生提出的划分区域差异五个研究层次:①人口移动或定居史形成的差异;②土地利用或水利史、农田开发史形成的差异;③社会精英流动或文化生态史形成的差异;④宗法、家族、阶级等社会组织变迁形成的差异;⑤军事、政治或行政建置史形成的差异。

杨国桢先生也提出,以政区(省级)作为划分社会经济区域的基础+"寻找各种环境条件、行为方式和价值体系联结的地域组合"=地域史观念下的区域。

其他代表性的"区域"划分学说或实践还有:①"区域即河流流域"学说,以美、日学者为主,考察大河三角洲时提出,目的是强调河流文明的系统自然地理基础,在人类学、定居史、聚落史、农业史和环境史中影响较大。②"地文-生态地域"学说:强调生态系统的作用并引入区域经济史微观研究。③"港口-腹地与区域现代化进程"模式:探讨经济要素在口岸的聚散作用对相应腹地范围的影响,实质上仍是"冲击-反应"模式的延续或检讨。

上述区域划分学说对研究的推进起到重要作用:一是普遍注重自然地理背景的影响,树立综合性的整体史研究,对区域的理解更为全面;二是对区域的认识和理解,使面上的现象研究转向更为具体和层次清楚的过程研究,研究将更为丰富;三是对区域界限的重视、厘定和对区域要素的结构分析,客观上适应现代学术发展要求,为数量统计创造条件,使区域差异和比较更为精确与科学化。当然,历史区域划分也存在着难点和不足,首先,它们克服不了区域界限模糊和不够精细的问题,面积单位统计仍存在一定困难;其次,区域层次的划分必然涉及中心和边缘问题,"中枢部"与"边缘部"

的存在容易导致忽视非中心地和边缘部的研究。针对不足,笔者认为在思路上可以做以下尝试:对区域层级尤其是基层研究的要加强,如以县及县以下区域单元为研究对象,做足区域案例,采取"拼图"法自下而上整合中、高层区域单位;区域界限的划定除积极完善行政层级区划外,应拓宽各类符合地方历史实际的可能性区域划定,如社区、土地利用、水利、信仰等圈层与分布;引入生态学、人类学的生态系统、流动态、关系链等概念,对文化制度(institute)等研究在注重区域"入地"的同时,能兼顾其自身流变特点;地理学提出的"区域链"研究,突破地文系统下的区域界限,将区域差异考察视角从内部延展到区域之间及之外;加强地方性知识和从边缘看中枢的研究。当然,归根到底是应积极寻求切合地方实际,能够科学、合理地解读地方差异性和总结区域特征的区域划分形式。比如,以贵州和云南普遍存在着的山地、平坝地貌形态,在研究区域的选择和划分上,完全可以形成和总结出能够理解此类地表历史上人类经济活动的区域划分模式,可分为山地经济模式和平坝经济模式两类。山区-山地经济模式,移民垦殖和旱地作物传入、经济林木和矿产的开发等;坝区-平坝经济模式,粮食主产区、水利的重要、经济集散和交通的作用等。地貌上相对独立的"坝子",在云贵地区近乎是一个个独立的单元,可积极开展对"坝子"的生态环境、农业经济、交通贸易和上层建筑的对比研究,并对"山地经济"概念进行整合。

过去500年来贵州的地理环境与区域特征情况如何呢?这里结合史籍中的描述简单谈一谈。首先是地貌与气候,这是一个区域最为基本的两项地理条件。民国时期美国地理学家葛勒石(G. B. Gressey)是这样描述云贵高原的,他说:"地面大部由高峻与崎岖不平的地形组成,其间横亘着许多深谷和高山,绝少真正的平地。最高部在西方,那里有崇高的山峰,升至二里以上。一般山地倾斜偏向南面和西藏以东,故南方的排水注入元江(红河)和西江,北方和东方的排水则流注长江。本区可分为两个相关的副区,即云南高原和贵州山地。云南平均海拔约为2000米,贵州平均高度约为1100米。云南是一个更显明的高原,因为它比贵州包含着面积更大的平地,起伏更大的波状高原。但这两个副区都有显著的峡谷和峻拔的山地,地面的腐蚀在东部最广,那里的地势全然形成分割的状态。"贵州"地无三里平","尺寸皆山,欲求所谓平原旷埜者,积数十里而不得袤丈"。

我国自然地理区划有着一个非常明显的特点,即区域地貌组合和气候组合基本一致。贵州地区作为云贵高原组成之一,构成为"华南山地、丘陵与盆地"这一地貌区,其特征是:山地、丘陵和盆地为主要地貌类型,褶皱、断裂比较密集;河网谷地密集;大量盆地式丘陵,具有强烈的化学风化作用,深入发育的岩溶过程。同时,均属于我国三大自然区之一的东部湿润季风区(其余是西北干旱区和青藏高寒区)。在东部季风区划中,贵州属于"华中、华南湿润亚热带"自然地区中的"中亚热带贵州高原常绿阔叶林区",是我国33个自然区之一,下又可分为5个亚区:东部山地丘陵亚区(贵州高原向长江南岸丘陵盆地过渡斜坡地带/林业)、北部中山峡谷亚区(贵州高原向四川盆地过渡斜坡地带/粮食)、中部丘原亚区(乌江、红水河一、二级支流上中游地区/粮食、茶叶)、南部山原盆坝亚区(苗岭以南地区/热带经济作物)、西部高原中山峡谷亚区(大娄山西南,云南高原向贵州高原过渡斜坡部位/草丛、畜牧业)。

在此地理条件下,贵州"其地东邻楚,西拒滇,南限粤,北遮蜀,截长补短,广轮仅千有余里。其山川幽秀穆塞,雾露霖潦以为常,梯田硗确,刀耕火种。无薮泽之饶、桑麻之利,岁赋不敌内地一大县"。

因地形地貌复杂,故区域气候环境存在着许多特殊性,如瘴气,兴义府"郡处贵州极南,热多寒少,每春夏之交,阴雨暴霁,岚气薰蒸,中人如疟,有头疼、胸懑、脾泻诸症,盖瘴疠最多云"。贞丰州"地素苦瘴,三四月间尤甚。黄芽际天,炎热蒸郁,气弥漫于山泽间,遭之立病。谚言避瘴之法有四,谓勿起早、勿食饱、勿脱袄、勿洗澡也"。一些气象灾害的危害,也为古人所重视,如冰雹,光绪年间黄绍先《创修雹神祠记》对贵州平远州等一带的冰雹等自然灾害及其影响有过描述:"其足以害我禾稼者,则惟蝗与雹,较水旱而尤烈。然蝗主乎?旱多生于北方,阳象也;雹成于水,多见于南方,阴象也。贵州山水环抱,地气主阴。故雹之为物,乃纯阴之气凝结而成,积深崛嵾硐中。每当春夏之交,阳气上胜,若有物掀摧而出,其状大则如牛如砖,小则如弹如豆。黔省多见之,平远则年年有之,尝见小民胼手胝足作苦。田间春季专种菝麦、油菜、蚕豆、大小麦等物曰小春,而阿芙蓉尤居其大半,一家翘闻冀获,收于青黄不接之时,粮赋赖焉,仰事俯畜亦赖焉。以遭冰雹,民不聊生,近年以来屡受其害,……因思蝗之为害,北省州县专建八蜡祠,以祀之意。雹之为害亦必有神焉,……余以为欲为地方免灾,必先向神灵祈福,立祠祀之,或可藉资匡救也。"

地形和气候同样对贵州土壤和农作环境有着影响,贵州全省土壤水平地带性分布(与生物气候带分布基本吻合)和垂直地带性分布明显,但也存在着多样的非地带性的地域分布,如各地均有面积不一的石灰性土壤分布。贵州高原以黄壤和石灰土为多,原生植被主要是中亚热带常绿阔叶林和岩生性、旱生性灌丛(现次生植被多为常绿落叶阔叶混交林、灌丛等);黄壤分布区是贵州重要的农耕和经济林种植地区。整体上土壤类型多样,为发展多种农业经营提供了条件,但水土流失、土层薄、土性偏劣、熟化程度不高等现象较为普遍,或多或少具有冷、阴、烂、锈、酸、黏、瘦等特点。这在史籍中也有体现,如遵义"土田最高者为箐地,次为半山,下为花厂。箐地高冷,宜稻、菽、粟、稞、高粱、玉蜀黍,而玉蜀黍尤为日用之需,土人名曰包谷也。其稻植之于山阜弯环处,可斗种而石收,平厂之处,可斗种而二石收。久雨则损秧,早稼则被冻,晚或为风落,故箐地之田价极贱。居民率于明清之前,往花厂原田栽种,而后移种于箐地。花厂地低近河,居民多种棉花,故名"。

尽管自然条件和地理环境的复杂性,给划分贵州历史自然区域工作带来诸多难点,但人类对环境的认识与适应、调整已在典籍中留下众多宝贵资料,是当今复原和认识过去环境状况的重要参考。相应地,人类生产生活所积淀的经济、文化等在贵州也形成一定的区域特征,也能逐步加以总结。在人文区域特征考察方面,文化区是最为主要的方面,历史文化区域研究是历史文化地理学的核心内容。一般认为,文化区有形式文化区和机能文化区两类,前者是指某种文化特征或具有某种特殊文化的人群的地域分布,如语言、宗教、艺术或其他文化特征在地理上的分布范围,就成为某种文化特征的分布区;后者考察文化在机能上起到的指导或协调作用,不是我们一般了解的文化区。最能表现文化特征的首先是语言(方言),其次是宗教,再者是风俗(包括民间信仰、风气习尚、居住方式、衣食特征等,既有物质层面也有非物质层面)。目前对贵州历史文化区的划分和研究十分薄弱,除方言区划研究相对成熟,以及民族学、人类学和文学研究者借助明清小说、笔记和"苗册",有过一些社会人群和风俗特征方面的讨论外,鲜见历史文化区划的研究成果。这与史料的缺乏和地方文化发掘不足有关,但史料中仍有不少精要的概述,值得我们去总结。清代《黔南识略》中对贵州的人文区划准确和详细程度也远胜于明人王士性等的描述,其《总叙》载道:"介楚之区,其民夸。介蜀之区,其民果。介滇之区,其民鲁。介粤之区,其民蒙。大率皆质野而少文,纤啬而重利。贵阳所属,则勤于耕读。安顺所属,则兼多负贩。平越、都匀、铜仁事虽简而地要。镇远、思南、仁怀商以通而力裕。大定、兴义治用严者也。黎平之民富于木。遵义之民富于丝。普安地宽而人杂,则编查宜勤于内。松桃地小而苗多,则防御宜周于外。此形势风俗之大较也。"这一概述不仅将贵州分为介楚、介蜀、介滇、介粤四大文化构成区,点明了贵州与周边沟通中所起到的重要区位作用,在社会人群和文化风俗上深受邻省影响的特点;同时也从贵州自身出发,总结了各地区域人文特征。

从自然、人文角度对贵州历史区域做出划分,一个重要前提是应对各地区域情况有着深刻理解,除前文提及的典籍外,明清乃至民国时期尚有不少文献亟待发掘研究,比如成于清乾隆年间的谢圣纶的《滇黔志略》,因有谢氏对地方的许多各类评论,颇有特色。其次,应重视地方土著、民族历史文化的研究,除传统文献外,地方自身语境文化的记述材料应积极开发利用,当然具有人类学图像性质的"苗册"理应成为解读历史人群和区域社会文化的重要材料之一。再者,明清以来,贵州是重要的移民迁入地之一,对主要移民群体及其流布情况和所形成的社区地理的全面和精确把握,意义已不仅仅是文化地理区域划分的重要工作。最后一点,贵州历史区域的理解和划分仍然需要建立在科学的区域史观下进行,需要走综合和比较的途径才能将差异性和复杂性良好地呈现出来。

第二节 贵州旅游业态结构及分析

一、自然资源有关的理论概念

(一)可持续发展理论

自从人类进入工业社会以后,社会生产力不断提升,科学技术日新月异,人类对于自然的改造不断深入,物质资源的获取能力不断提高,经济高速增长,人们享受着极大丰富的物质生活,但这些巨大成就的背后往往存在不合理利用自然的行为,大自然已然开始报复,人口爆炸、资源短缺、自然灾害频发、环境严重污染等问题日趋严重。蕾切尔·卡逊(RachelCarson)在

1962年的著作《寂静的春天》中关于农药危害人类环境的描述,即对这些问题的反思,给人们敲响了警钟,唤起了人们的环境保护意识。日益严峻的环境问题迫使人们去思考人与自然之间应该如何相处,寻求人与自然可持续发展的理念逐渐被人们关注起来。1972年6月,联合国在瑞典斯德哥尔摩召开了人类环境会议,会议探讨了发展与环境保护问题,以及人类的可持续生存能力的问题,发表了《联合国人类环境宣言》,认为人类在利用自然的同时也应保护自然,并呼吁全体人民共同合作,努力维护和改善自然环境。1980年,联合国在《世界自然保护战略》的文件中第一次使用了"可持续发展"的概念,在该文件中从植物资源保护的角度提出了要实行可持续发展,认为保护资源与经济发展应同时进行。1987年,世界环境与发展委员会在对联合国大会提交的《我们共同的未来》报告中,全面系统地评价了人类在经济发展和保护环境中存在的问题,布伦特兰夫人在报告中将可持续发展定义为"既满足当代人的需要,又不对后代人满足其需要的能力构成威胁和危害的发展",成为可持续发展比较权威的定义,这一定义在1992年巴西召开的联合国环境与发展大会上达成了全球范围的共识。可持续发展理念提出,由于传统的发展模式造成了严峻的生态环境问题,危及人类的生存和发展,经济发展和社会进步受到严重的制约,人们开始对传统发展观念进行反思和创新。可持续发展理论强调发展经济的同时要做好环境保护工作,生态环境具有一定的承载力,因此在经济发展过程中要注意生态环境的自我调节能力,维护人类社会、经济、资源和环境保护等的协调发展。可持续发展是人类理性认识人与人、人与自然关系,以和谐、协调发展的价值观和伦理观来改变现有的生活行为方式和思想观念,转变传统的生产模式,走人与人、人与自然之间协调发展的道路,目的是满足人类现在和未来的生活福祉。可以说,可持续发展理论的提出,是人类谋求可持续生存于地球家园的必然抉择。

(二)可持续发展理论的内涵

可持续发展,就是要求经济社会的发展具有持续性,因此发展是可持续发展的核心,可持续发展也强调满足全体人民的各种合理需求,它尤其强调不仅是当代人的需求,还应当包括后代人的需求。经济社会不能一味盲目地发展而忽略长远规划,不能只顾经济的增长而忽略了资源环境的承受能力,人类利用自然中的物质获得生存资料,对自然界中的生态环境产生行为干预,这要求人类对自然的行为干预就要在生态系统的承载力范围之内,保持生态系统的完整性,在此基础上实现人类经济社会整体的健康发展,如果在发展过程中过分依赖资源的投入来单纯追求经济增长,用高消耗、低效率、高污染的粗放型生产方式来满足人们的消费欲望,那么其结果只能是生态环境迅速恶化,因此作为经济社会中能动主体——人,在经济发展中要节约资源,降低资源的消耗,减少废物的产生,提高生产效率,增加生产效益,改变浪费型的生产和消费模式,实现清洁生产和文明消费,走有内涵、高质量、高效益的集约化发展道路,让社会的其他方面也得到共同进步和发展,使人类不论是整体还是个人的生活质量都得到平等改善,人们各种合理的需要得到满足,并且对后代人的发展需要不会构成威胁。

可持续发展要求人类在自身得到发展的过程中,不能仅仅注重运用科学技术等手段从自然中获取生活资料,然后享受自然的馈赠,人类应更要注重人与人之间的公平、正义,在公平正义中寻求实现人与自然生态环境的和谐,推动社会、经济、生态的可持续发展和科学技术的进步,使得整体与局部、局部与局部之间的协调发展。

可持续发展是一种动态过程,在这个过程中,经济、资源、人口、环境等多种因子的相互协调、相互促进,是实施可持续发展战略的关键。人类社会同自然环境之间的相互协调、人类社会各系统之内,以及它们之间的相互协调、人口数量以及人口增长率同生态系统中不断变化的生产潜力之间的相互协调、地区社会经济各领域及其之间的相互协调、国际范围内的相互协调等都是可持续发展必不可少的内容,可以说,可持续发展是一个复合的大系统,它包括人口、经济、资源、环境、社会各个子系统等几个主要方面,追求的是人口、经济、资源、环境、社会各个子系统之间的健康、稳定、持续的发展。

(三)科学发展观

可持续发展理论的产生,是对传统单纯追求经济增长的发展理论的改善,为人类今后经济社会的发展指明了方向。当前的我国仍然面临着人口众多、自然资源短缺、经济基础和技术能力还非常薄弱等问题,实行可持续发展战略是我国的选择。我国较快接受了可持续发展的思想并且大力推行了可持续发展的实践。针对可持续发展理论普遍认同的定义"既满足当代人的需要,又不对后代人的需要构成威胁"的理论比较抽象,落后于实践,有一定的空泛性和模糊性(常江,2010),还很难运用到实践当中,具体问题需要具体分析,我国在实行可持续发展战略中对其理论做了进一步的突破和创新,逐步形成了以"可持续发展"为基本要求之一的科学发展观,并且在2007召开的中国共产党第十七次全国代表大会上将其写入党章,在2012年召开的中国共产党第十八次全国代表大会上进一步确定为党的指导思想。

科学发展观的基本思想是"坚持以人为本,树立全面、协调、可持续的发展观,促进经济社会和人的全面发展"。科学发展观的基本内涵是全面发展、协调、可持续的发展,其本质和核心是以人为本。全面发展,这就是以经济建设为中心,全面推进政治、经济、文化建设,实现经济的健康发展和社会的全面进步。协调发展,即要统筹城乡的发展、区域的发展、经济和社会的发展、人与自然的和谐发展以及统筹国内的发展和对国外的开放,推进生产力和生产关系、经济基础和上层建筑相互协调,推进政治、文化、经济建设的各个环节、各个方面相互协调。而可持续发展的基本思想,就是要求促进人与自然的关系走向和谐,实现经济发展和人口、资源、环境之间的相互协调,要把生产发展、生活富裕、生态良好的发展道路坚持走下去,务必使得一代接一代的能够持续发展。

科学发展观和可持续发展理论的基本精神是一致的,二者所要求的发展都是转变传统的追求经济增长的模式,寻求人口、资源、环境与经济社会的和谐、健康发展,强调以整体观念正确处理人与自然的关系,注重国与国之间、代际和代际公平。从科学发展观的内涵看出,可持续发展只是科学发展观内涵的一部分,而且可持续发展是在人们面临严重环境问题威胁之下被迫做出的被动选择,科学发展观则是结合中国的实际情况主动提出的崭新发展理念,与中国传统文化中的"以人为本""中庸"及"天人合一"等人与自然和谐相处的思想相互吸收融合,体现了人与自然和谐共存、经济社会可持续发展的准则(常江,2010;马旭光,2013)。科学发展观的基本要求是全面协调可持续,为解决当前的问题指明了方向,我们当前应积极吸纳传统文化中的和谐思想,自觉落实好全面协调可持续的基本要求,以此来应对当前的各种不和谐问题,从而才能建设好生态文明,使得人类社会的永续发展能够实现。

(四)协调发展的理论

"协调"一词被广泛运用于实际生活当中,一方面是作为评价某系统中的事物处于和谐一致、配合得当的最佳状态;另一方面是作为一种控制与管理职能,根据系统的发展目标,通过调节系统中各事物之间的关系,减少各事物之间的矛盾冲突,使各事物在发展过程中能够配合得当,实现系统整体朝向最佳目标发展的态势。我们知道,没有一成不变的事物,每一种事物都随时随地处于变化之中,因此协调并不等同于系统中各事物之间结构的静态稳定,协调应该是各事物不断调整趋于动态的平衡,是为了实现系统整体朝向动态和谐的目标演进,各事物子系统处于整个系统中能够相互促进、配合以及相互协作而形成的一个良性循环的发展局面。

协调发展是"协调"与"发展"概念的交集,是系统或系统内要素之间在和谐一致、配合得当、良性循环的基础上,从简单走向复杂,从低级走向高级,从无序走向有序的总体演化过程。协调发展不会只是某方面的发展,而是一种多方面的相互发展。在协调发展的演化过程中,系统演化的指向是发展,而协调则是对这种指向行为的有益约束和规定。科学的协调发展观实质上包括人与自然、经济、社会的协调、和谐发展,可见,协调发展是一个综合且关系复杂的社会发展系统,其中包括人口、资源、环境、经济与社会等子系统。从截面上看,协调发展是指在人类社会发展中所形成的有利于人的全面发展的人口、资源、环境、经济、社会各子系统内部及它们相互之间的各种配合得当的发展态势,社会发展状态趋于良性;从纵向上看,协调发展具有明显的阶段性,它是一种动态的发展过程,是从量变到质变的自然历史发展过程。人的全面发展的具体目标需要通过不同的发展阶段来实现,这也就要求人口、资源、环境、经济和社会各系统具有不同的比例关系,这几者之间的比例关系同样也是要随着人的全面发展的具体目标的变化而改变。协调发展就是以人为核心、以满足人的需要为目的、以实现人的全面发展为目标的综合社会进步的过程。

协调发展与可持续发展有相同点,也有区别之处。可持续发展是"既满足当代人的需求,又不对后代人满足其自身需求构成危害的发展"。通过对协调发展内涵的介绍可知,在目标上,协调发展与可持续发展是相同的,即这两者都是实现区域人口、资源、环境、经济与社会发展的和谐、有序、可持续发展。在研究重点上,这两者存在区别:协调发展着重研究区域在某一时间范围内的人口增长、资源开发、生态胁迫、环境问题同发展之间的相互制约与合理匹配的关系,强调系统之间或系统内部各要素之间的和谐一致。而可持续发展则着重于从较长的时间尺度研究某一地区人口、资源、环境与发展之间的相互适应和相互促进的规律,强调区域内各要素的持续发展和永续利用。

协调发展是可持续发展的前提条件,人口、资源、环境、经济与社会之间协调发展了,才会有人类的可持续发展,因此,可持续发展首先要求协调发展,这里的协调包括时间上、空间上、功能上的协调。时间上的协调指的是同一区域在不同的发育阶段之间的协调,当代与后代发展的协调。空间上的协调指的是不同层次的区域之间和同一层次的区域之间的协调发展,低层次区域的发展战略确定要以高层次的发展战略为背景、方向和目标。功能上的协调主要指区域人口、资源、环境与发展系统的社会功能、经济功能、生态功能在总体上趋于一致,即人口规模及增长率维持在经济和资源环境的承受能力之内;经济发展同人口增长及人们消费水平相适应,同环境保护治理同步,经济活动对环境的改变在可接受的程度之内;资源环境的开发利用与人口变动和经济发展的需求相协调,同时维持可再生资源的再生机制。

(五)贵州人口、资源、环境、经济与社会协调发展的相关研究

贵州的经济增长在近年来有了较快的发展,但同时在人口、资源、环境、经济与社会等方面也出现了问题,一些学者开始关注如何使得贵州的人口、环境、经济、社会之间能够协调发展,并做了相关研究。

比如单晓娅学者分析了贵州少数民族地区发展中的人口、资源、环境所出现的问题,并提出相应解决措施;杨晓航学者认为要实现贵州的可持续发展,必须处理好贵州经济发展中存在的生态环境污染问题,要发展循环工业和生态农业,切实做到经济发展与环境保护并行;陈萧洁等人根据贵州人口与资源环境的当前状况及其本身的特殊环境,把社会支持系统分成正式支持及非正式支持系统两方面来研究,寻求制定贵州人口与资源环境的可持续发展战略;方丽学者根据"U"型环境库兹理茨曲线规律等经典理论探讨了贵州省经济发展和生态环境保护,指出以生态文明理念作为导向发展循环经济,是贵州省今后经济增长模式的道路选择;熊翠琳(2012)通过构建人口受教育程度和经济多因素相互作用的灰色关联模型,实证分析了贵州省教育与经济增长的协调发展关系;唐普杰(2012)在单位根检验以及协整检验的基础上,建立 VAR 模型进行脉冲响应函数分析以及方差分解,实证研究贵州省 1978—2008 年的人口增长与经济发展的关系。结果发现贵州省人口增长与经济发展之间呈负交互作用:经济发展越快,人口增长越慢;人口增长

越快,则经济发展越慢。申燕燕(2013)构建了人口与经济系统的指标体系,根据主成分分析法和耦合模型,分析贵州省2000—2011年的人口与经济综合发展水平和人口与经济发展之间的协调性;安和平等(2009)采用主成分分析与层次分析方法,通过构建贵州省人口、资源环境与经济的协调发展评价指标体系,实证分析了贵州省2000—2008年的人口、资源环境与经济之间发展的协调度与协调发展水平,结果表明贵州省人口、资源环境与经济之间的协调状态呈上升趋势,协调发展水平尚处于弱势。

贵州喀斯特地貌的面积比较大,坡陡山高,人地关系突出,一些学者也对此进行了研究。廖昌晖指出贵州存在人地关系高度紧张(人均耕地水平过低,并且耕地的质量不高)以及二元社会结构十分明显(城镇化水平较低,产业结构不合理,失业现象比较严重)的两个基本矛盾,并从经济发展以及人口发展两方面提出了对策。李旭东(2011)利用协整理论以及协调度指标分析了贵州1982—2008年的城市化水平与耕地面积的关系,结果显示二者间呈负相关关系,贵州耕地资源与城市化水平在大部分年份的协调度呈调和型,耕地资源保持在其承载力阈值内,短期内可接受。为了更能有效地管理与利用耕地资源,李博等人(2013)分析了贵州省2001—2010年的耕地的总量和相对变化率,并运用相关分析以及主成分分析法分析区域耕地面积变化的特征和驱动力。郭芹(2013)根据贵州的喀斯特山区具有环境容量有限、生态脆弱以及人地矛盾尖锐的情况,认为可以通过发展生态工业、农业和旅游业以及生态产业化这些途径来促进喀斯特山区生态环境与经济。

二、资源环境发展现状

(一)矿产资源丰富,但开发利用不高

贵州省位于云贵高原东侧的斜坡地段,国土面积为17.62万平方千米,占全国的1.8%。贵州地貌的主体是亚热带岩溶高原山区,境内地貌的显著特征是山地多,山地和丘陵占全省总面积的92.5%,其中喀斯特地貌面积达61.9%,是世界上岩溶地貌发育最典型的地区之一。贵州是一个山川秀丽、气候宜人、资源丰富、民族众多的内陆山区省份,自然资源富饶,具有种类繁多、分布广、藏量大、价值高的特点,特别是能源、矿产、生物、旅游等资源优势突出,在全国均占有重要地位。贵州自然资源比较丰富,在2012年,贵州

的煤炭、铝土矿、硫铁矿、磷矿和水泥用灰岩等矿产资源储量均超过亿吨,锰矿、铝土矿、矿等 10 种矿产资源居全国前 5 位。

虽然贵州的矿产资源丰富,但是分布不均,开发难度大,目前贵州省的经济发展依然是粗放型发展方式,据相关统计计算,在 1995—2009 年贵州的能源利用效率平均值仅为 0.2701(上海为 1,排名最前),在全国 29 个省级单位中的排名倒数第三,可见贵州的资源利用效率不高,高消耗、高投入、低效益、高污染的现象很严重。

(二)耕地质量不高,粮食产量低

贵州省内没有平原地貌,耕地资源具有水田少、旱地多、平地少、坡地多、优质耕地少和质量中等以下耕地多的特点。根据贵州统计年鉴,贵州的耕地面积自 2001 年 1 832.28 千公顷下降至 2003 年的 1 750.54 千公顷之后,耕地面积的变化不大,基本维持在 1 750~1 762 千公顷,在 2011 年为 1 754.9 千公顷。

粮食是关系国计民生的重要商品,不仅是人类生存最基本的物质基础,而且是经济发展的重要资源,因此也是人口、资源环境、经济与社会协调发展必须关注的因素之一。虽然贵州的耕地面积自 2001 年至 2003 年有减少,但是粮食产量的变化不大,2001 年的粮食产量为 1 100.3 万吨,2002 年的粮食产量下降了 66 万吨,但到 2003 年又超过 2001 年的水平,为 1 104.3 万吨。之后的年份中粮食产量略有增加,但也有波动,2011 年受旱灾的影响而下降为 876.9 万吨,比 2010 年的少 235.4 万吨,2012 年的为 1 079.5 万吨。按常住人口计算,2012 年的人均粮食产量是 309.84 千克,只相当于全国人均粮食产量的 71.16%,贵州的人均粮食产量与全国平均水平有很大的差距。总体来说,贵州的粮食产量呈下降的势头,特别是遭遇旱灾的年份波动很大,说明贵州的粮食产量受自然条件的影响很大,应加强自然灾害方面的防范工作。

(三)水资源丰富,水土流失严重

贵州的气候温暖湿润,属亚热湿润季风气候区,降水丰富,年降水量一般在 1 100~1 400 毫米。丰富的降水量使得贵州拥有众多河流,境内河流属于长江流域和珠江流域,其中赤水河、乌江、清水江、洪州河等 10 条河流流入长江,南盘江、北盘江、红水河、都柳江、打狗河等 5 条河流流入珠江,在这些河流上大多进行了水电开发,现在贵州是"西电东送"工程的主要"战场",成为广东最重要的能源供给地。2012年,贵州水资源总量为974亿立方米,约占全国水资源总量的3.299%,人均水资源量为2 801立方米/人,比全国的2 186立方米/人高出600多立方米。虽然说贵州的降水量丰富,水资源充沛,但是贵州的喀斯特地貌突出,山高坡陡,具有土层较薄、坡度较大等地理特征,使得环境容量低,生态环境脆弱,丰富的降水量极易产生水土流失和形成石漠化等问题。近年来随着经济的发展,对耕地要求的增加,人们加大了对自然环境的改造,植被受到破坏,水土流失比较严重,石漠化现象严重,截至2011年底,全省石漠化面积302.38万公顷,占全省面积的17.16%,潜在石漠化面积325.56万公顷,占全省面积的18.48%。

(四)环境污染严重,环保投入不足

受经济发展和人民生活的影响,贵州环境正承受巨大的压力,废水、废气、工业固体废弃物产生量都大幅度增加。废水排放量在2001年到2009年期间变化不大,均在5~6亿吨之间,到2010年废水排放量为8.45亿吨,比2009年多出了2.53亿吨,2011年虽有所下降,但幅度不大,到2012年的废水排放量增加至9.14亿吨,废水排放量大幅增加。工业固体废物产生量不断增加,从2001年的2 367万吨增加至2012年的7 835.25万吨。二氧化硫和烟尘排放量总量自2001年后虽有波动,但总体呈不断减少的趋势,二氧化硫排放总量在2009年后维持在一定的水平,烟尘排放总量在2010年的变化幅度也不大,基本维持在29万吨左右。这些情况说明贵州的环境污染越来越严重,虽然二氧化硫和烟尘排放总量有所减少,但减少幅度越来越小,因此仍然需要加大环境保护方面工作的投入。与此同时,贵州环保资金的投入在下降,2012年的环保资金投入为97.35亿元,比2011年的106.7亿元下降了9.35亿元,2012年的环保资金投入也仅占生产总值的1.4%,比2011年的1.9%下降了0.5个百分点。

三、贵州自然资源归总

贵州地处云贵高原,介于东经103°36′~109°35′、北纬24°37′~29°13′之间,东靠湖南,南邻广西,西毗云南,北连四川和重庆,东西长约595千米,南北相距约509千米。全省国土总面积176 167平方千米,占全国总面积的

1.8%,是一个山川秀丽、气候宜人、资源富集、民族众多的内陆山区省。

贵州地貌属于中国西部高原山地,境内地势西高东低,自中部向北、东、南三面倾斜,平均海拔在1 100米左右。贵州高原山地居多,素有"八山一水一分田"之说。全省地貌可概括分为高原山地、丘陵和盆地三种基本类型,其中92.5%的面积为山地和丘陵。境内山脉众多,重峦叠峰,绵延纵横,山高谷深。北部有大娄山,自西向东北斜贯北境,川黔要隘娄山关高1 444米;中南部苗岭横亘,主峰雷公山高2 178米;东北境有武陵山,由湘蜿蜒入黔,主峰梵净山高2 572米;西部高耸乌蒙山,属此山脉的赫章县珠市乡韭菜坪海拔2 900.6米,为贵州境内最高点。而黔东南州的黎平县地坪乡水口河出省界处,海拔为147.8米,为境内最低点。贵州岩溶地貌发育非常典型。喀斯特(出露)面积109 084平方千米,占全省国土总面积的61.9%,境内岩溶分布范围广泛,形态类型齐全,地域分异明显,构成一种特殊的岩溶生态系统。贵州的气候温暖湿润,属亚热带湿润季风气候区。气温变化小,冬暖夏凉,气候宜人。2002年,省会贵阳市年平均气温为14.8℃,比上年提高0.3℃。从全省看,通常最冷月(1月)平均气温在3℃~6℃,比同纬度其他地区高;最热月(7月)平均气温一般是22℃~25℃,为典型夏凉地区。降水较多,雨季明显,阴天多,日照少。贵州受季风影响降水多集中于夏季。境内各地阴天日数一般超过150天,常年相对湿度在70%以上。受大气环流及地形等影响,贵州气候呈多样性,"一山分四季,十里不同天"。另外,气候不稳定,灾害性天气种类较多,干旱、秋风、凌冻、冰雹等频度大,对农业生产危害严重。贵州土壤面积共159 100平方千米,占全省土地面积的90.4%,土壤的地带性属中亚热带常绿阔叶林红壤-黄壤地带。中部及东部广大地区为湿润性常绿阔叶林带,以黄壤为主;西南部为偏干性常绿阔叶林带,以红壤为主;西北部为具北亚热成分的常绿阔叶林带,多为黄棕壤。

此外,还有受母岩制约的石灰土和紫色土、粗骨土、水稻土、棕壤、潮土、泥炭土、沼泽土、石炭土、石质土、山地草甸土、红黏土、新积土等土类。对于农业生产而言,贵州土壤资源数量明显不足,可用于农、林、牧业的土壤仅占全省总面积的83.7%。贵州河流处在长江和珠江两大水系上游交错地带,有69个县属长江防护林保护区范围,是长江、珠江上游地区的重要生态屏障。全省水系顺地势由西部、中部向北、东、南三面分流。

苗岭是长江和珠江两流域的分水岭,以北属长江流域,流域面积115 747

平方千米,占全省面积的65.7%,主要河流有乌江、赤水河、清水江、洪州河、舞阳河、锦江、松桃河、松坎河、牛栏江、横江等。苗岭以南属珠江流域,流域面积60 420平方千米,占全省面积的34.3%,主要河流有南盘江、北盘江、红水河、都柳江、打狗河等。贵州河流的山区性特征明显,大多数的河流上游,河谷开阔,水流平缓,水量小;中游河谷束放相间,水流湍急;下游河谷深切狭窄,水量大,水力资源丰富。大体上,贵州河流数量较多,处处川流不息,长度在10千米以上的河流有984条。

贵州植被丰厚,具有明显的亚热带性质,组成种类繁多,区系成分复杂。全省维管束植物(不含苔藓植物)共有269科、1 655属、6 255种(变种)。植物区系以热带及亚热带性质的地理成分占明显优势,如泛热带分布、热带亚洲分布、旧世界热带分布等地理成分占较大比重,温带性质的地理成分也不同程度存在。此外,还有较多的中国特有成分。由于特殊的地理位置,贵州植被类型多样,既有中国亚热带型的地带性植被常绿阔叶林,又有近热带性质的沟谷季雨林、山地季雨林;既有寒温性亚高山针叶林,又有暖性同地针叶林;既有大面积次生的落叶阔叶林,又有分布极为局限的珍贵落叶林。植被在空间分布上又表现出明显的过渡性,从而使各种植被类型在地理分布上相互重叠、错综,各种植被类型组合变得复杂多样。

贵州是国内自然资源丰富的省区之一,有着极为突出的资源优势,尤以能源、矿产、生物、旅游资源得天独厚,最具特色。贵州水、电、煤多种能源兼备,水能与煤炭优势并存,水火互济。水能资源蕴藏量为1 874.5万千瓦,居全国第六位,其中可开发量达1 683.3万千瓦,占全国总量的4.4%,特别是水位落差集中的河段多,开发条件优越。贵州矿产资源丰富。境内矿产资源种类繁多,分布广泛,门类齐全,储量丰富,且成矿地质条件好,是著名的矿产资源大省。全省已发现矿产110多种,其中有76种探明了储量,有多种保有储量排在全国前列,排在第一位的有汞、重晶石、化肥用砂岩、冶金用砂岩、饰面用辉绿岩、砖瓦用砂岩等,排在第二位的有磷、铝土矿、稀土等;排在第三位的有镁、锰、镓等;此外,煤、锑、金、硫铁矿等也具有一定优势,在国内占有重要地位。煤炭不仅储量大,且煤种齐全、煤质优良,素有"江南煤海"之称;磷矿储量占全国总量的40%以上;重晶石甲冠中华,储量为全国的三分之一;金矿储量居全国第十二位,是中国新崛起的黄金生产基地。

贵州生物种类繁多。全省有野生动物资源1 000多种,其中黔金丝猴、黑叶猴、华南虎、云豹、豹、白颧、黑鹳、黑颈鹤、中华秋沙鸭、金雕、白肩雕、白尾海雕、白头鹤、蟒等14种被列为国家一级保护动物,占全国同类动物总数的13%;国家二级保护动物有69种,主要有:穿山甲、黑熊、水獭、大灵猫、小灵猫、林麝、红腹雨雉、白冠长尾雉、红腹锦鸡等,占全国同类动物总数的25.7%。植物资源有森林、草地、农作物品种、药用植物、野生经济植物和珍稀植物等6类。全省森林覆盖率已达30.8%,人均森林面积0.14公顷,活立木总蓄积量达2.1亿立方米;有70种珍稀植物被列入国家珍稀濒危保护植物名录,银杉、珙桐、秃杉、桫椤等4种属国家一级保护植物,占全国同类植物总数的50%;有二级保护植物27种,占全国同类植物总数的18.9%;有三级保护植物39种,占全国同类植物总数的19.2%。

贵州全省有中药资源4 290多种,其中有药用植物3 924种,动物药289种,矿物药77种。占全国药用植物种类11 146种的35%,居全国中药资源品种第四位。全国重点普查的363个重要品种中贵州有326个,占89.6%。全省收购主要药材有250多种,资源蕴藏总量近6 500万吨,可谓是中药大省。贵州道地药材有杜仲、天麻、吴茱萸、五倍子、何首乌、黔党参、龙胆、天冬、金银花、桔梗、半夏、桃仁、雷丸、金果榄、木蝴蝶、南沙参、木爪、黄精、白芨、续断、重楼、茯苓、灵芝等。

贵州珍稀濒危药用植物中,国家一级重点保护植物种类有:贵州苏铁、宽叶水韭、珙桐、掌叶木、云南穗花杉、红豆杉、南方红豆。国家二级保护植物名录有:苏铁蕨、桫椤、金毛狗、扇蕨、水蕨、中国蕨、篦子三尖杉、翠柏、福建柏、黄杉、榧树、金铁锁、连香树、牛枫荷、香樟、闽楠、楠木、鹅掌楸、凹叶厚朴、厚朴、红春、莲、贵州萍蓬、喜树、香果树等。贵州名贵药用植物有:天麻、杜仲、石斛、吴茱萸、三尖杉、艾纳香、米槁、冬虫夏草、珠子参、冰球子、毛慈菇、木蝴蝶、银耳、灵芝、猪灵、薯芋、朱砂莲、巢蕨、铁角蕨、岩蕨、单叶淫羊藿、狭叶瓶字小草、狭叶竹节参、竹节参、黄草石纠、平伐金楼、盾蕨等。

贵州特有种药用植物是指目前仅在贵州境内发现有分布而我国其他省乃至世界各国均无分布的物种:单叶淫羊藿、黔北淫羊藿、水城淫羊藿、小叶淫羊藿、毡毛淫羊藿、贵州苏铁、威宁翠雀花、狭叶缝线海桐、贵阳梅花草、独山石楠、贵州缫丝花、贵州崖豆藤、贵州金丝桃、贵阳鹿蹄草、贵州橐吾、绥阳雪里见、疣点开口箭、翅茎绞股蓝、世纬巨苔、银背叶党参等。贵州药用植物中具有国内竞争力的品种有:杜仲、厚朴、石斛、天麻、天冬、半夏、龙胆、首乌、续断、桔梗、金银花、桃仁、百部、五倍子、川牛膝、通草、木蝴蝶、灵芝等。贵州药用植物出口品种有：杜仲、天麻、半夏、白芨、茯苓、吴茱萸、党参、何首乌、黄精、桔梗、龙胆、天南星、续断、桃仁、钩藤、乌梅等90多种。野生经济植物资源中，工业用植物约600种，以纤维、鞣料、芳香油、油脂植物资源为主；食用植物约500种，以维生素、蛋白质、淀粉、油脂植物为主；可供绿化、美化环境及有观赏价值的园林植物约200多种；具有抗污能力的环保植物40多种。贵州农作物植物品种丰富，栽培的粮食作物、油料作物、纤维植物和其他经济作物近600个品种。粮食作物以水稻、玉米、小麦、薯类为主，经济作物以烤烟、油菜籽为主要品种。经济林木主要有油桐、油茶、乌柏、漆树、核桃等，"大方生漆""六马桐油"为贵州名优土特产品。贵州全省饲养的主要畜品种有30多种，优良牧草资源2 500多种，发展畜牧业具有良好条件。全省还有动物药289种，处于国家和省内保护的濒危动物药有62种。麝香、牛黄、虎骨、豹骨、熊胆等品种都是贵州名贵中药。

第三节 人文资源

一、旅游资源

关于旅游资源含义的界定，由于研究者的着眼点不同，对旅游资源的定义各有不同，例如，"凡能够造就对旅游者具有吸引力环境的自然事物、文化事物、社会事物和其他任何客观事物都可构成旅游资源""旅游资源是在现实条件下，能够吸引人们产生旅游动机并进行旅游活动的各种因素的总和""旅游资源是旅游地资源、旅游服务及其设施、旅游客源市场三大要素相互吸引，相互制约的有机系统，是有关这三大要素相互间的吸引向性的总和""凡能够吸引旅游者产生旅游动机，并可能利用来开展旅游活动的各种自然、人文客体和其他因素，都可称为旅游资源"。

根据上述定义，我们可以从以下几个方面理解旅游资源。

（1）吸引力是旅游资源的价值要素。即旅游资源有别于其他人类生活必不可少的资源，如矿产资源、土地资源、森林资源、水资源的最大不同是有对游客的吸引力，游客之所以到某地进行旅游这一社会活动，是因为这一旅游地有吸引游客前去的对象。因此,吸引力是旅游资源最重要的属性,"特色"是旅游资源的灵魂所在。

(2)旅游资源不仅指已经被开发和利用的,也包括尚未被开发利用的内容。旅游资源中,除了个别专门为旅游建造的人工场所(如主题公园等)之外,其他绝大多数资源的最初功能并不是为旅游而生。例如,自然景观的存在并不是因为旅游;社会生活中的各种活动只是沿着人类历史的规律在前进,并不是因为旅游而产生各种社会风情,然而在旅游产生后,作为为旅游而开发的及尚未开发的具有吸引力的资源都应该属于旅游资源范畴。

(3)旅游资源既有物质的,也有非物质的;既有自然的,又有社会人文的。

在旅游资源中,自然界中的山、水、木、石、飞禽走兽等,以及人工制造、历史遗存的庙宇、宫殿、园林以及历史文物等,它们是物质的,是游客感官能感知的。同时也存在着社会文化、风俗习惯、民族风情、道德法律、神话传说、宗教信仰等等无形的、非物质的精神、文化资源。它们是旅游者感官不容易感知的事物,一般它们是依附在一定的物质资源形态上,为物质形式的资源创造出一种新的附加值。例如,宗教文化,总是依附在一定的物质场所如庙宇、仪式等等,使得庙宇这样的物质资源更具有吸引力。

为便于研究,人们对旅游资源进行分类,分类可以采取不同的原则和标准。如1992年国家旅游局资源开发司和中国社会科学院地理所主编的《中国旅游资源普查规范》将旅游资源分成6类(地文景观类、水域风光类、生物景观类、古迹与建筑类、消闲求知健身类、购物类),74种基本类型。但本书采用的是二分法,即把旅游资源分为自然资源和人文旅游资源两大类,10个基本类,自然资源旅游包括地质地貌类、水体类、生物类、气候、气象及宇宙类;人文旅游资源包括历史古迹类、园林类、民风民俗类、文学类、人文景观类、旅游商品类。

二、人文旅游资源及其特点

所谓人文旅游资源是相对于自然资源而言的,指人类社会中吸引人们做出旅游行为的人为物质财富和精神的总和。它既有物质方面的,又有精神方面的;既有古人遗产,又有今人新造。如人类化石、文物遗址、园林艺术、陵墓故居、考古发现、纪念圣地、伟人业绩、轶事趣闻、建筑雕塑、神话传说、民族风俗、节日庆典、社会制度、道德法律、宗教信仰、文化教育、科学技术、生产设施、生活习俗、土特产品、烹饪技术,以及工业、农业、商业、交通、军事及其设施等。

人文旅游资源有如下特点。

(1)历史性。人文旅游资源中的文物古迹、历史遗迹等是我们人类祖先创造的物质文明遗存,这些遗存都深深地刻上时代的烙印,反映当时社会生活及科学技术水平。例如,黔东南的镇远青龙洞、古城、古建筑,从江增冲鼓楼等,无不蕴涵着丰富的文化,反映了当时当地的文化和科技水平。

(2)文化性。人文旅游资源是人类智慧的结晶,是一定时代文化的表现,它以实物和精神内容的方式展示在人们面前。如历史建筑、遗迹、饮食文化、服饰文化等实物载体,也有如说唱、诗词、神话传说、事件等无形的精神遗产。二者不是截然分开的,而是相互结合的,例如,黔东南苗族钻藏节中的杀牛祭祖仪式与其独特的饮食、服饰相结合,给人以无限神秘和向往,这就是实物与事件相结合使得其更加具有吸引力。

(3)创造性。人文旅游资源是人类在自身发展过程中创造出来的,而不是天生就存在的。那么既然认为是创造的,必然会体现所在时代的人的意志和目的;也会因时代的不同,人类为了旅游的需要,从而创造出新的能满足人们需要的人文旅游资源,如各种各样的主题公园等等。

三、人文资源可持续利用的内涵及特征

资源的可持续利用在我国最初是应用于林业和渔业,指保持林业和渔业资源延续不断的一种管理战略。其实这样的思想,早在春秋战国时代的思想家的论述中就得以体现。例如,在一定时间内砍伐利用树木,反对滥砍滥伐方面,有《逸周书·文传》:"山林非时不登斤斧,以成草木之长。"《荀子·王制》:"草木荣华滋硕之时,则斧斤不入山林,不夭其生,不绝其长也。"又说:"斩伐养长不失其时,故山林不童,而百姓有余材也。"《孟子·梁惠王上》:"斧斤以时入山林,林木不可胜用也。"又如在渔业反对酷渔滥捕方面,有《荀子·王制》"池渊沼川泽,谨其时森,故鱼鳖优多而百姓有余用也"《逸周书·文传》"川泽非时不入网,以成鱼鳖之长"等对自然提出休养生息,以保证其资源持续利用的朴素思想。

正如前文所述,我国民族地区人文旅游资源开发与利用面临着两大难

题,一是资源优势没能有效地转化为经济优势,丰富的资源没有得到很好的开发和利用,大量闲置;二是已经开发的资源,产品层次低、经营规模小,并且有相当部分的破坏,不能有效保持持久吸引力和市场竞争力,从而严重制约了人文旅游资源的可持续利用。人文旅游资源是民族地区旅游经济发展的基础,只有实现人文旅游资源的可持续利用,才能实现民族地区旅游业的可持续发展。

所谓人文旅游资源的可持续利用,是指民族地区在加大旅游业投资、发展经济的同时,应该做到科学合理地开发利用人文旅游资源,不断提高人文旅游资源的开发利用水平及能力,力求形成一个科学合理的人文旅游资源开发利用体系;使人文旅游资源开发既满足社会发展的需要,又维持人文旅游资源的完整性,实现人文旅游资源与旅游经济的协调、可持续发展,并力争交给后代一个良好的人文旅游资源环境。

人文旅游资源的可持续利用包含以下三个特征。

(1)持续性。它体现在人文旅游资源的完整与人文旅游资源的可持续利用两个方面。人文旅游资源系统是保证其吸引力的基础,即人文资源在经济全球化背景下保持内涵的完整和功能的齐全。只有维持人文旅游资源内涵的完整性,才能保证其持续的吸引力,同时也才能保证人文旅游资源的可持续利用。但游客对人文旅游资源的强大需求与有限供给之间的矛盾以及人们利用人文旅游资源的观念、方式和方法,都直接关系到人文旅游资源的可持续利用。为此,一方面要正确解决人文旅游资源总量,可利用量及其潜在影响之间的关系;另一方面在利用人文旅游资源的同时更要注意保护资源的多样性;另外,还要在不影响人文旅游系统完整性的前提下,减少资源利用中的破坏行为,提高资源的利用率。

(2)协调性。人文旅游资源的利用应与人口、经济、社会的健康发展保持协调与和谐。这主要表现为经济发展与社会发展的协调、长远利益与短期利益的协调、人文旅游资源与自然旅游资源之间的协调等等。只有协调处理好各种关系,合理优化配置资源,才能维护人文旅游资源系统的健康发展,保证人文旅游资源的可持续利用。

(3)公平性。即当代人之间、区域间的公平,及当代人与后代人对人文旅游资源选择机会的公平性,当代人之间的公平性要求任何一种人文资源开发活动不应带来或造成对资源的破坏,当代人与后代人公平性要求当代人对人文旅游资源的开发利用,不应给后代人对人文旅游资源的利用造成不良影响。

四、贵州人文旅游资源优势与特征

黔东南苗族侗族自治州位于贵州省东南部,地跨东经107°17′20″~109°35′24″,北纬25°19′20″~27°31′40″,东邻湖南省怀化地区,南接广西壮族自治区柳州、河池地区,西连黔南布依族苗族自治州,北抵遵义、铜仁两地区。境内东西宽220千米,南北长240千米,总面积30 337平方千米。黔东南辖凯里市及麻江、雷山、丹寨、黄平、施秉、镇远、三穗、岑巩、天柱、锦屏、黎平、从江、榕江、台江、剑河15个县和凯里经济开发区,共约116个乡、90个镇、5个街道办事处、3 550个村民委员会、195个居民委员会,州人民政府驻地凯里,距省府贵阳160多千米。据"五普"资料显示,黔东南州是我国30个自治州中少数民族人口最多的自治州,在3万平方千米的土地上和谐地生活着33个民族和两个待识别民族。其中,苗族人口159.5万人,占41.48%,侗族人口120.72万人,占31.40%,是典型的少数民族聚居区,同时也是全国苗族原生文化中心。

黔东南州是典型的"三不沿"内陆地区,长期以来处于封闭、半封闭的农业经济社会,交通不便,经济、社会发展速度缓慢,目前黔东南16个县市中还有14个县属于国家级贫困县。经济、社会发展相对缓慢,却客观上减弱了现代化对人文资源的影响与冲击,如民族民间传统文化的存活比重就远远超过中部与东部,尤其以苗族和侗族文化为代表的少数民族原生文化群,独具特色,原汁原味,加上黔东南地区在不同历史阶段遗留下来的文化遗产,形成了一种"人无我有"的独特人文社会资源。被国内外游客赞誉为"世界上最大的民族博物馆""人类疲惫心灵的最后家园""人类保存的最古老的歌谣",是世界乡土文化保护基金会授予的全球18个生态文化保护圈之一(亚洲有两个,另一个是中国西藏),是联合国教科文组织推荐的世界十大"返璞归真,回归自然"旅游目的地首选地之一。

五、贵州人文旅游资源优势

1. 古老稀有的历史古迹类旅游资源

历史古迹是人类文明活动的遗留物,反映着历史时代、历史文化和历史事件。黔东南虽偏居祖国西南,但由于是古代中国与东南亚联系的桥梁,故其历史古迹类旅游资源既显示了多种文明交融的特征,又与其独特的地缘有着密切联系,是旅游开发的重要资源。如:国家级历史文化名城镇远古城;锦屏隆里汉文化生态博物馆;堂安侗族生态博物馆;黎平会议会址、榕江红七军军部旧址,等等。还有侗区独特的鼓楼与风雨桥,是不可替代的人文旅游资源。如:全国重点文物保护单位的增冲鼓楼;省级文物重点保护单位的纪堂鼓楼;入选"吉尼斯世界纪录"的侗区唯一独柱鼓楼——黎平铜关独柱鼓楼及大小不一、形状各异的风雨桥,不仅可以满足人们探幽访古的好奇心,还可以"寓教于游""寓学于游",通过对历史古迹的观赏了解民族文化,得到美的享受。

2. 无与伦比的民俗旅游资源

何谓民俗?简言之,指某一地区民族中由广大群众参与创造、享用和世代传承的生活文化,即民族民间风俗习惯。民俗范围很广,诚如钟敬文先生所指出的:"民俗都属于民间文化,但并非一切民间文化都是民俗。民俗是民间文化中带有集体性、传承性、模式性的现象,它主要以口耳相传、行为示范和心理影响的方式扩布和传承。民俗是一种民间传承文化,它的主体部分形成于过去,属于民族的传统文化,但它的根脉一直延伸到当今社会生活的各个领域,伴随着一个国家或民族民众的生活继续向前发展和变化。"民俗作为旅游资源,属于高层次的人文旅游资源,也是最具潜力和魅力的旅游资源。但并不是所有的民俗都能作为旅游资源进行开发,因为民俗不同于其他的旅游资源,其他旅游资源是属于静态的,而民俗旅游资源是属于动态的,一般不能直接影响到游客身心,这需要时间去体会。黔东南民俗资源丰富,33个民族各有特色,这些资源使这里成了旅游者和文化、人类学者的天堂。

3. 独特的生活习俗

黔东南地势西高东低,境内丘陵山地多,平原坝子少。房屋多采用本地杉木建造,各地自成风格,其中最有名的是雷公山和都柳江畔的"吊脚楼",

依山而建,聚族而居,别有风味。

黔东南人民喜食酸辣味菜肴,且菜肴制作工艺独特,是健康、有益的食品。如:"酸汤鱼",香茅草烤鱼、腌鱼、腌肉、牛瘪和羊瘪、血红、烧鱼等不仅是当地名菜,而且是待客佳品。

黔东南民族服饰种类多,保存好。仅苗族服饰就不下 200 种,是我国和世界上苗族服饰种类最多、保存最完好的区域;侗族服饰也约有 100 种,加上其他少数民族各自的服饰,黔东南堪称"民族服饰博物馆"。

另外,丰富多彩的民族节日也是黔东南民俗不可缺少的一部分。黔东南民族节日众多,据统计,全州的民族节日每年有 396 个,其中万人以上规模的有 122 个,号称"大节三六九,小节天天有",享有"歌舞海洋,百节之乡"的美誉。如鼓藏节、芦笙会、斗牛节、姊妹节、端(瓜)节、吃新节、苗年节、侗年节、爬坡节、歌会等等,不一而足。这些节日集会,集中反映了黔东南民族的生活习惯、娱乐游艺、秉性气质、道德风尚,及深厚的民族文化渊源。

4. 灿烂辉煌的民间文艺

黔东南民间文艺主要有民间文学和民间音乐两种,其中民间文学可谓浩如烟海,主要有诗歌、传说故事、曲艺三大类,如:长达一万多行的苗族创世史《苗族古歌》、侗戏等,具有很大的开发利用价值。

黔东南民间音乐集中反映了其民间艺术的最高水平,集其民间艺术之大成。如:最有名的苗族"飞歌"、侗族"大歌",都已唱出国门,惊动世界乐坛。其中苗族民间音乐中有情歌、古歌、酒歌、嘎百福歌、大歌、龙船歌等;侗族民间音乐中还有大歌调、耶调、琵琶调、果巨调、箫笛调、戏曲调、流水调、玩山调、婚俗调、哀丧调、芦笙调、锣鼓钱铃调、木鼓词等,加上民间器乐芦笙、芒筒、夜箫、姊妹箫、笛、唢呐、古瓢琴、二胡、月琴、铜鼓、木鼓、皮鼓、胡琴、竹黄笙、锣、钱、铃、喇叭等,为其民族民间文艺增添了无限的风采,是不可多得的人文旅游资源。

5. 各具特色的民俗旅游景点

由于长期封闭半封闭似的生活环境,造就了黔东南各具特色的民族村寨文化,这些村寨淹没在黔东南的崇山峻岭之中,依然保持着古老的生产、生活习俗,直到改革开放尤其是黔东南进行旅游业开发之后,人们才逐渐认识了它们。现在黔东南已初步开发的较为典型的民族村寨有:黎平县的肇兴、堂安;雷山县的西江、郎德、掌均;麻江县的鼓村;台江县的反排、偏寨;镇远县的报京;天柱县的三门塘;从江县的岜沙、锻坛侗寨、占里、小黄;榕江县的车江;锦屏县的文斗;丹寨县的排牙,等等,各具特色,具有较高的旅游价值。

6.琳琅满目的旅游商品

旅游商品,也称旅游购物商品,是指旅游者在旅游活动中购买的,是由旅游目的地向旅游者提供的富有地域特色和民族风格、对旅游者有强烈吸引力的物质产品。黔东南旅游商品现今主要是土特产品,其中以民族工艺品为主,具有民族特色和风格。主要有三类:其一是锻饰工艺品,如银头饰、胸饰、背饰、衣饰、首饰、脚饰等不下百种;其二是纺织工艺品,如刺绣、蜡染、织锦产品做出的民族服装、围腰、背带、背牌、花带、头帕、桌布、披肩等;其三是竹木工艺品,如小芦笙、鼓楼、风雨桥、水车、面具(脸谱)、牛头、鸟笼、藤编笠等,以及思州石砚、黄平泥哨和根雕、榕江西瓜、从江碰柑、蜜柚、台江金秋梨和雷山银球茶等,是旅游者自己收藏和馈赠亲友的珍品。

六、贵州人文旅游资源特征

黔东南是联合国教科文组织推荐的世界十大"返璞归真,回归自然"旅游目的地首选地之一,素有"歌舞之州、森林之州、神奇之州"的美誉。这里众多的历史古迹、多姿多彩的民俗风情,为其增添了无限魅力,根据上述介绍,从黔东南人文旅游资源的分布、构成、景观质量及开发程度、社会情况等来看,可将其人文旅游资源的特征概括为以下7个方面。

1.原生性

贵州由于历史及地域原因,长期以来处于相对封闭状态,原生民族人文生态系统保存比较完整,在历史的发展长河中,各民族原生的文化种类繁多,精彩纷呈。如上述所说的民俗旅游景点、苗族"飞歌"、侗族"大歌",精美的服饰、饮食、婚俗、节日、歌舞等民族民间文化都是千百年历史的沉淀,蕴含着人民智慧及秉性气质,是不可多得的人文旅游资源。

2.多样性

贵州人文旅游资源构成复杂多样、丰富多彩,有古老悠久的历史文化遗存及近现代革命历史纪念物;有各具特色的多民族文化、风俗,有如全国最大的苗寨雷山西江、全国最大的侗寨黎平肇兴;有粗犷奔放的苗族祭祀狂欢舞蹈反排木鼓舞;有"行云流水"的苗族飞歌、"天籁之音"的侗族大歌;有族古老的鼓楼、有记载镌刻历史的精美而斑斓的苗族服饰,有流淌千百年的"以歌养心、以舞养身、以酒养神"老百姓的普通生活,等等,堪称中国乃至世界的"旅游资源宝库"。

3. 独特性

黔东南有独具魅力的"苗年""茅人节",侗族"鼓楼节""萨玛节",水族的"端节"等民族民间节日和地坪风雨桥、增冲鼓楼、吊脚楼,这些旅游资源不仅品位高,而且垄断性强,堪称人间瑰宝。

4. 地域性

全州人文旅游资源分布极为广泛。在黔东南的广大地区,各具特色的人文旅游资源大量分布,并且有相当程度的集中,构成景观区。全州各县市都有风景区,并各有特色。

5. 多民族性

黔东南州是少数民族人口最多的自治州,在3万平方千米的土地上生活着33个少数民族和两个待识别民族,除苗族和侗族外,少数民族人口万人以上的还有水族、布依族、土家族、番族、壮族、幺佬族、瑶族等7个民族。各民族在长期的生产、生活中,形成了风格各异、类型多样的民族文化、风俗习惯、节日、服饰、村舍建筑,构成了黔东南人文旅游资源的一大特点和优势。

6. 群众参与性

黔东南州人文旅游资源的特点还在于能歌善舞的少数民族的广泛参与,营造了独有的民族文化氛围。全州的民族节日每年有396个,其中万人以上规模的有122个,被国内外游客称为"百节之乡""歌舞之州"。

7. 潜力性

黔东南由于地理位置和基础设施等原因,虽人文旅游资源丰富,但大数未加以开发利用,可利用和挖掘的潜力还很大。例如,黔东南州月亮山脉和都柳江沿岸的许多具有可开发价值的民族旅游景点,由于基础设施落后而无法进行开发。而舞阳河及清水江流域部分已开发或正在开发的人文旅游资源,还存在产品层次低等问题,还需要进行深度开发。黔东南人文旅游资源的开发潜力巨大,具有相当的开发价值。

第四节　贵州发展旅游新业态思考

贵州是我国的旅游资源大省,改革开放特别是实施西部大开发以来,贵州旅游业得到了长足发展,已成为全省新的经济增长点。但是,贵州省旅游业发展总体水平与先进省市相比还有很大差距,没有真正把资源优势转化为产业优势。如何找准贵州省旅游业的目标市场,加快旅游业的发展,并将它培育成为贵州省新的支柱产业,逐步建成自然风光与民俗文化相结合的旅游大省,是贵州省迫切需要解决的问题。

一、贵州旅游市场的环境研究

(一)贵州旅游市场的优势

1. 丰富的旅游资源

贵州省旅游资源非常丰富,以典型的喀斯特地貌风光著称于世。全省具有开发价值的旅游景点1 000多处,有12个国家级重点风景名胜区、57个省级风景名胜区、7个国家级自然保护区、4个国家级地质公园、19个全国重点文物保护单位。在这里,随处可见直插云霄的奇峰、峥嵘诡谲的岩石、飞珠溅玉的山泉、云蒸霞蔚的飞瀑、烟波浩渺的湖泊池沼、高古幽深的溶洞峡谷,无不展现着贵州高原的奇特、古朴、神秘的魅力。

贵州红色旅游资源非常丰富,已开发红色旅游景点60多处。以遵义为中心的红军遗址已被列入全国12个"重点红色旅游区",遵义会议纪念馆等11处景点被列入全国红色旅游经典景区名录,贵州以长征文化为重点的红色旅游景点已成为深受市场欢迎的旅游产品。《在2004—2010年全国红色旅游发展规划纲要》中,贵州被列为全国重点红色旅游发展区圈。

以民族文化、屯堡文化、历史文化为代表的多元山地文化,以其古朴神秘、热情奔放、多姿多彩吸引着广大海内外游客。这里世代居住着汉族及苗、侗、布依、彝、水、仡佬等17个少数民族,古朴的习俗和灿烂的文化蔚为大观。无论是侗家鼓楼和风雨桥、苗族吊脚楼、布依石头寨,无论是精湛的银饰花带、绮丽的挑花蜡染、多彩的民族服装,还是侗族大歌、傩戏歌舞、芦笙铜鼓、壮观的斗牛大赛、惊险的上刀梯、下火海,都令人啧啧称赞,心仪不已。与国酒文化、长征文化一道形成贵州特色旅游产品体系。

2. 舒适宜人的气候条件

贵州属亚热带高原山地,气候温和,冬无严寒,夏无酷暑,年平均气温15摄氏度,为四季皆宜的观光、旅游、休闲、考察、探险之地。尤其在夏季,已经成为众多游客的避暑胜地。

3. 丰富的水资源

贵州水资源丰富。境内河流纵横,瀑布众多。黄果树瀑布世界知名。众多的河流造就了大量的漂流资源。而以赤水河水酿造的茅台酒,被称为"国酒",更是誉满全球。

4. 宽松的政策和优惠的投资环境

贵州省政府重视旅游业的发展。贵州省委、省政府已经提出"加快把我省建设成为自然风光与民族文化相结合的旅游大省,加快把旅游业培育成为我省支柱产业"的总体目标。

优惠的投资环境。贵州省政府和有关部门制定了一系列投资优惠政策,吸引外地资金投资贵州旅游业。

5. 内外部交通网络正在逐步完善

贵州地处云贵高原,交通不太发达,不过,现在已经形成了以贵阳为中心,铁路、公路、民航相结合的立体交通网。

6. 土特绿色旅游商品丰富

贵州山清水秀,名优、土特、绿色农产品极其丰富,还有天麻、杜仲、灵芝等名贵中草药材。

(二)贵州旅游市场的劣势

(1)交通很不方便。贵州地处高原,境内山地众多,铁路、公路建设成本高,因而许多景区交通很不方便,易到达性较差。游人交通成本和时间成本高,逗留时间短。

(2)基础设施建设滞后。由于经济等各方面的原因,贵州很多旅游景区基础设施不够完善,使游人缺乏安全感,更谈不上舒适感和亲切感。

(3)贵州旅游整体形象不突出,没有展现出自身的特色,不利于形成强大的品牌。

(4)贵州地处西南地区,是经济欠发达地区。经济实力不足,对旅游业发展的投入显得力不从心。

(5) 旅游资源整合尚未完成,旅游业宣传、目的地营销等方面与建设旅游大省还有一定的差距。

(6) 贵州旅游的产业性还没完全显现出来,仅仅是一个经济增长点,还没有真正成为支柱产业,对相关产业的带动作用还很小。因而发展旅游业的动力不足。

(7) 旅游产品还停留在初始的观光阶段。旅游收入还停留在"门票经济"阶段。休闲度假式旅游还不成熟。

(8) 贵州旅游景点的文化内涵不足。在民族传统文化的开发、保护和传承方面,世界遗产的申报上都还存在空白。

(9) 从吃、住、行、游、娱、购六要素来看,住、行、娱、购等方面与旅游者的需求有较大差距。

二、贵州旅游市场的机遇与挑战

(一) 贵州旅游市场的机遇

中国经济高速发展,人民生活水平不断提高。人民的生活水平和质量的提高,无疑会给包括贵州在内的中国旅游带来巨大的客源市场。旅游消费将成为我国居民主要的休闲消费方式。随着国民经济蓬勃发展,中国旅游业、贵州旅游业都将以空前的速度稳步前进。旅游活动更加大众化、社会化,这为贵州旅游提供了广阔的市场发展空间。

1. 旅游需求旺盛

随着旅游业的发展,旅行社和旅游者都要寻找新的旅游目的地,以满足日益增长的旅游需求。贵州极有可能成为旅游者新的旅游目的地的首选之一。

2. 政策支持带来的融资机遇

中国共产党十六届三中全会关于产权制度改革若干决议,使民营资本的发展进入快车道,无疑会推动民营资本进入旅游业。对于进入成本较低、地方经济实力较弱的贵州旅游业来说,无疑是一个重要的融资机遇。

(二) 贵州旅游市场的挑战

目前,全国大部分省份都将旅游作为支柱产业优先发展,各省、各景区之间的竞争越来越激烈。贵州旅游开发起步较晚,虽然有一定的后发优势,但如果不努力加快旅游业的发展,将会进一步拉大与旅游业发达地区的差距。发展的难度将越来越大,而发展的空间将越来越小。

三、贵州旅游市场营销策略研究

(一)贵州旅游市场的市场定位

贵州旅游发展面临极大的机遇,但同时迫切需要解决的问题也很多。如何根据自身的资源特色及优势找准目标市场,统一形象,制定有效的营销策略,加大对外宣传力度,迅速扩大知名度,成为众多旅行社和大众旅游者的目的地,是贵州旅游迫切需要解决的问题。

1. 目标市场定位

我们将贵州旅游的市场定位于:川渝黔粤湘观光与生态旅游体验区。以生态观光、民俗文化旅游为主,探险旅游为辅。要深入挖掘民族文化的特色和内涵,在增强神秘性上多下功夫。加大漂流、攀岩、登山等参与性活动的开发力度。

2. 客源市场定位

按地理市场细分:

(1)核心客源市场(一级客源市场)。重点开拓的核心客源市场:贵州省中部城市,如贵阳、遵义、安顺、都匀、凯里等地。近期需要重点突破的核心市场:广东省、四川省、湖南省。需要高度重视的核心市场:重庆客源及到重庆旅游的外地客源。

(2)基本客源市场(二级客源市场)。基本客源市场定位在与贵州较近的云南、广西、湖北等省及经济发达、出游半径大的北京、上海、天津、浙江、江苏等地。

3. 按其他方式细分的客源市场定位

按旅游者的职业构成来看,应定位于公务员、企事业管理人员、企业中青年员工、学生;从旅游者的旅行目的来看,应重点发展生态观光、民俗文化旅游以及探险游;从旅游者的组织形式看,应着重团队旅游,包括旅行社组团和集团消费;从旅游者年龄结构看,应定位于中青年市场;从旅游者城乡结构看,应将重点放在大、中城市旅游市场;从旅游者的消费构成来看,应提升旅游消费结构;从旅游者时间分布看,除了抓黄金周、双休日外,还要抓住暑期学生放假的时间。

(二)贵州旅游市场营销的发展战略

(1)形象营销战略。要把贵州旅游作为一个整体,形成贵州旅游的整体形象。

(2)品牌营销战略。建设世界级和国家级风景名胜区,形成贵州独特的生态文化旅游区,深化贵州旅游产品的文化内涵,包括对自然和人文景区的文化开发,对贵州精品旅游产品项目的精心开发,形成贵州旅游的品牌。

(3)网络营销战略。开发贵州旅游信息网,发展旅游电子商务和国际国内旅游预订网。加强同国际和国内著名旅游区以及周边旅游区的融合与流通,与世界以及全国旅游热点和景区之间形成旅游客源的双向和旅游市场的多向流通网络。

(4)整合营销战略。充分利用各种媒体,采取多种形式,加大旅游宣传推介力度。加强与邻省及沿海地区的协作。

(5)规范化营销战略。大力推进旅游景区、旅游产品、旅游设施、旅游服务、旅游管理的标准化体系建设。逐步向国际通用标准靠拢。

(6)生态营销战略。采取一系列措施保护贵州的旅游市场环境,保证经济持续发展,如教育与法制结合,提高贵州全民环保意识,增加环保投入,改善旅游环境。

(7)服务营销战略。强化服务意识,切实提高服务质量。良好的服务本身就是很好的营销和宣传。

(8)入境旅游作为旅游业的重要组成部分,其发展状况是衡量一个国家或地区旅游产业国际化水平和产业成熟程度的重要标志。研究一个国家或地区的入境旅游,对推进旅游发展和制定相关政策具有重要参考价值,因而对入境旅游市场的研究一直是旅游研究的重要内容之一。国外学者多倾向于从跨学科角度入手,通过实证研究将潜在旅游需求转化为现实旅游活动。当然,不同学科背景的学者研究侧重点亦有明显差别。如有地理背景的旅游研究者对旅游市场的研究点主要着眼于旅游客流的时空分布规律,有经济学背景的学者则在研究中突出应用经济和营销手段解决实际问题,而有心理学学科背景的学者则侧重于研究旅游者的行为分析。国内学者对旅游市场的研究起步相对较晚,研究内容主要涉及地区入境旅游客源分布、旅游者行为特征、旅游者时空分布以及发展动态预测等方面。

第五节　主要景点与路线

一、黄果树瀑布——被称为中国最大瀑布

黄果树瀑布位于镇宁、关岭布依族、苗族自治县的交界处,海拔600~1 500米,降雨量1 300毫米,风光秀丽、奇峰叠起,浩浩荡荡的白水河,骤然间由断崖上跌落,形成九级瀑布。

黄果树瀑布是这些瀑布群中最壮美的一个,它高74米、宽81米;涨水时节,如蛟龙翻腾、浪花飞溅、水珠飞扬;枯水时节,瀑布犹如万缕银丝披挂、轻柔多姿,又是另一番风致,还未见瀑布就感觉到满天的细雨正从瀑布方向向人扑来。

在黄果树瀑布的水帘背后隐匿着一条百米长的水帘洞,洞内除了千奇百怪的钟乳石外,还有洞厅、洞窗和洞泉,真是暗藏天宝精华之地。其中,站在摸瀑台的前端伸手即可摸到瀑布飞流而下的瀑帘,震天的响声让人感觉到大地都在随着瀑布的脉搏震动。瀑布下的犀牛潭可让人踩入水中,从瀑布下端的最近距离感觉这大自然的神奇,惊叹这鬼斧神工般的黄果树。

除了黄果树瀑布外,白水河上还汇集了数十个瀑布,有逶迤350多米的螺蛳滩瀑布,有高、大、多、奇、美的滴水潭瀑布,还有顶宽达105米的陡坡塘瀑布及伞面形的天星桥瀑布;有的声震如雷,有的飘洒无声,有的云翻雾卷,有的轻丝漫舞,姿态万千、仪表纷呈,真让人目不暇接。

另外,黄果树瀑布四周林木苍郁、怪石嶙峋、溶洞各异、龙潭星罗,还有神秘难解的红岩碑,关索岭上的古驿道等名胜古迹,让人应接不暇;总之,黄果树瀑布风景区对游客的吸引度极高,可以说是入贵州旅游游客必去景点之一。

1. 天星景区

天星景区是黄果树风景名胜区新开发的一个富有特色的景区,位于黄果树瀑布下游6千米处。包括天然盆景区、天星洞区景和水上石林区。

(1)天然盆景区。天然盆景区也就是天星景区较大的一片天生桥上石

林。这里有大大小小的水盆和漫水坝,以及一个个大大小小的天然的山石、水石盆景。弯弯曲曲的石板小道,穿行于石壁、石壕、石缝中,透迤于盆景边石之上。沿小道游览,抬头是景,低头是景,前后左右处处皆成景,仿佛到了天上的仙境,地下的迷宫。其著名的景观有:数生步、响水洞、天水一线、空灵、仙鹰回巢、八面景、天星照影、长青峡、大肚难过、歪梳石、寻根岩、鸳鸯藤、美女榕、人生百态、天星湖等。

(2)天星洞景区。天星洞景区在天星景区中段,主要景观天星洞位于冒水潭旁的河岸上。洞内形成若干大厅和侧厅,各厅自有特色。最大一厅高50米,直径150米,面积约1.8万平方米。在五光十色、变幻无穷的奇峰异石之中,4根雕花大柱直抵天穹,每根石柱高度都在20米以上。柱上石花丛生,如雕龙刻凤,色泽艳丽。洞中的许多奇景是在别的溶洞中无法看到的。其他主要景观还有:天星亭、天星桥、一线天、冒水潭、回望石等。

(3)水上石林区。水上石林区在景区的下段,沿天星洞景区往下走1千米的石板石梯小路,即可到达。小路沿河而建,有栈道和跌水可欣赏。小路两旁假苹婆树很多,所以叫苹婆小道。有许多天然的榕树盆景,盆景边有石条、石凳供游人休息。石林间也长着大片的仙人掌和小灌木丛以及各种花草,终年点缀着绿荫。所谓"石上流水,水上有石,石上又长树",若不是亲眼所见,是难以置信的。主要景观有:藤条奇观、三树一身、群榕聚会、根王、天星桥石芽林、水上石林等。

2.银链坠潭瀑布

银链坠潭瀑布和星峡飞瀑分别位于水上石林的两侧。在黄果树瀑布群中,它既不是以高取胜,也不是以阔或大惊人,但银链坠潭是最动人心弦的。从冒水潭跃出地面的白水河,似蛟龙般翻滚,一路冲树击石奋勇向前,却突然遇到了一个巨大的消水洞,巨大的水流以万马归槽之势,争先恐后地坠入溶潭,永远地消失在地下。这瀑布上面成漏斗形,底部是槽状溶潭。在潭沿面上隆起的石包,像一张张下覆的莲叶,交错搭连,河水在每一张叶面上均匀铺开,纵情漫流,像千万条大大小小的银链,向中心收缩,有时沉于地下,有时又冲向大川。水的结尾处是一个叫珍珠泉的地方,白水河从这里潜入地下,平软的水波滑过岩石,在岩石表面滚成一颗颗晶莹的珍珠。

3.关脚峡区

在黄果树下游打邦河上,与黄果树瀑布相距40多千米。山势在此陡然升高,峭壁对出,直插云霄,河水骤然跌落,形成总落差达 120 米的三级瀑布。打邦河将白水河、王二河、灞陵河、断桥河等纳入关脚峡瀑布,是黄果树瀑布群中水量最大的瀑布。

龙潭暗湖区(安顺龙宫)的龙门飞瀑,高 34 米,声如雷鸣,气势磅礴,堪称地下瀑布之冠。它和龙宫的天池、暗湖三位一体,组成龙宫的绝好景观。

4. 黄果树的古寨名胜

黄果树是布依族、苗族聚居地,到处是别具一格的石头建筑。黄果树附近的石头寨是著名的蜡染之乡,滑石哨是全国第一个布依族保护村。

黄果树附近有很多的名胜古迹,以"千古之谜"的红岩碑最为著名,此外还有相传是三国遗迹的关索岭、孔明堂、跑马泉、御书楼等。

景区近年来投资数百万元在黄果树瀑布下景区内安置了大型照明灯和大型激光演示系统。夜游黄果树瀑布,如临幽幻迷离的仙境,别有一番情趣、在瀑布旁边的老龙箐景区,石丛奇特,曲径通幽。内有碑林公园,记载了历年来文人墨客对黄果树的一片深情。

黄果树瀑布的优美景色,很早就为人们所欣赏。黄果树瀑布,古称白水河瀑布,亦称黄桷树瀑布、黄葛树瀑布或黄葛墅瀑布。早在明朝弘治年间的《贵州图经新志》中就有文字记载,之后在嘉靖年间的《贵州通志》《贵州山泉志》和《贵州名胜志》等均有记载。至于明朝伟大的旅行家徐霞客更是对黄果树瀑布做了生动而科学的详细描述。

5. 黄果树景区节庆活动

(1)黄果树瀑布节。黄果树景区自 2004 年成功举办中国·贵州黄果树瀑布节以来,至今每年都举办,扩大了贵州的对外影响,提高了贵州旅游的知名度和美誉度,促进了自然生态旅游、民族风情旅游和红色旅游的有机结合,推动了贵州红色旅游的发展。经过几年的努力,将黄果树瀑布节打造成全国知名品牌节庆活动,实现以黄果树为龙头,加快贵州旅游业发展的战略目标,让贵州走向全国,走向世界,让全国了解贵州,让世界知道贵州。

举办瀑布节原则:①政府主导,市场运作,企业协办;②突出特色,打造形象,宣传贵州;③上下联动,社会参与,注重实效;④旅游搭台,经济唱戏,促进发展。

(2)"六月六"布依文化节。"六月六"是布依族人民的传统佳节,由于居住地区不同,过节的日期也不统一,有的地区六月初六过节,称为六月六;

有的地区六月十六日或农历六月二十六日过节,称为六月街或六月桥。布依族人民十分重视这个节日,有过"小年"之称。节日来临,各村寨都要杀鸡宰猪,用白纸做成三角形的小旗,沾上鸡血或猪血,插在庄稼地里,传说这样做,"天马"(蝗虫)就不会来吃庄稼。节日的早晨,由本村寨几位德高望重的老人,率领青壮年举行传统的祭盆古、扫寨赶"鬼"的活动。除参加祭祀的人外,其余男女老少按布依族的习惯,都要穿上民族服装,带着糯米饭、鸡鸭鱼肉和水酒,到寨外山坡上"躲山"(当地汉族人民称为赶六月场)。祭祀后,由主祭人带领大家到各家扫寨驱"鬼",而"躲山"群众则在寨外说古唱今,并有各种娱乐活动。

黄果树景区自2007年开始举办黄果树"六月六"布依文化节,目的在于通过节庆活动挖掘和积淀布依文化,并为黄果树景区的文化品牌构建、文化旅游的发展服务,同时,打造一个在全国乃至国际都有影响力的布依民族传统节庆活动,为贵州乃至中国民族文化推广以及黄果树风景区的旅游品牌深化发挥功能和作用,实现人文和文化旅游相融共生。

6. 黄果树特产

以黄果树瀑布为名,贵州卷烟厂生产的黄果树香烟,有不同层次的包装。当地的一种水果,黄果,吸收了黄果树瀑布的天然灵性和水分,黄果果实金黄,略带酸甜味,水分充足。位于苗族聚集区,蜡染和刺绣都比较出名。波波糖,又叫波波酥。它香甜、易化,所以又叫"落口酥",主要特点是香、甜、脆,色泽麦黄,食之口内久留芝麻的清香。

二、梵净山景区

7 000级台阶使梵净山有"通往佛国的天梯"的称号,是贵州省内最壮丽巍峨的山峰,最高峰红云金顶海拔高度达2 494米,曾被国家地理杂志认定为全国佛光出现最为频繁的佛山之一。关于佛教的传说和景观更显出梵净山的卓尔不凡。在金顶至蘑菇石一带,如果运气好的话,能看到梵净山佛光幻影的奇异景观。现在梵净山有了索道可以直达位于6 000台阶的万宝岩,同时空中风景也不容错过。

梵净山在与湘、渝、鄂三省、市交界的黔东北边陲,在横亘楚蜀大地、绵延数百千米的武陵山脉,有一座充满神秘色彩而又雄奇伟岸的山峰,这就是贵州省铜仁地区的梵净山。几百年来,梵净山的名字一直在黔、湘、川、鄂、桂等南国地域久久流传。虽然朝代有更替,人世有变迁,但梵净山的魅力依然历久不衰。是什么原因?是哪些因素造就了梵净山的无穷魅力和巨大诱惑呢?

梵净山位于铜仁地区的江口、印江、松桃三县结合部,海拔2493米,不仅是贵州的第一山,更是武陵山脉的主峰,是屹立于云贵高原向湘西丘陵过渡的大斜坡上的巨人。其古老的山体距今已有10~14亿年的历史,是黄河以南最古老的台地。再加上山体庞大深邃,峰峦巍峨雄奇,主峰高耸入云,故明朝万历四十六年(公元1618年)奉皇帝诏令而建的古碑上称其为"众名岳之宗"。

梵净山是武陵山脉的主峰,亚热带森林生态系统保存较为完整。梵净山山清水秀,号称有"九十九溪",这些溪流汇成黑湾河、马槽河等十一条主要河流,呈放射状奔腾而下,沿途多急流险滩,跌水瀑布。梵净山是佛教圣地,"梵净"二字,即含佛家超凡脱俗之意。自明万历年间开始,建梵刹庙宇,成为与峨眉山、五台山、普陀山、九华山遥遥相对应的佛教名山。

大自然造物的神奇力量,使梵净山富集了令人陶醉的自然风光。山,或雄奇险峻,或秀美多姿,那引人入胜的是新金顶,在海拔2 200多米的崇山峻岭上,突兀而起冒出一尊石柱,高约100米,如巨笋出土,似玉龙啸天,红云环绕,直指苍穹。大自然的神工鬼斧,又将山顶一劈为二。两个山顶上分别建有释迦殿、弥勒殿,两殿之间有天桥相连,朝拜的香火烧到了云天之上。还有那独立撑云的蘑菇石、依山望母的太子石、状若册籍的万卷书(山岩)等,形神兼备,令人叹绝!至于梵净山顶部一带常常出现的"佛光",更是令人魂牵梦绕,一睹为快。水,或涓涓细流,或叮咚垂滴,或白练悬空,或奔腾咆哮,皆异常澄洁。峰回水转,汇成了99条溪流,顺山势的东西走向,向东汇成了锦江、淞江,直奔沅江入洞庭湖;向西汇成印江河,直奔乌江进长江。树,遍山皆树,满眼是绿,繁花争艳,鸟兽和鸣,一幅天然画卷。还有那云、雾、风,波谲云诡,也给梵净山增添了不少的神秘色彩。置身此山中,俨然画中行,恍若仙山游。

国务院于1978年将其确定为国家级自然保护区,联合国教科文组织于1986年将梵净山接纳为全球"人与生物圈"保护区网的成员单位(中国只有五个成员单位)。梵净山乃"武陵正源,名山之宗",曾先后荣膺2008年度和2009年度的"中国十大避暑名山",梵净山是全国著名的弥勒菩萨道场,是与山西五台山、四川峨眉山、安徽九华山、浙江普陀山齐名的中国第五大佛教名山,在佛教史上具有重要的地位。

1. 梵净山

梵净山栖息着黔金丝猴、珙桐、紫薇等珍稀动植物;是黄河以南地区 10 多亿年古老的地质台地;是天下众名岳之宗佛教圣地、全国五大佛教名山之弥勒菩萨道场。

2. 棉絮岭

棉絮岭,西上梵净山的汽车终点站、西线徒步起点,海拔 2 000 米,正前方新金顶、老金顶、凤凰山一览无余。在此可以看到梵净山一大奇观——万米睡佛,又为佛中佛,佛头三个、坐佛两尊,寓意"五福临门",且长达万米,为世界之最,极像大肚弥勒,千百年来当地百姓把梵净山称作"大佛山",山即是一尊佛,佛即一座山。

3. 赐敕碑

赐敕碑是明万历四十六年(1618 年)奉神宗皇帝圣旨而建,当时的户部郎中李芝彦撰写,对梵净山的地理位置、山形地貌、名胜古迹、历史传说、佛教兴衰等都做了记载。碑文写到梵净山是"古佛道场",是"天下众名岳之宗",是"上之穹隆接天、下之厚重住地""崔巍不减五岳、灵异足播千秋",是名震南京、北京,倾动十三地方行省,吸引王公大臣、黎民百姓纷纷涌来朝拜的"极乐天宫",为贵州省重点文物保护单位。

4. 红云金顶

红云金顶——山峰直立高达百米,上半部一分为二,由天桥连接两端。两边各建有一庙,一边供奉释迦佛,一边供奉弥勒佛。红云瑞气常绕四周,人称红云金顶,谐"红运金顶"。状若飞天游龙,又似佛手二指禅,更像人类的生命图腾。根据其形而又称"天下第一峰"。

攀铁索而上,四面悬崖峭壁、一路古庙摩崖,主要有明万历元年的《道院》、清康熙五十二年的《天桥功德碑》等。中途经过灵官殿、龙头石,到达观音洞。观音洞是绝壁上的一处石穴,依山悬空建成石屋,石屋下面是万丈深谷,供奉观音菩萨。观音洞又叫作"打儿洞",传说长期未生子女的善男信女向金顶磕三个响头,再带一小石头丢入金顶半腰这个洞中,必得佛赐子女并健康成长。观音洞外面凭空伸出一块石头即报恩石,上刻有"无德不报"四个大字。从观音洞往上为"金刀峡""一线天"。峭壁上有一天然泉眼"定心水"。

5. 黔山第一石

黔山第一石——西线上梵净山,到达山顶草甸层后,立于山头的一尊奇石,像竖起的大拇指。据说清朝大书法家严寅亮(书写颐和园匾额)书写"黔山第一"也来自它的灵感。

6. 梵净山四大皇庵

据史志记载,唐代佛教传入贵州梵净山地区("唐代,牛腾在藏轲大布佛教,黔北黔东兴建寺院十余座,为佛教传入贵州之始");宋代黔东北地区颇具规模的寺院有沿河沿丰寺、印江西岩寺、大圣墩铁瓦寺、思南华严寺等;明清佛教在梵净山地区兴盛,形成了四大皇庵、四十八脚庵的盛况。梵净山历史上之四大皇庵:护国寺、天庆寺、承恩寺、朝天寺。

7. 护国禅寺

护国禅寺位于梵净山西北麓的永义乡大园址村。始建年代待考(大约唐末宋初),竖于明万历四十六年的《敕赐碑》和竖于清康熙二十六年的《海阔慧惺和尚墓碑》都称为"天池院",清初重建后更名为护国寺。护国禅寺背靠棉絮岭,面向肖家河,两侧有大小狮子岩拱护,地处西上梵净山要冲,是梵净山四大皇庵之首。

2004年,梵净山佛教文化研讨会在此召开,中国佛教协会副会长兼秘书长学诚大法师来到现场,并发表讲话:"梵净山,是全国著名的弥勒佛道场,是与山西五台山文殊菩萨道场、四川峨眉山普贤菩萨道场、安徽九华山地藏菩萨道场、浙江普陀山观音菩萨道场齐名的中国佛教名山。"2005年举办了首届"中国梵净山护国寺佛诞节",又名浴佛大法会。

8. 天庆寺

天庆寺,又名天庆堂。位于梵净山东北麓印江木黄镇金星村九台山腰,距金顶40千米。天庆寺始建年代待考。天庆寺庙宇规模宏大,号称"九重堂",计有殿堂45间,建筑宏伟壮观。最为奇特的是大佛殿下的天井,由巨石板铺就,最大的石板长3米,宽2.4米,厚12厘米,阶沿石最大的长6米,宽50厘米,厚40厘米。这样的巨石在过去工具简陋、山野青林、道路崎岖的条件下是如何运抵的,留下了一道谜。天庆寺现存遗址内有木屋5间,深持和尚、大方和尚等石墓塔4座,藏经楼遗址,石院坝天井,对研究梵净山佛教文化有很高的价值。

9. 朝天寺

朝天寺,原名冲天寺,位于梵净山东北麓的三角桩,有梵净山南天门之称,始建于明代万历四十六年(1618年)。据《下茶殿碑》载,咸丰年间赵子龙、刘满作乱,庙宇被毁,清道光六年后由隆参和尚募化再修,光绪五年(1879年)又毁于兵燹。朝天寺地处东北线上梵净山要冲,历来为"兵来匪去,匪去兵来"之要隘。

10. 梵净山民族民俗

在梵净山麓,居住着土家族、苗族、侗族、汉族、羌等各族人民。在这里,可以领略到多姿多彩的民族风情,体悟到梵净山区丰富深邃的人文文化。其中最值得称道的是书法艺术。土家族——自称"毕兹卡",历史上被称为"武陵蛮"或"五溪蛮",为古代巴人后裔。印江县50%以上人口为土家族。土家歌舞有山歌、哭嫁歌、薅秧歌、摆手舞、八宝铜铃舞、茅古斯、肉莲花等,并以特有唢呐、木叶、咚咚喹乐器伴奏。苗族,其分支繁多复杂,文化丰富多彩,武陵山脉的苗族先民曾被称作"黔中蛮",史载"逐三苗于三危",本地苗族为三苗氏后裔。苗族能歌善物,有跳歌、打跳、踩芦笙、四面鼓舞、板凳舞、反排木鼓舞等。

11. 古佛道场

古人云:"天下名山僧占多。"大自然造就了梵净山的奇异风光,而佛教徒则扬名了梵净山的灵山秀水。在明朝万历以前,梵净山作为"古佛道场",早已声名远播。在梵净山的滴水岩附近,有一块奉万历皇帝的诏令而专门竖立的石碑。碑文中写道:"此黔中间之胜地有古佛道场,名曰梵净山者则又是天下众名岳之宗也。"明朝万历皇帝之所以要下诏重建梵净山金顶正殿(寺庙),是鉴于曾经兴盛一时的梵净山"古佛道场",因长年战乱而日趋衰落破败,即碑文所言:"天哀名山之颓,而赐以钦命僧妙玄重建金顶正殿,足为万圣临銮。"碑文中把盛极之时的梵净山"古佛道场"比作"极乐天宫",记载了梵净山佛教自开辟以来,香火旺盛,信奉朝拜的信徒如云流水涌,连王公大人都十分向往。梵净山的声名早已传入了南京、北京,倾动了十三个行省的地方长官。

12. 梵净山资源

梵净山植物类型多样,森林是梵净山区生态系统的主体,森林资源是其生物资源的核心。它既是生态系统的第一生产者,又是能量流动与物质循环的枢纽；同时因其特殊的层次结构，形成了动物、微生物赖以生存的栖息环境地。森林类型划分为原生性的栲树林、青冈栎林、珙桐林、黄杨林、高山柏林等以及次生性的响叶杨木、桦木林、枫香林、枫杨林、马尾松林、毛竹林等44个森林类型。在梵净山自然保护区内森林覆盖率在80%以上，森林活立木蓄积为3 378 000立方米。植物物种多样性在梵净山自然保护区，据不完全统计，植物种类有277科、795属、1 955种，其中，裸子植物有6科14属19种，占全国种类数的9.5%，种子植物144科460属1155种，占全国种类数的4.6%；苔藓类50科127属245种，占全国种类数的11.1%；蕨类38科85属183种，占全国种类数的7.0%，大型真菌45科123属372种，占全国真菌数的4.7%。植物区系分得比较复杂，是一个相当丰富和相当古老的温带、亚热带的植物区系。

动物种类的多样。梵净山区拥有东洋界的华中、华南和西南三个区系成分的动物。梵净山自然保护区已初步记录在案的动物有800多种，其中兽类8目23科68种，占全国种类数的13.6%，鸟类16目39科191种，占全国的6.2%；爬行类3目9科41种，占全国的10.9%；两栖类2目8科34种，占全国的12.2%；鱼类4目9科48种，陆栖寡毛类2科21种；昆虫18目，目前已知400多种，尚有不断的新属新种报道。除此之外，梵净山尚有众多低等动物、无脊椎动物类群的研究还未涉及。

13.梵净山佛教文化

梵净山的佛教文化丰赡。一是庙。历代所修寺庙甚多，大小寺庙数百座，其中四大皇庵四十八脚庵最为著名，四大皇庵之一的护国寺占地就3 000平方米，寺产遍及周围约15公里。释迦殿、弥勒殿在金顶上，始建于明朝，左为释迦殿，右为弥勒殿，中为金刀峡，天桥横跨峡上以沟通两殿。庙后各有一巨石，一名晒经台，一名说法台。这组建筑地处梵净山绝顶，下临1000多米的深谷，举目四眺，百里风云尽收眼底，甚为壮观。承恩寺（俗名上茶殿），在金顶左侧，正殿三间，门额阴镌"敕赐承恩寺"五字，两侧配殿八间，仅存部分残墙，全部建筑面积占地1 250平方米。镇国寺（俗名下茶殿）在承恩寺下方，始建于明代，20世纪50年代倾塌。金顶古庙较多，遗址尚有回香坪、老金顶、圆通殿等多处，可惜尚存文字资料少。

二是碑石和摩崖。"敕赐重建梵净山金顶序"碑位于金顶东北500米处的老金顶脚，海拔2 270米，建于明万历四十六年（1618年），碑为古排楼式，碑帽已脱落,而镶碑石坊及鼓形护脚、敦厚的台基仍旧完好。额镌"敕赐"二字,故俗称敕赐碑。禁砍山林碑,共两块,分别刻记清道光十二年(1832)十二月护理贵州巡抚麟庆、贵州布政使司按察使李文耕署名的通告。1985年9月列为省级保护文物。

三是桥。天桥架于金刀峡之上的石拱桥,凌空千尺,极为壮观,桥面宽1.86米,长5.41米,拱跨5米,始建年代应当与释迦、弥勒殿同。二天桥在金顶腰,高3.9米,宽3米,雍正九年(1731)曾加修理。这两座桥迄今保存完好。

四是洞穴。观音洞在金顶半山凹处,外方砌石墙,有岩浆泉水涌出,属上金顶的半山朝拜之处。九皇洞在金顶北约1千米,为一天然石洞,面积100多平方米,传说九皇娘修炼之处,洞门为块石砌成,洞内有皇娘梳妆井和磨簪石等。

五是奇峰经石。金顶高约90米,海拔2 493米,中部裂缝名金刀峡,将金顶一分为二,上有天桥相连。金顶周围万卷经书、蘑菇石、老鹰岩、"金盆洗手"栩栩如生。老金顶千姿百态,角峰相遂,百丈深渊的牛尾河谷太子石一峰挺立,堪称一绝。

六是云海波涛。从金顶远望,白云无际,浓密处如堆积的新絮;稀疏时像薄洗的轻纱。面对此景,清人有诗云:"转眼风云相会处,凭空移步作神仙。"

七是佛光幻影。每逢雨后初晴的上午9时前或下午4时后,在与太阳相对的云雾中出现五彩光环中嵌入影,人动影动。在火光照耀的夜晚,浓雾中还会出现比人高大数十倍的投影,即幻影。

八是山花红叶。梵净山红花绿叶四季不败,珙桐、杜鹃、玉兰等在茫茫林海中亭亭玉立,一年四季轮番开放,游人如置身于花的海洋,心醉神迷。数百年来,湘、鄂、川、黔、赣、滇、闽及东西各国善男信女前来朝拜,络绎不绝,"崔巍不减五岳,灵异足播千秋","若城市然",足见当时佛教之盛况。

梵净山从金顶摩崖石刻到庙宇的断垣残壁,从民间故事传说到民风民俗,都透出浓郁的佛教文化气息。虽然,由于现代社会人类活动,森林及动物大量减少,但这一方尚存的原始生态拥有黔金丝猴、珙桐等珍稀动植物的地球"绿宝石"名气大增,已成为全国佛教文化旅游和生态旅游的重要目的地。

三、镇远古镇

历史文化名城镇远位于贵州东部,沅水直流舞水畔,城中有青龙洞、和平村、周达文故居、天后宫、四宫殿、府城垣、卫城垣、吴王洞和大片的古民居院落、古巷道、古码头和民族民俗文化组成一幅幅色彩斑斓的多元文化图。舞水呈"S"形从中穿过这座近7平方千米的古城,北岸为府城,南岸卫城。公元前202年汉高祖在此设县后,历代王朝先后在这里设置县、州、府、道。从元代至1949年的700多年间这里一直为州府所在地,历代许多名人如王阳明、张三丰、林则徐、邹一桂、何昭基、李烈军、冯玉祥等游历镇远留下墨迹、诗篇,吴敬梓在《儒林外史》中盛赞镇雹灾歌舞地。城东隅中河山麓的青龙洞为古代东南亚晋京使臣拜佛传教和僧人道家去游憩息之处,是极有特色的贴崖建筑园林、精雅别致,宛如一座依山傍水的大型浮雕,其间佛、儒、道家共处,形成独特的宗教文化现象。

1. 舞阳河

舞阳河发源于贵州省瓮安县谷才村。穿山越谷流经黔东南州黄平、施秉、镇远、岑巩和铜仁地区玉屏县出湖南新晃、黔阳等地汇入洞庭湖。全长400多千米,其中下游蜿蜒贯穿整个镇远古城。

国家级风景名胜区舞阳河,由龙王峡、诸葛峡、西峡组成,有小三峡之美称。舞阳河三峡是该景区的精华,主水道长35千米,以峡奇、峰险、水绿为主要特点。云台山位于舞阳河上游,地形起伏明显,峰峦重叠,组成千山万壑的岩溶奇观,其间还有不少庙宇遗址和摩崖石刻。铁溪为舞阳河支流,两岸原生植被丰富,奇峰异石耸立于河谷之中。1988年被列入国家级风景名胜区的舞阳河风景区,除干流峡谷外,还有诸条风光特别优美的支流峡谷,有梯级跌泉瀑布的高枯溪;有九寨沟式钙华景观的小塘河;有著名风景区云台山的杉木河等。与历史文化名城镇远相距不远的铁溪,山水特别清幽,早在500年前的明代中叶就成了旅游区。

2. 祝圣桥

为七孔青石拱桥。桥中央有一个三层三檐八角攒尖顶楼阁建筑,被称为"状元楼""魁星阁"。据说此楼建成十年后,贵州果然破天荒地出了两个状元。

3. 青龙洞

镇远既能接纳八方的客商,也自然能包容不同的教派与文化。各方文化在小城的交汇,就打造出了融佛教经殿、道教庙堂、儒家书院为一体、大名鼎鼎的青龙洞。

青龙洞是我国古建筑洞窟群落中距离城市最近,同时又保持了山水园林本色的一处古建筑群。建在悬崖陡壁之上,与甘肃麦积山、山西悬空寺并称中国古代三大"空中古建筑",还有"贵州古建博物馆"之称。青龙洞始建于明代,建造在镇远城东中和山上的悬崖地带,南与卫城相接、西与府城隔河相望。整个古建筑群由祝圣桥、中元禅院、紫阳洞、青龙洞、万寿宫、香炉岩6个古建筑群、35个单体建筑组成。中原的建筑形制与苗村侗寨的吊脚楼干栏式建筑在这里巧妙结合在一起,并且与周围的石崖、古木、青藤相互映衬,显得错落有致、层次分明,整个建筑群美不胜收。至于具体的建筑工艺,完全可以令人拍案叫绝。

4. 府卫城遗址

贵州素有"安顺的牌坊,镇宁的城墙"一说。实际上,镇远的明代古城墙与镇宁古城墙相比毫不逊色。府城、卫城都建于明代,并且都是顺山势而建。府城屹立于石屏山绝顶处,全长1.5千米;卫城南跨五老山,北临舞阳河,全长3千米,舞阳河则成为府、卫双城的天然护城河,镇远古城更因此显得气魄不凡。即便在今天,当地人仍然习惯将城内舞阳河北称为"府城",将舞阳河南称为"卫城"。河北岸的府城遗址显得比较残破,却是地道的古迹;河南岸的卫城遗址显得比较规整、气派,是后来修复的。

5. 香炉岩

香炉岩是青龙洞石崖前、舞阳河畔一块突起的巨石,上宽下窄、上大下下,形似香炉,故而得名。早年名将李烈钧驻守镇远时,曾经常在这里垂钓。

6. 万寿宫

在紫阳洞下方,又称江西会馆,是镇远八大会馆之一。包括牌楼、石库大门、前院戏楼等。其中有两块砖雕值得一提。在宫门牌坊上"水德灵长"横额两侧有两块砖雕,将近万平方米的青龙洞、中元洞、紫阳洞、万寿宫四组古建筑群,微缩雕刻在130厘米×450厘米的砖面上。

7. 紫阳洞

又称"紫阳书院"。为纪念宋代理学大师朱熹(号紫阳先生)而建,以此传播儒学。紫阳洞是青龙洞古建筑群中最具代表性的一组建筑。它们完全没有地基,而是依靠在山石上,以支木架梁作为基础而建造。

8. 中元禅院

传说其中的中元洞曾是道教祖师张三丰的修炼之处,假如确有其事,那么这里许多的特别之处也许就不足为奇:山门由两块巨石斜搭形成;前院的古树"月月桂",至今尚未有专家能确定种属,非常稀有。望星楼、独柱亭都使用了十分巧妙的建筑手法:望星楼没有一尺平地做基址,而是建在锥形崖体上,独柱亭的基础只是一根木柱。

9. 天后宫

依山而建、面朝舞阳河的天后宫是一处耐人寻味的景点。特别之处就在于它远离大海、地处内陆,却祭祀海神,而且将闽南建筑风格与苗、侗吊脚楼建筑风格结合在一起。天后为海神,是中国沿海省份信仰的神灵。由于舞阳河在历史上曾是楚、黔、滇一带的水上要道,有很多来自福建的商人在镇远居住,他们在远离大海的高原内陆上修建了这座天后宫,也称"福建会馆",是镇远历史上"八大会馆"之一。

10. 四官殿

这里供奉着镇远的镇城之神,分别是战国时期四位声名显赫的战将——白起、王翦、廉颇、李牧。原本敌对的秦、赵两国名将被供奉在一起,看上去不无滑稽,但在作为军事要冲的镇远,黔地民众敬佩名将、崇尚武功的心态也可见一斑。整个宫殿用苗族吊脚楼建筑模式修建,以适应建殿的险要地势。

11. 和平村

"和平村"是国民党政府军政部第二日军俘虏收容所,设在镇远卫城十字街东侧五云山下,原镇远总兵署中营衙门。前有巷道北通卫城上北门,面临潕阳河,后依五云山,有卫城南门通金堡苗乡,方圆面积50 000平方米。至今,仍保留着当年"和平村"半圆拱形大门和高高的围墙,并恢复了当年的"新生班""研究班""训练班""哑子室""职员室",供游客参观。"和平村"先后关押日军俘虏六七百人。由于中国共产党抗日民族统一战线政策和优待敌军俘虏政策的影响和感化,以及重庆的"在华日本人民反战同盟西南总部"负责人、反战作家鹿地亘、池田幸子夫妇的积极组织,镇远收容所一部分有觉悟的日军俘虏志愿成立了"在华日本人民反战同盟和平村工作队"。他们的宗旨是：反对侵略战争，打倒日本法西斯政权，建设民主日本，成立人民政府。他们在日本军队中积极进行反战宣传，对瓦解日军起了一定作用。当时在延安、华北、华中等地共建有 20 多个在华日本人民反战同盟支部。

12. 镇远博物馆

博物馆的陈列以镇远的"历史文化名城"为主题，内容有小镇的发展、民族风情、民族节日、民居撷萃等。博物馆本身的建筑也非常有价值：原为邹姓家族祠堂，房子建造的很有特色，三面围墙是高高的封火墙，临街的"大门"建成石牌坊模样。内部布局为两进天井的四合院，分前殿、后殿及两侧厢房。祠内现存的石雕、木雕均为上乘雕刻精品。

四、小七孔风景区

荔波小七孔位于贵州省黔南布依族苗族自治州荔波县，世界自然遗产，国家 AAAAA 级景区，保存着世界上面积最大的喀斯特原始森林，集洞、林、湖、瀑、石、水多种景观于一体，充满了神秘、奇特的色彩，有"超级盆景"的美誉。

景区在宽仅 1 千米、长 12 千米的狭长幽谷里，分布着峡谷、伏流、地下湖等，已开放的景点有铜鼓桥、小七孔古桥、涵碧潭、拉雅瀑布、68 级跌水瀑布等。

1. 铜鼓桥

铜鼓桥位于小七孔景区东大门处，横跨樟江河，始建于 1993 年，重建于 2001 年（2001 年荔波境内遭遇特大洪水将原铜鼓桥冲毁）。铜鼓桥长 126 米，净跨 60 米，宽 2.4 米，高 25 米，桥身两端采用瑶山铜鼓造型，故称此桥为"铜鼓桥"。

瑶山瑶族将铜鼓视为神赐之物，镇寨之宝，是权力的象征。桥头设立的图腾柱象征着瑶族的尊严，对祖先、神灵的崇敬，征服自然的信心和力量，柱身上的浮雕图案展示了瑶族传统、独特而古老的民族文化，具有浓郁的地方民族特色。

2. 小七孔古桥

小七孔古桥位于景区之首，景区之名由桥而得。这是一座小巧玲珑的七孔古石桥，桥长 25 米，桥面宽 4 米，拱高 4 米，建于清道光十五年（1836 年），昔为沟通荔波至广西的重要桥梁。桥由麻石条砌成，桥身爬满藤蔓和蕨类；古色古香的桥下是绿得令人心醉的涵碧潭。两岸古木参天,巨大的虬枝沿着桥伸臂,宛如巨伞撑在桥上。

这座漂亮的古石桥有四个美丽的神话故事。其中一个故事说,远古时候有一个名叫阿吉的瑶族的小伙子,他的右手只有一个指头,但是这个独指却有神奇的威力,能把坚硬如钢的岩石戳成烂泥一般绵软,更让人惊奇的是,过上一夜岩石又能恢复其坚硬本性。阿吉的寨子有七位天仙一般美丽的姑娘。阿吉和七位姑娘看见乡亲们为涵碧潭所阻,不能到对岸去赶场和耕种,便决心在涵碧潭上合力修建一座石桥。他们来到板崤山下,阿吉用独指戳石头,姑娘们便用变软的石头捏砌成桥,一个姑娘负责砌一孔。他们戳呀堆呀捏呀,一口气干了七七四十九天,终于堆捏成了一座七孔石桥。因五里之外另有一座大七孔石桥,本桥遂名小七孔桥。又因这座桥是由七位姑娘捏砌成的,所以它还有一个别称叫"七姑桥"。此桥看似单薄,但几百年来它经过多次洪水冲击却泰然屹立,迄今完好无损,可见其建筑工艺的精妙。

3. 拉雅瀑布

过小七孔桥,曲行百米许,即见拉雅瀑布。瀑宽 10 米,落差 30 米,逼近仰视,但见瀑首悬蓝天,旁缀白云,几疑天河自空而降。瀑势如山倒,吼声状雷,颇为壮观。瀑布腾空喷泻,横向坠落,同响水河纵向错落的 68 级跌水瀑布构成一幅绝妙的立体交叉瀑布群景观。瀑在路侧,人在瀑下,倍觉酣畅。瀑布溅喷的水雾飘飘洒洒,纷纷扬扬,给游客以扑面凉爽和美的享受,可一洗征尘的暑热和劳乏,顿觉轻松和振奋。

4. 68 级跌水瀑布

涵碧潭上游长 1.6 千米的狭窄山谷里,沿高高低低的河床,错落着 68 级瀑布和跌水。专家们考证,如此众多而密集的瀑布、跌水,实属全国罕见。层层叠叠的瀑布,淙淙哗哗倾泻而下,或倾珠撒玉,推雪拥云,或如匹练飘逸,似银河泻地,形态各异,气象万千。千姿百态的瀑布跌水竞领风骚,争奇斗艳,构成风情万种的动态水景,令游客目不暇接。沿河谷伴梯级瀑布而上,一路但见高山流水、绿树红花,但闻泉鸣瀑响、鸟啾虫吟,便油然想起伯牙、子期的知音逸事,更觉眼前诗意盎然,美不胜收。遂为文人墨客冠以"知音谷"的雅号。

知音谷不仅谷秀瀑美,还是娃娃鱼的极乐世界。每到夜间,娃娃鱼们便从河里爬出,欣赏月光和瀑声。盖因 68 级瀑布的源头系地下泉,故四季恒温,珍贵的娃娃鱼就喜欢生活在这种恒温的河流里。

5.野鸭池

野鸭池位于龟背山山谷中,水质清澈透明,有许多野鸭常在此嬉戏,如果游客玩至附近,脚步声或说话声会惊吓到野鸭,野鸭就会立即起飞。

6.龟背山原始森林

龟背山原始森林漫山野生着无数龟背竹,故名。岩石峥嵘,怪石嶙峋,古木参天。藤萝缠绕。此山有三绝:一是林中的古藤缠绕,恰似人工搓绞的麻绳,殊为奇特;二绝乃山林上端入口处有一条树根碗口粗,沿路伸延数十米,如游动的巨蟒,令人咋舌;三绝为林中有一块巨石悬空,巨石下是三根石柱支撑着。就在这块悬空的巨石上,竟长着一棵十几米高的国家二级保护植物——榉树,居然也婆婆娑娑、葱葱郁郁。龟背山上随处可见不屈的树根如蛇蟒似蚯蚓,执着得在岩石上寻找土壤和水分。它们或盘根错节,插入深深浅浅的裂隙孔窍;或抱着巨石生长,把顽石拱离地面;或把岩山挤破,达到石破天惊的地步,令人惊奇和叹服。

7.飞云瀑布

飞云瀑布高近40米,宽20余米,驻足仰视,眼前浪花飞舞,脚下龙潭生烟,洪波恕号。到此一游能体验旅游点的风情万种,感受大自然的鬼斧神工,倍感人生美好,生命充满激情。

8.飞云洞

从一龙戏九珠景点拾级登攀去野猪林,须穿过一溶洞,洞顶石壁多浅凹,经洞口光线照射,宛如片片鳞云乱飞,故名。洞长不过百米,然钟乳石亦不可不俗,如禽似兽,逆光而立,甚是鲜活生动。

9.野猪林

野猪林是一片典型的喀斯特漏斗森林。从漏斗的底部到天边的山沿,密布丛林。漏斗的下部,几百亩翠竹杂生在树丛中。整个漏斗像一个绿色的漩涡,飘旋在林海之上。漏斗底部的小沟两岸,树木全部往沟中心倾斜,令人费思。更绝的是,所有的树木全身披满絮状松萝,远望如浑身绒毛的野人。来到这里,几疑回到远古时代。昔日野猪奔突林间,以竹笋根为食,野猪林之名由此得之。

10.醉林

醉林是野猪林的一个重要景点,站在这里,游客满眼都是藤萝枝蔓,分不清哪是树,哪是藤,也不知是藤缠树,还是树缠藤,层层叠叠的树枝从树梢一直垂落到地下,一株株披藤挂萝的树木就像喝醉了酒的老汉一样,歪歪斜斜,站立不稳。

11. 水上森林

水上森林亦名瑶池。长约600米,分上下两段。河谷里丛生着茂密的乔木和灌木,形成一道翡翠屏障。清澈的河水从河床的杂木林中穿涌而下。年复一年,日复一日的冲刷,河床已没有了一粒泥沙,连磐石也被激流磨光了棱角而变得"圆滑"起来,但树木却像多情的汉子,死死扎根在河床妻子的怀抱里,纹丝不动。美丽的爱情之树四季常青。这种"水在石上淌,树在水中长"的奇景,人见人叹。水上森林中,石上盘根错节,枝间古藤缠绕。游人手攀曳藤、足踏盘根,沿河穿行,踩瀑践浪,有惊无险而趣味无穷。

12. 天钟洞

天钟洞位于汤粑石林的半坡上,洞长二千公尺,洞厅高大,廊道迂回。钙化堆积物不算很发育,但形态逼真生动,且洞内道路平坦,可观性强。洞内钟乳石多酷肖动物,有鳄鱼厅、金鸡厅、百兽厅和犀牛厅等。洞中有一钟乳如铜钟倒扣于地,钟身遍布细石乳,宛似蝌蚪文。人们说,这是兽界的"法律条文",故钟名"天钟",洞名亦由此而得。

13. 百兽厅

百兽厅高大宽阔,可容上十万人。厅内还有审判台,气象森严,百兽噤声,皆隐身洞壁内,只露出半身。狮王雄踞台中,其背后是一面摄人魂魄的照妖镜。一只触犯了天条的小兽,正战战兢兢地跪在狮王面前,听候发落。洞前一支洞内,有一万丈深渊,那是处以极刑的地方。洞尾乃犀牛厅,一只鲁莽的犀牛不知触犯了哪条戒律,被囚禁在这里,已经9990年了。

洞内还有许多惟妙惟肖的动物和它们动人的故事,如天钟厅内,一只癞蛤蟆垂涎美丽的天鹅,已经走出100多米,犹回首频频眷顾,而高傲的天鹅扭脸一边,不屑一顾。

14. 鸳鸯湖

鸳鸯湖是由两个大湖、四个小湖串联组成的一个奇妙的水网,是一组高原喀斯特湖泊。湖泊最深处达38米,湖岸嶙峋、犬牙交错,浓荫围匝。湖水如茵,深不可测,湖水四季恒温。绿岛之间,港汊交错,水面迂回交合,形成一座水上迷宫。狭窄处如水上林荫巷道,开阔处似水上森林巨窗,清晨和傍晚时分,浓雾似乳,笼罩湖面,朦朦胧胧,愈觉野趣无穷。游人慕名来小七孔景区,无不到鸳鸯湖,到鸳鸯湖无不荡舟,荡舟无不掬水打水仗。人们有"下了鸳鸯湖,白发老翁变少年"之说,游客们不拘男女老少,嬉笑欢闹,至周身湿透、筋疲力尽方移舟靠岸。

五、青岩古镇

青岩古镇,贵州四大古镇之一,位于贵阳花溪南12千米处,城门上大书"定广门"三个字。城门左右两边有逶迤城墙,上筑敌楼、垛口、炮台。全部用方块巨石筑就,一派青灰苍黑。青岩古镇建于明洪武十年(1378年),原为军事要塞。古镇内设计精巧、工艺精湛的明清古建筑交错密布,寺庙、楼阁画栋雕梁、飞角重檐相间。宜昌到青岩古镇旅游线路:青岩古镇、黄果树、南江大峡谷。

2013年在顶峰国际非物质文化遗产保护与传承旅游规划项目中被誉为中国最具魅力小镇之一。青岩镇依山傍岭,城门城墙全用石头建造成也就顺理成章了。古镇的盎然古意首先来自苍然青石。

古镇的建筑依山就势,布局合理,石雕、木雕工艺精湛,蕴含着许多神话传说和浓郁的地方特色,令人叹为观止。一条条纵横四方的青石板路和弯曲狭长的小巷,分列两旁的、古老青岩古镇的石柜台和木柜台,门窗间精雕细刻的小棣,石坊上倒立的石狮……无不引人发思古之幽情。信步走进一条叫作"背街"的小巷,立即感到一种强烈的时间和空间的莫大距离,青石板铺的路、青石板垒的墙,仿佛是一条石板制成的时空隧道。

令人称奇的,小小古镇居然同时有古老的寺庙、肃穆的天主教堂和基督教堂,被人称为"三教并存"。

青岩古镇人文荟萃,有历史名人周渔、清末状元赵以炯(贵州历史上第一个文状元)。除此之外,还有不少红色资源和历史人文资源,镇内有近代史上震惊中外的青岩教案遗址、赵状元府第、平刚先生故居、红军长征作战指挥部等历史文物。周恩来的父亲、邓颖超的母亲、李克农等革命前辈及其家属均在青岩秘密居住过。

六、西江千户苗寨

西江千户苗寨,位于贵州省雷山县东北部,是南山风景名胜区的一部分,是目前中国乃至全世界最大的苗族聚居村寨。该寨完整保存了苗族"原始生态"文化,是领略和认识中国苗族漫长历史与发展之地。西江每年的苗年节、吃新节、十三年一次的牯藏节等也名扬四海。

1. 吊脚楼

西江千户苗寨的苗族建筑以木质的吊脚楼为主,为穿斗式歇山顶结构,分平地吊脚楼和斜坡吊脚楼两大类,一般为三层的四榀三间或五榀四间结构。底层用于存放生产工具、关养家禽与牲畜、储存肥料或用作厕所。第二层用作客厅、堂屋、卧室和厨房,堂屋外侧建有独特的"美人靠",苗语称"阶息",主要用于乘凉、刺绣和休息,是苗族建筑的一大特色。第三层主要用于存放谷物、饲料等生产、生活物资。西江苗族吊脚楼源于上古居民的南方干栏式建筑,运用长方形、三角形、菱形等多重结构的组合,构成三维空间的网络体系,与周围的青山绿水和田园风光融为一体,和谐统一,相得益彰,是中华上古居民建筑的活化石;在建筑学等方面具有很高的美学价值,反映了苗族居民珍惜土地、节约用地的民族心理,在中国当前人多地少的形势下具有积极的教育意义。上梁的祝词和立房歌,具有浓厚的苗族宗教文化色彩。吊脚楼是苗族传统文化重要的承载者。

2. 风雨桥

出于改善村寨风水条件和方便居民生活考虑,多数苗寨在村寨附近建有风雨桥,以关风蓄气和挡风遮雨。西江以前有风雨木桥,主要有平寨通往欧嘎的平寨风雨桥和南贵村关锁整个西江大寨风水的南寿风雨桥。由于是木质结构,几经修复又被洪水冲毁。2008年西江修建的风雨桥有五座,是连接大寨和西江中学的弓形水泥风雨桥、主道一号弓形水泥风雨桥、连接大寨对面的也薅寨二号及四号弓形水泥风雨桥、连接南贵弓形水泥风雨桥,由于以前的风雨桥的建造属全木式结构,容易被大水冲垮,现所修建的风雨桥全采用水泥和木材的混合结构,使得风雨桥的坚实性和抵御洪水的能力大大增加。

3. 苗族歌舞

西江千户苗寨每天上午和下午各有一场由当地苗族同胞表演的民族歌舞节目,苗族人自己表演的歌舞节目有当地的特色,华丽的服饰、欢快的歌舞和美丽的爱情故事能使你更加了解苗族的人文风情。

苗族古歌演唱,演唱者全是寨中的老人,用苗族古语演唱其史诗般宏大的古歌(苗族古歌有四部分,涵括万物起源、天地洪荒及辛酸迁徙史等),能就此传承下去,也是一大功德。遇到特别活动或是有重要人物出现,还是能够看到掌坳的铜鼓舞、方祥的高排芦笙、反排的木鼓舞等。

七、百里杜鹃风景名胜区

百里杜鹃风景名胜区位于贵州省毕节市,是国家级森林公园、国家AAAAA级景区,被誉为"世界上最大的天然花园",享有"地球彩带、世界花园"之美誉。

该景区总面积125.8平方千米,其天然原始林带宽1~3千米,绵延50余千米,公园内有马缨杜鹃、露珠杜鹃等41个品种,囊括了世界杜鹃花5个亚属的全部。

百里杜鹃风景名胜区,南与黔西县相邻,西北与大方县接壤,东与金沙县偎依,总面积为125.8平方千米。冬无严寒,夏无酷暑,暖温带湿润季风气候,年平均温度11.8°C,年降雨量为1150.4毫米。生长在高海拔、低纬度的杜鹃花,暮春三月,竞相怒放,繁花似锦,姹紫嫣红。百里杜鹃林带呈环状分布,延绵50余千米,宽约1~3千米,总面积125.8平方千米。有马缨杜鹃、大白花杜鹃、水红杜鹃、露珠杜鹃等41个品种,占世界杜鹃花5个亚属中的全部。花色多样,绚烂生辉。每年3月中下旬到4月底次第开放,百里花山色彩缤纷,犹如广袤的锦缎华章铺山盖岭,千姿百态,被誉为"世界上最大的天然花园"。

百里杜鹃风景名胜区不仅是杜鹃花的海洋、杜鹃花的世界,还是参天古树云集、山水林洞辉映、珍禽异兽栖息的原始森林旅游景区。境内有鸟类104种,兽类31种。其中国家一级保护动物有云豹、林麝,二级保护动物有穿山甲、豹猫、小灵猫、红腹锦鸡、白腹锦鸡和白冠长尾雉。国家一级保护植物有银杏、红豆杉。二级保护植物有香樟、厚朴、喜树。菌类有131种。古树名木有千年巨桑、杜鹃花王、御赐银杏和沙江古刺楸等。百里杜鹃国家森林公园地处喀斯特发育地区,形成了丰富的自然景观资源。有普底的红岩峰、白岩峰,金坡的五指峰等山峰景观;有峭壁如削,蔚为壮观的花底岩悬崖景观;有形似鸟嘴,很亲近地相对着,似窃窃私语的"对嘴岩"奇石景观;有金坡的大坑洞、嘎木与仁和交界处的燕子洞,洞内有米底河伏流从花底岩峡谷涌出,水流湍急,轰声如雷,只见其声,不见其影的溶洞景观;有水面宽阔,清澈明亮,宁静秀丽,休憩疗养的理想场所移山湖。景区内主要居住有彝族、苗族、布依族等少数民族,民族风情浓郁。尤其是彝族、苗族的传统节日——彝族年、火把节、插花节和跳花节等别具一格,令人神往;苗族的芦笙舞、打鼓拳舞等原始古朴,神秘诱人;民族民间工艺——刺绣、蜡染、织布、漆器、服饰等独具特色;水西特色美食宫保肉、骟鸡豆花、黄粑等吊足胃口,令人垂涎。附近还有许多国家级名胜古迹,如大方县城的国家级文物保护单位奢香夫人墓、奢香博物馆,是纪念贵州西部开发先驱、明初彝族女政治家奢香夫人和集中展示中国古代彝族文化的大型场馆。游人还可游览黑颈鹤的故乡——贵州省威宁草海国家级自然保护区和天下第一洞——贵州省织金洞国家级风景名胜区。在举世闻名的红军二万五千里长征途中,贺龙、肖克率红二六军团曾在乌蒙山区回旋,1935年11月在普底的动人故事,百里杜鹃风景名胜区建有"黄家坝阻击战纪念碑",凭吊当年在这里浴血奋战的革命先烈。

1. 黄坪十里杜鹃

黄坪"十里杜鹃"景点位于普底景区,是百里杜鹃的缩影、代表和精华。在这十里范围内,杜鹃花种类繁多,色彩丰富,花色多变。登高四望,花区宏大,场面尽收眼底,这一山全是红色,艳如云霞,那一山又全是白色杜鹃,如白雪皑皑,娴静淡雅,此外还有紫杜鹃山、金杜鹃山、混色杜鹃山,争奇斗艳、令人目不暇接。黄坪所在的普底乡,少数民族占60%,民俗独特,少数民族节日正值杜鹃花盛开的季节,彝族的插花节、火把节等活动丰富多彩,其民族风情令人流连忘返、回味无穷。

2. 花海

杜鹃花生长在高海拔、低纬度地区,百里杜鹃林带呈环状分布,延绵50多千米,宽约1~3千米,总面积125.8平方千米,暮春三月,竞相怒放,繁花似锦。初步查明,百里杜鹃风景区有马缨杜鹃、大白花杜鹃、水红杜鹃、露珠杜鹃等41种,占世界杜鹃花5个亚属中的全部。花色多样,绚烂生辉。每年3月到5月次第开放,百里花山色彩缤纷,犹如广袤的锦缎华章铺山盖岭,百态千姿,被誉为"地球彩带、世界花园"。

3. 百里杜鹃大草原

百里杜鹃大草原距普底中心花区4千米,总面积近6万亩,呈环状和梯状分布,植物多为高山矮化杜鹃及原生灌木为主。由于受高海拔气候和风力影响,植被生长极为奇特,形成独具特色的天然盆景园;草原上的天坑星罗棋布,极具观赏价值;喀斯特地貌风格独具,山形奇峰突出,耸立危岩让人惊叹,被称为南方喀斯特地貌的神奇童话。

4. 云台岭

云台岭杜鹃花林区内,有高高低低、密密麻麻的鲜花,大的数十根树干簇生一蔸,小的独树一株,疏影横斜。高的一丈有余,虬枝舒展;低的不过盈尺,楚楚可怜。花多的上万朵,团花簇景。花少的一两枝,孤芳独秀,杜鹃树干奇形怪状,宛如一株株巨大的天然盆景。

5. 移山湖

移山湖水域面积400多亩,周围青山如黛,山水绸缪,水中有岛,岛上有花。春来杜鹃烂漫,惹来八方游客;秋至层林尽染,醉倒一湖鹭鸟。岛上闲情,鸟啼花间树;湖上荡舟,人在画中游。设若春宵,野外鹃声惊客梦;设若夏夜,湖畔蛙语伴君眠。百里杜鹃湖是云贵高原上一道纯洁无瑕的风景,是人类疲惫心灵返璞归真的皈依地。

移山湖的独特之处在于鲜为人知的山水林洞的自然风光,补充了这位闺中佳丽美丽、迷人的整体,在百里杜鹃南部镶嵌着一颗翡翠般的明珠——移山湖。四百余亩的碧波,曲曲弯弯的水面,与百鹤鹏程杜鹃林依偎在一起,山无水则不灵,水是山的眼睛。移山湖是百里杜鹃风景区的一件传神作品,山环着水,水绕着山,湖的碧波梳洗着山,湖被山隔成一弯又一弯,温婉而柔丽,湖的周围春来百花开,夏至万亩绿,深秋层林尽染,隆冬浓妆素裹。

6. 醉九牛

"醉九牛"景点是普底景区最为传神的景点之一,这个名字来源于一个动人的传说,据《南蛮史》记载:明洪武十七年,水西土司奢香夫人为维护西南边陲的安宁,进贡给朱元璋的贡品中,就有九头水西壮牛,但是当走到这里,不肯走了,为什么呢? 那就是被色彩艳丽的杜鹃花迷住了,醉倒杜鹃花林中。奢香禀告朱元璋后,朱元璋对奢香说,就把那里叫"醉九牛"吧。醉九牛因此得名。

7. 米底河

米底河,是乌江水系上的一条支流,河从高山流入深谷,出现几次生命的大跌宕。其中,在60米河段上三叠瀑布一气呵成,总落差达40米,河水与石头共生,忽而泻过石上,忽而钻入山中,形成高石坝、石猪槽、天生桥、花底岩等千姿百态的岩溶奇观,良好的生态植被为其创造了优越的生态环境,21.9千米的长的岩河两岸,不仅有原始杜鹃林,而且生长着珍贵的古大稀植物。其中,有堪称中华第一桑的千年古桑,胸茎达3.25米,树高40多米,有独木成林的御赐银杏,600多年的寿令树冠覆盖达六百多平方米,有四人合围的古樟树,有胸围2.2米的野生桂花树,有胸围1.8米的野生杨梅树,眼前的百里杜鹃是一幅古树参天、珍奇暗藏、鸟鸣山悠、四季鲜花不断的山水自然风光画卷。

8. 龙场九驿

明朝洪武四年(1371年),相传贵州土司霭翠归顺明朝,被任命为贵州宣慰使。10年后霭翠去世,他的妻子奢香夫人继任宣慰使。朝廷派往贵州的总兵马烨是马皇后的侄儿,到水西后,专横跋扈,仗势肆意凌辱和压迫彝民,常伺机寻衅,意在激怒奢香夫人,激起战事。水西四十八部人马聚集宣慰府,请为奢香复仇围攻马烨。奢香深明大义,于是安抚四十八部首领,毅然决定上京告御状。

朱元璋接见了她。明白原委后,朱元璋大惊:"我叫他安抚,他这不是要激水西人造反、动摇大明的根基!"朱元璋一面热情招待奢香,一面将马烨召回南京问罪。皇帝的这一果断处理,感动了奢香夫人。为了进一步密切和朝廷的联系,发展水西的经济,她修建了东起贵阳,西至毕节的驿道。驿道长280千米,设九个驿站,分别是龙场驿、六广驿、谷里驿、水西驿、西溪驿(奢香驿)、金鸡驿、阁鸦驿、归化驿、毕节驿。因第一个驿是龙场驿,后人就将这九个驿站统称为"龙场九驿"。在当时的条件下,由一个女人主持修建这样浩大的工程,不能不说是一个奇迹。为纪念这位在历史上做出卓越贡献的彝族女英豪,景区设置了"龙场九驿"景点,表达人们对奢香夫人的万分崇敬之情。

9. 花海神龟

这个景点有"花海""神龟",还有"十二生肖"会、"撮泰吉"戏石刻等古彝文化。传说,很久很久以前这里没有"花海",更没有"神龟",是一片草木不生的荒郊野岭。彝族神王吱嘎阿鲁,非常关心彝民疾苦。他根据这里的"山高、石多、土薄"的实际,教人们农业耕作,播撒荞、麦、玉米等种子,播撒"天麻、首乌、党参"等药材种子,请玛依鲁漫山播撒杜鹃树种。并到东海龙宫请来"神龟"长住,保佑百姓健康。用十二生肖分辨春夏秋冬四季,让人们能按季节生产。创造彝家傩戏"撮泰吉",丰富彝家文化生活。就这样,在这里居住的彝民安居乐业,世代繁衍生息。

10. 甲秀楼

甲秀楼始建于明万历二十六年(1598年),至今已有500多年历史,明万历年间(1573—1620)巡抚江东之于此筑堤联结南岸,并建一楼以培风水,名曰"甲秀",取"科甲挺秀"之意。有浮玉桥衔接两岸。天启元年(1621年)焚毁,总督朱燮元重建,改名"来凤阁"。清代多次重修,清康熙二十八年(1689年)巡抚田雯重建,并恢复原名。现存建筑是宣统元年(1909年)重建的。楼上下三层,白石为栏,层层收进,由桥面至楼顶高约20米。南明河从楼前流过,汇为涵碧潭。楼侧由石拱"浮玉桥"连接两岸,桥上有小亭一座,叫"涵碧亭"。甲秀楼朱梁碧瓦,四周水光山色,名实相符,堪称甲秀。建楼以前,王阳明的再传弟子马廷锡曾在此建栖云亭讲学传道。

1981年,重建涵碧亭,重修过程中,发现楼阁底层石墙中嵌有诗碑,重修后有八块诗碑复嵌于底层楼壁。楼额"甲秀楼"三字,系宣统年间谢石琴所书。后散失,只寻回刻有"秀""楼"二字的两块,另据过去照片,配写"甲"字,按原式样悬挂楼顶层外面。

11. 安顺龙宫

龙宫位于贵州安顺市南郊,距黄果树景区35千米,距安顺市城区27千米,距贵阳116千米。属亚热带季风湿润气候,气候温和,冬无严寒,夏无酷暑,适宜旅游及植物生长,是夏季避暑休闲的旅游胜地。

龙宫景区集溶洞、峡谷、瀑布、峰林、绝壁、溪河、石林、漏斗、暗河等多种喀斯特地质地貌景观于一体,是喀斯特地貌形态展示最为集中全面的景区,被誉为"天下喀斯特,尽在龙宫"。

龙宫植物亦是丰富,随处可寻的贵州的天然中草药植物,数量达1200余种之多,如银杏、木槿、十大功劳、高丽参、党参、半夏、金银花等,俨然是一座中草药宝库,令人感叹不已。

在龙宫独特的风景资源中,有两项获世界之最的记录,分别是全世界天然辐射最低和全世界水旱溶洞最多、最为集中的景区。

龙宫景区由龙潭秘境和通漩田园两大主题片区组成,拥有中国最长最美水溶洞(一、二进龙宫)、中国最大洞中佛堂(观音洞)、中国最大洞中岩溶瀑布(龙门飞瀑)、中国原子能机构测定的世界天然辐射剂量率最低的地方,世界最大的水旱溶洞集群,山不转水转的漩水奇观(漩塘),世界上最大单体汉字"龙"字田等得天独厚的自然资源,和最美休闲乡村(桃子村)等、以布依、苗族为主的多样民族文化等多种旅游资源;其丰富的喀斯特地质地貌,奇妙的自然景观,多彩的民族风情旷世稀有;独特的龙文化、淳朴的宗教信仰,清新的田园气息交相辉映,绘就一幅"梦幻龙宫自在田园"的人间仙境画卷。

二进龙宫被誉为全国最长、最美的水溶洞,为龙宫三绝之一,其蜿蜒于龙宫奇峰异谷之下,堪称一绝。其中一进龙宫长840米,由群龙迎宾厅、浮雕壁画厅、五龙护宝厅、水晶宫、高峡幽谷宫五个部分组成,乘船穿行于溶洞暗河之中,头顶斑斓的洞中奇景若绚丽的夜空,与平静水面的倒影交相辉映。二进龙宫全长400米,共分为四个大厅。洞内景观粗犷,钟乳怪诞,如刀劈似斧削,潭深水幽,水幕电影光怪陆离,船行其中恍如"时光隧道",妙趣横生。

12. 龙字田

龙字田采用两种农作物套种,按季节区分,春天由油菜花和蚕豆进行套种,秋天由黑糯米和一般水稻进行套种,拓自唐代书法家怀素的草书书法,占地面积8万多平方米,是世界最大单体汉字,气势磅礴,震撼人心,宛如一条活灵活现的巨龙从山林间呼啸而出,特别是微风吹来,"龙"字随风摆动时。龙字田绝美龙字画卷已成为贵州标志性景点之一。

除了以上景点,贵州著名景点还有兴义万峰林、马岭河峡谷、岜沙苗寨等景点。

第三章

贵州旅游业业态发展实践及新业态发展研究

第一节　贵州旅游业业态整体分析

一、旅游人数、旅游收入大幅攀升

近年来贵州省旅游业依托优势资源取得了快速的发展。旅游人数和旅游收入是反映旅游业发展最直观的两个指标。2008—2012 年,无论是旅游总人数、入境旅游人数、国内游人数还是旅游总收入、国际旅游收入、国内旅游收入都保持着快速的增长态势。2008—2012 年,贵州省旅游总人数年平均增长率为 27.14%,旅游总收入年平均增长率为 29.91%。国内游客是贵州省旅游业的重要支柱。2008—2012 年,国内游人数、国内旅游收入年均增长率分别为 27.19% 和 30.19%,增长迅猛。2012 年,贵州省旅游总收入占地区生产总值的 27.19%,旅游的支柱性产业地位进一步彰显。2019 年,贵州省旅游总收入跃居全国第三位,旅游产业增加值占全国 GDP 的比重增至 11.6%,初步实现了做大旅游业的要求。旅游业的发展对促进贵州经济发展有着重大的作用。

二、基础设施进一步完善

旅游业的发展,基础设施的完善是关键。随着贵州省政府加大对基础设施的投资建设力度,贵州省旅游业基础设施得到进一步完善。交通是基础设施的典型代表,是影响可进入性的关键因素。近年来,贵州省交通状况有了很大的改善。航空方面,除贵阳龙洞堡机场外,遵义机场、兴义机场、铜仁机场、安顺机场、黎平机场、荔波机场、毕节机场纷纷投入使用,形成了一个基本覆盖全省的、便捷的空中交通网。高速公路方面,2013年全年共建成高速公路651千米,至此,贵州高速公路通车里程达到3 281千米;2013年到2015年,贵州高速公路建设总投资近4 000亿元,到2015年新建成高速公路达2 500千米以上,全省88个县(市、区、特区)通高速公路,县城在20分钟以内上高速公路;建成贵阳市到其他州市的双通道,覆盖全省重点产业园区和风景区,形成15个出省通道,实现与相邻省份及珠江三角洲、中国—东盟自由贸易区、北部湾经济区、滇中经济区的快捷连接,充分发挥贵州在西南陆路交通格局中的枢纽放射作用,最终实现全省通车和在建高速公路规模达6 100千米以上。高铁方面,贵广高铁已经开通,沪昆高铁投入运营,渝贵、成贵高铁正在建设中,四条高铁全部开通后,将大大改善贵州的交通条件。住宿日益多样化,条件逐步改观,初步形成了豪华型酒店、商务型酒店、经济型酒店、民居的高中低档格局。景区建设进一步科学化和规范化,逐步运用信息技术加快景区的信息化进程。

三、旅游知名度、美誉度不断上升

近年来,贵州省对旅游宣传越来越重视,充分利用报纸、杂志、电视、网络等媒体多角度宣传贵州,推广贵州旅游。"走遍大地神州,醉美多彩贵州"的旅游口号已逐渐深入人心,得到广泛好评。旅游者来到贵州,领略了贵州的青山秀水和多姿多彩的地域文化之后,对贵州赞不绝口,并通过口耳相传,使贵州旅游业的知名度和美誉度不断上升。

四、发展面临的困境

华丽的增长数据之后,隐藏着巨大的危机。不断变化的市场需求与主导产品单一之间的矛盾愈演愈烈,过分依赖资源的粗放式发展方式弊端渐现,过于注重数量、速度和规模而忽视效益和可持续性的问题日益突出。贵州旅游业要想继续保持高速发展,旅游业转型升级势在必行。

第二节 贵州旅游业业态结构

一、景区业态

贵州旅游资源种类多、品位高、分布广、景区类型多样。主要包括少数民族村寨旅游景区、古镇古村旅游景区、喀斯特山水旅游景区、丹霞风貌旅游景区、红色文化旅游景区及酒文化旅游景区等。截至2021年，贵州省共有18个国家级风景名胜区，56个省级风景名胜区，81个全国重点文物保护单位。这其中既有成名较早的黄果树大瀑布、龙宫、遵义会议会址等景区，又有西江千户苗寨、梵净山、荔波大小七孔等新兴起的景区。景区主要的经营管理模式有政府主导型、社区主导型、政府+企业型、政府+企业+居民型。

二、住宿业态

基本形成豪华型酒店、商务型酒店、经济型酒店、民居为主的高中低档格局。

民居缺乏个性、条件一般、功能单一。酒店布局相对集中，尤其是高档酒店。

贵州省文化和旅游厅统计，截至2021年6月，贵州省共有星级酒店223家，其中三星级酒店100家、四星级酒店70家、五星级酒店6家。从统计数据可以明显看出高星级酒店相对集中，而且星级酒店数量总量相对偏小。

三、餐饮业态

基本形成酒店餐厅、特色餐厅、小饭馆、农家饭四位一体的旅游餐饮格局。

酒店餐厅一般环境较好，档次较高；特色餐厅强调菜品特色，如老凯里、亮欢寨、侗乡食府等；小饭馆大多位于景区周边，就餐方便，但用餐环境和卫生条件一般；农家饭主要包括城郊农家乐饮食和少数民族村寨饮食，深受旅游者喜爱。此外，贵州还有不少有名的小吃，如丝娃娃、恋爱豆腐果、肠旺面、豆腐圆子等。贵州亦是酒乡,除了茅台之外,还有习酒、金沙回沙酒、珍酒、董酒、青酒等高品质的白酒。好吃的小吃和优质的白酒为贵州旅游饮食增色不少。总体来看,大部分餐饮地点条件简陋、环境嘈杂、卫生条件有待改善,缺乏大型餐饮连锁机构。

四、交通业态

初步形成铁路、公路、航空三位一体的交通格局,可进入性进一步增强。在贵州境内,旅游者出行的主要方式还是陆路交通。随着高速公路体系的进一步完善,各主要城市之间,主要城市与旅游景区之间,交通便捷度将大大提高,旅行时间也将大大缩短。但部分高品位的景区,交通条件依然严峻。主要交通工具旅游大巴由旅游车队提供,规模较大的旅游车队有贵州好风光、龙行神州、黔秀等。

五、购物业态

目前,贵州旅游市场上比较成熟的旅游商品主要有贵州土特产(食品类)、银饰、蜡染、玉器、药材、竹炭、酒。主要的购物商场有老五家土特产、蜡染厂、神康药业、景润集团黄果树竹炭店。整体来看,贵州省购物商店具有如下特点:

①规模小,多为小作坊式,缺乏大型购物商店。②分布相对集中,主要分布在黄果树景区沿线。③大部分商品缺乏特色,雷同性强。④缺乏创意性旅游商品。

六、娱乐业态

目前,贵州与旅游相关的娱乐业态主要有三种类型:①传统的都市型娱乐方式,比如KTV唱歌、酒吧娱乐、咖啡厅喝咖啡、聊天、看书等。②民族地区小型歌舞表演,比如西江千户苗寨内每天两场的歌舞表演、郎德苗寨铜鼓坪上的表演等。③逐渐兴起的大型歌舞表演,典型代表是贵阳的"多彩贵州风"、荔波的"水韵樟江"、镇远的"古韵镇远"。

七、旅行社业态

据统计,截至2018年,贵州省共有旅行社562个。贵州旅行社行业基本形成国、中、青、海四足鼎立的局面。四家大型旅行社都有自身网站,众多旅行社正在尝试用淘宝等新型平台开展旅游交易。总体来看,贵州旅行社行业仍然处于"散、小、弱、乱、差"的局面,结构不合理,缺乏真正意义上的龙头企业。

第三节　贵州旅游业业态结构分析

一、贵州旅游业生态结构存在问题

1. 业态结构不够多元化

目前贵州旅游业的业态结构还不够多元化,依然只是围绕旅游业六要素展开,而且在六要素内部也缺乏进一步的细化、分工及融合。新型业态发展缓慢,业态结构比较单一,旅游者可选择范围狭窄,在未来激烈的市场竞争中,容易陷入被动和不利局面。

2. 业态结构不够合理化

业态结构不合理主要体现在六要素发展不协调和六要素内部部分业态布局不合理上。旅游景区相对成熟,但旅游商品、旅游饮食、旅游娱乐发展缓慢、特色不突出,旅游交通亦是硬伤。六要素内部部分业态布局过于集中,例如,高星级酒店过多集中于贵阳市、大型旅游购物商场主要分布在黄果树景区沿线、稍具特色的娱乐活动主要集中在少数民族地区等。

3. 业态结构的构建缺乏高度

六要素各业态的发展,未深度把握旅游者需求,对新兴技术不敏感,缺乏创新创意,缺乏特色,业态结构缺乏高度。以景区业态为例,景区主要以观光型景区为主,休闲度假景区较少,创意型景区更是少之又少,景区产品同质化严重,竞争激烈。

二、贵州旅游业业态结构未来发展

邹再进提出区域旅游业态良性发展指标:"行业构成多元化,行业结构合理化和高度化;产业素质一流,核心竞争力突出;特色鲜明,品牌效应显著"三大区域旅游业态良性发展指标。本研究将运用这一指标体系来分析未来贵州旅游业态的发展趋势。

1. 业态结构多元化

未来贵州旅游业的业态结构将更加多元化,满足不同旅游者多样化的旅游需求。首先,传统旅游业六要素内部将出现新的分工与融合。新的专业分工的发展可能使一些独立性较强的部门从传统六要素中独立出来,形成一些新的组织和部门。为进一步维护导游的利益,增强导游的议价能力,专业导游服务公司可能会诞生。把六要素融为一体的主题酒店、旅游综合体将有巨大的发展空间;其次,在第三产业内,旅游业将加速与其他产业的融合发展。旅游业与文化产业的融合发展,必将实现双赢。旅游带动文化产业的发展,文化产业丰富旅游的内涵;最后,旅游业的发展势头将蔓延到第一、二产业,催生出更多的新型旅游业态。此外,为满足旅游者的需求,一些新技术新方法的使用,也会催生一些新型旅游业态,进一步使贵州旅游业态结构多元化。

2. 业态结构合理化

未来贵州旅游业态结构将更加合理化。随着旅游业管理经验的不断积累,管理理念和管理方法的不断创新,对旅游业发展的引导能力进一步增强。政府将更加注重旅游业产业要素的协调发展和布局的合理化,制定详细规划。在规划的指导下,循序渐进地发展。既突出重点,发展重点旅游业态,又坚持协调发展,拓展新型旅游业态,注重旅游业态产品的新老更替,保持产品结构的活力。同时,未来旅游业态产品的分布范围将更加广泛,布局更加合理,照顾到省内大部分地区旅游业发展的需要。

3. 业态结构的构建高度将不断提升

未来贵州旅游业态结构的高度将不断提升,注重对原有业态的转型升级,注重创新创造,注重采用新技术新方法,重点发展附加价值高、特色显著、广受旅游者欢迎的业态类型。旅游业态产品层面,逐步将劳动密集型产品转向资金密集型和技术密集型产品,将观光型产品转变为度假型产品和体验型产品,由注重产品规模发展为注重产品效益。

4.业态结构发展应特色鲜明

未来贵州旅游业态的发展应特色鲜明,品牌效应显著,核心竞争力突出,产业素质一流。贵州旅游业态的发展不应过于依赖资源,但可以依托资源。贵州良好的生态条件,丰富的文化资源,特别是少数民族文化资源、酒文化资源、长征文化资源,使贵州旅游业态的发展具备了特色化的基础。紧紧围绕"复合的山原生态系统"来打造贵州的旅游业态,将使贵州旅游业态特色鲜明。这里的"复合的山原生态系统"既包括贵州的自然生态系统,又包括贵州的文化生态系统。

旅游业态的发展应符合区域总体形象,二者相互促进,共同发展。旅游业态的发展符合区域形象,有利于旅游业态的特色化,而旅游业态的特色化,又会进一步巩固和深化区域形象。无论是旅游业态的硬件还是软件,产品还是服务,都应走特色化的道路。发展具有贵州特色的旅游业态,通过大型旅游集团的运营操作,将会使整个贵州旅游业的品牌效应更加显著。

第四节　贵州发展旅游新业态的可行性及路径

一、贵州旅游新业态的可行性

1.产业发展的必然

任何一个产业的发展都要经历一个从初级到高级,从不成熟到成熟的发展历程。当一个产业发展到一定程度以后,由量变到质变,必然进入一个新的发展阶段。当前我国旅游业的总体体量已经达到一定规模,发展条件成熟,发展环境优越,旅游业也将通过转型升级,改变发展方式和发展思路,进入一个全新的发展阶段,孕育更多代表旅游业发展方向的新型旅游业态。

2.市场需求的变化

市场需求的变化是旅游新业态产生的重要原因之一。旅游业发展的最终目的就是不断满足旅游者不断变化的旅游需求。没有市场,旅游业将成为无源之水、无本之木。随着我国居民收入水平和文化水平的提高、旅游者旅游经验的不断丰富,旅游业原有的产品结构和发展模式越来越不能满足旅游者的需求。在旅游者需求变化的推动下,一批批全新的旅游业态将不断出现。

3. 科学技术发展的推动

科学技术的发展为一些新型旅游业态的产生和发展提供了重要的保障。太空游曾经是人类遥不可及的梦想,如今部分人已经将梦想化为现实。2001年,美国亿万富翁丹尼斯·蒂托花费2000万美元,乘坐俄罗斯"联盟号"飞船飞往国际空间站,成为世界上第一个私人付费的太空游客。未来随着太空技术的进一步发展和成熟,将会有越来越多的人去太空遨游。

4. 政府的大力支持

政府的大力支持有力地推动了旅游新业态的产生。部分旅游新业态的产生需要高投入,需要调动多种资源,需要创新管理体制与机制,没有政府部门的大力支持很难实现。旅游业的发展能够带动地方经济的快速发展,旅游业的作用日益受到政府部门的重视。为进一步提高旅游业的竞争力,政府部门大力支持具有光明发展前景的旅游新业态的发展,是高瞻远瞩也是务实之举。

5. 企业家的创新精神

面对激烈的市场竞争,为获取超额利润,旅游业的一些企业家,敢于冒险,敢于创新,去寻找那一片"蓝海"。企业家的创新精神是旅游新业态产生和发展的重要先决条件。旅游业在某种程度上来说是一种时尚产业,需要常换常新,需要不断创新。

二、贵州旅游新业态的发展路径

结合贵州实际,归纳总结出贵州发展旅游新业态的如下六条路径。

1. 产业融合发展

未来贵州旅游新业态发展的重要路径之一就是产业的融合发展。旅游产业内部相关行业的融合发展、第三产业内旅游产业与其他产业的融合发展、旅游产业与第一产业和第二产业的融合发展是具体的路径。产业融合形成的复合型新业态,市场前景更加广阔。

2. 原有产业的转型升级

在过去的一段时间里,贵州依托已有资源优势,发展起来的一些旅游业态和产品形式,已越来越不能满足市场的需求,不能满足旅游业做大做强的发展目标。在这种背景下,有必要对那些原有产业进行转型和升级,形成一些新型的旅游业态,满足不断变化了的市场需求。

3. 依托优势资源开发

贵州目前还有一些优势资源没有被发现、被开发。依托这些优势资源,可以发展出一批新型旅游业态。发展旅游新业态,能够更好地将资源优势转化为经济优势,也能更好地保护旅游资源,达到开发与保护的双重目的。

4. 市场需求驱动

市场需求的发展往往引领着旅游业的发展。积极把握市场需求,顺应市场需求而发展,能够催生出一些新型的旅游业态。在此背景下诞生的新型旅游业态,适应性和成长性更强,更容易获得成功。市场需求变化是新业态出现和发展的重要外部条件。

5. 产业要素聚集

产业要素在一定地域聚集,改变了传统旅游业的组织形式和经营方式,创造出了许多集聚型旅游新业态。集聚型旅游新业态的产生,不是产业要素的简单堆积,而是按照一定的产业发展目标,在顺应市场需求的背景下,各要素之间相互协调与配合的产物,以达到增强综合效益的目的。

6. 信息技术推动

信息技术的更新与发展是新型旅游业态产生的重要推动力。不断加大旅游业的科技含量,充分利用线上、线下资源发展旅游业,能够起到改善旅游业发展素质,优化资源配置的目的。尤其对于工业化水平低、经济不发达的贵州来说,利用新型信息化工具,充分利用省外、国外资源发展旅游业,意义重大。

第五节 贵州发展旅游新业态的意义

贵州发展旅游新业态的最大意义就是抢抓全国旅游产业转型升级的良机,立足贵州优势旅游资源基础,发挥后发优势,实现后发赶超。具体体现在以下三个方面。

1. 优化和提升业态结构

首先,发展旅游新业态必将丰富贵州现有的业态体系,实现旅游业态结构的多元化。其次,通过系统规划,发展旅游新业态必将进一步平衡省内各地区旅游业的发展,促进旅游六要素的协调发展,实现旅游业态结构的合理化。最后,发展旅游新业态是对原有业态的转型、升级,甚至是业态的完全创新,容易产生一批高端旅游产品,实现旅游业态结构的高度化。总体上有助于提升贵州旅游产业的发展素质。

2. 大力拓展旅游市场

旅游新业态是在旅游者需求变化的推动下产生和发展起来的,代表着旅游者的旅游需求。这样发展起来的旅游新业态,必将受到市场的欢迎,帮助贵州巩固现有市场,大力拓展新市场。特别是进行充分细分市场,占领消费能力强、品位高、购买频繁的高端旅游市场,是提高旅游业经济效益的重要举措。

3. 创新组织管理结构

一方面,旅游新业态的发展模式不同于传统业态,对于这一新兴业态的管理,政府部门和行业组织的管理理念、管理方法也会有所改变。尤其是政府部门要创新体制、机制,转变职能,提升服务。另一方面,旅游新业态的产生和发展,将有利于促进大型旅游集团的出现,扭转目前旅游企业"散、小、弱、差"的局面,提高旅游业的发展实力。总体上有利于创新旅游业的组织管理结构。

第六节 贵州发展旅游新业态的条件

波特钻石模型是用来分析一个国家某种产业在国际上具有较强竞争力的原因,即分析这种产业发展的优势条件和有利环境。同理,本研究借用波特钻石模型来分析贵州发展旅游新业态的可行性,最主要的也是分析贵州发展旅游新业态的有利基础和条件,主要从生产要素、需求状况、相关产业、企业策略、结构和竞争对手、政府行为、机遇六个方面进行分析。

一、生产要素

(一)旅游资源

(1)景区、景点种类多、分布广、品位高。贵州旅游线路以贵阳为中心,分为东西南北四条线。东线以少数民族文化为代表,西线以喀斯特地貌景观为代表,南线以世界遗产地为代表,北线以长征文化、国酒文化、丹霞地貌为代表。据《贵州省统计年鉴(2013)》,截至2012年,贵州省省级以上风景名胜区已达72个,全国重点文物保护单位71个。还有不少旅游景区、景点正在进一步发掘和开发中。

(2)气候资源。贵州省冬无严寒、夏无酷暑、空气清新。在全国很多地区深陷雾霾的痛苦之中时,贵州的清新空气是一种巨大的优势。同时,贵州省不少地方夏天凉爽的天气也为人所津津乐道。贵阳有"避暑之都"的美称,六盘水也被称为"凉都"。气候条件是贵州旅游业发展可以重点依托的资源基础。

(二)人力资源

贵州省劳动力资源丰富,每年都会有大批剩余劳动力转移到东部沿海地区。这些转移出去的劳动力,开阔了眼界、增长了知识、掌握了技术,是旅游业发展重要的人力资源蓄水池。而且相比较而言,贵州省人力资源成本要低一些,对于劳动力密集型的旅游业来说,是一种潜在的竞争优势。

近年来,贵州省加大了对旅游专业人才的培养和培训力度。旅游人才培养方面,基本形成了研究生、本科、大专、中专的培养梯次,理论学习与实践活动并重,先后培养了一大批旅游管理专业人才。政府和企业还加大了对从业人员的培训力度,通过邀请省内外专家开展讲座、老员工传授经验、网络视频学习等多种形式提高从业人员的综合素质。在加强自身人才培养和培训的同时,还要注意引进高水平的旅游管理人才,加强与国内外知名旅游咨询机构的交流与合作,寻求更大的智力支持。此外,随着贵州省旅游业的发展,省内外专家、学者对贵州旅游业的研究,数量更多、研究更深入、质量更高,对贵州旅游业发展的指导意义更大。

(三)基础设施

总体来看,贵州省旅游业基础设施已基本能满足旅游业发展的需要,而且相关基础设施还在进一步的完善之中。交通方面,空中交通网已基本覆盖全省,高速公路里程不断增加,高速铁路正在修建当中,3～5年后一个快速的、四通八达的交通网即将建成。住宿业方面,住宿设施在进一步增加,住宿条件在不断改善,基本形成高、中、低档住宿格局,满足各种旅游者的住宿需求。为了不断满足日益变化的旅游者住宿需求,住宿业也在进行不断的探索与创新。

餐饮方面,饮食文化别具一格,菜品特色显著,具备发展特色餐饮的条件。虽然小餐馆也能满足旅游者的基本生理需求,但往往特色不突出、环境较简陋,不能满足旅游者更高层次的需求,贵州餐饮业缺乏高品质、大规模、连锁化的品牌饮食机构,这是在今后需要加强的。景区建设管理方面,更加科学化和规范化,景区的信息化水平逐步提高,景区的管理水平不断改善。

(四)资本资源

首先,省内部分企业和个人在认识到旅游业光明的发展前景后,主动投身旅游业,为旅游业发展提供了部分资金支持。其次,贵州省加大了旅游招商引资的力度,包括与凤凰网合作,借用凤凰网在华人世界强大的影响力,进行招商引资,取得了一定效果。最后,贵州省金融业对旅游业的大力支持。支持贵州省旅游企业通过多种渠道贷款和融资。充分利用省内外资金,结合金融业的大力支持,为贵州省旅游新业态的发展提供了资金支持。

二、需求状况

市场需求是旅游业发展的关键,只有把握了市场需求,才能不断提高区域旅游业竞争力。把握市场需求包括两个方面:适应需求和引导需求。收入的增加、受教育水平的提高、旅游阅历的丰富,使得越来越多的国内旅游者不满足于浅尝辄止的观光旅游,更加强调旅游的体验性、参与性、文化性。过去贵州旅游业一直以观光产品为主,依靠优势资源,粗放式发展。面对旅游者需求的转变,贵州旅游业要抓住机遇,适应变化了的市场需求,发展旅游新业态,满足旅游者新的旅游需求。发展旅游新业态,对于旅游业转型升级、区域旅游结构优化、增加经济收益、提高旅游业竞争力、创造更加有力的外部环境意义重大。发展旅游新业态,是贵州旅游业未来重要的发展方向。对于那些还满足于观光旅游的旅游者,应加大宣传力度,引导旅游者的旅游需求,帮助其实现需求的过渡,参与到旅游新产品、新业态中来,体会新产品、新业态带来的愉悦,进一步巩固和拓展旅游市场。

三、相关产业

(一) 房地产业的快速发展

世界旅游组织研究表明,当人均 GDP 达到 2000 美元时,旅游将获得快速发展;当人均 GDP 达到 3000 美元时,旅游需求出现爆发性增长;当人均 GDP 达到 5000 美元时,步入成熟的度假旅游经济,休闲需求和消费能力日益增强并出现多元化趋势。据中国经济网报道,2012 年中国人均 GDP 已达 6100 美元,远远超过 5000 美元。所以今后一段时间,度假旅游将是旅游业发展的重点。围绕度假旅游进行创新,发展新型度假旅游,是大势所趋。度假旅游的发展离不开房地产业的发展,旅游房地产的发展是度假旅游的基础。据《贵州统计年鉴(2012)》,2011 年贵州房地产开发共完成投资额 873.48 亿元,房屋销售面积达到 1882.10 万平方米,商品房屋销售额达到 7319.072 亿元。以贵阳市花果园楼盘为例,自 2010 年 11 月开盘以来,于 2011 年和 2012 年荣获全国单盘销售冠军,其中,2011 年销售 1.3 万余套,销售金额 70 余亿元,2012 年销售 6.5 万套,销售金额 270 亿元。

(二) 信息产业的发展

信息产业的发展为贵州旅游新业态的发展提供了技术支持。首先,信息产业的发展能使贵州旅游新业态的宣传方式更加多样化。互联网和电脑走进千家万户,手机、平板等移动终端备受青睐,消费者更加乐意通过网络来了解信息,辅助决策。通过文字、图片、视频等多种形式的媒介组合,能够提高宣传的效果。其次,发展新型旅游业态本身就是要充分结合和利用信息产业的新技术、新方法。无论是在产品开发上还是在景区建设上,都离不开信息产业的支持。

四、企业战略、结构和竞争对手

贵州省旅游企业结构松散,综合实力较弱。在企业战略中奉行"跟随战略"和"总成本领先战略"。即在旅游市场中,依靠开发同质产品,大打价格战,来抢占旅游市场。不会主动创新和改变,不会争做"市场的引领者",习惯"搭便车",即别的企业开发什么新产品、使用什么新方法,马上模仿,从中可以节约大量的产品开发成本,进而压低产品价格,抢占市场,主动创新的企业往往会失去竞争优势,创新的动力越来越弱。

由于旅游企业综合实力较弱,结构松散,发展旅游新业态的企业的进入阻力也不会太大,有利于发展旅游新业态的企业快速落地生根。而且旅游新业态很多都是借助高科技、高投入、新创意发展起来的,进入和退出壁垒都较高,一般的小型旅游企业只能望而却步,使相关企业处于一个相对有利的发展环境。放眼全国,旅游新业态还不是发展主流,国内经营旅游新业态的企业集团也为数不多,外部发展条件也相对优越。

五、政府行为

旅游业作为贵州省的支柱产业,对贵州经济社会发展意义重大。旅游业日益受到政府部门的重视,对旅游业的支持力度不断增大。过去几年,政府在规划编制、招商引资、人才培养、政策法规、旅游宣传等方面给予了旅游业极大的支持。

旅游新业态是一种充满活力、前途光明、效益显著的新型旅游产业组织形式和经营方式,必将得到政府的大力支持。政府的支持是旅游新业态发展的重要外部条件。

六、发展旅游新业态面临的机遇

在新形势下,发展旅游新业态,对贵州来说是一个巨大的机遇。随着旅游者旅游需求的变化,全国旅游业都面临着转型升级的历史任务。贵州旅游业相比全国来说,无论在规模,还是在效益,都不占优势。如果还在坚守原来的游戏规则,不有所创新,差距只会越来越大。在新的历史起点上,贵州旅游业必须抢抓机遇,与全国同步完成产业转型升级,甚至是超前完成转型升级,发挥后发优势,才能在新的起点上,占据有利位置,实现旅游业"加快发展、加速转型、推动跨越"的目标。发展旅游新业态是贵州旅游业完成产业转型升级的重要路径。

总体来看,贵州初步具备了发展旅游新业态的基础和条件,贵州应抢抓机遇,合理发展旅游新业态,不断提高旅游产业发展素质,提高旅游产业贡献率。

第七节　体验型民族村寨旅游

民族村寨旅游是指以少数民族乡村社区为旅游目的地,以目的地人文事象和自然风光为旅游吸引物,以体验异质文化,追求淳朴洁净,满足"求新、求异、求乐、求知"心理动机的旅游活动。贵州民族村寨凭借幽美的自然风光,淳朴、独特、原生态的少数民族文化吸引着来自国内外的众多游客,逐渐兴起一批在省内外有重要影响力的少数民族村寨,西江千户苗寨、肇兴侗寨、朗德上寨是其中的典型代表。民族村寨旅游作为贵州旅游的重要支柱,在推动民族地区政治、经济、文化的发展方面起着重要的作用。贵州民族村寨旅游在经历了快速的发展期后,初具规模,基础设施进一步完善,品牌影响力逐渐增强。但在民族村寨旅游快速发展历程中,也积累了不少的矛盾和问题。这些问题和矛盾影响着游客的体验性和满意度,最终影响贵州民族村寨旅游的进一步发展。贵州民族村寨旅游要想转型升级,创新发展,必须正视这些矛盾和问题,并妥善解决这些矛盾和问题,走内涵式发展道路,从浅层次的文化观光型景区向深度文化体验型景区转变,提高游客的体验性和满意度。

一、贵州民族村寨旅游存在的问题

1. 传统文化受到剧烈冲击

文化是民族村寨的灵魂,是维系民族村寨稳定与发展的根基,是旅游吸引物的内核。民族村寨旅游开发的前提是保护,只有更好地保护,才能更好地开发。但是在贵州不少民族村寨,政府、开发商,甚至是当地村民,为了一己私欲,破坏甚至是践踏少数民族传统文化,使少数民族文化走向庸俗化、泛滥化。古朴的民居、淳朴的民风、幽美的环境都遭到不同程度的破坏。作为传统文化重要载体的寨子和村民,他们变了,就意味着传统文化岌岌可危。

2. 低层次重复开发严重

目前,贵州民族村寨旅游的主导产品仍然是观光型产品,游客逗留时间短,产业链短。产品同质化现象严重,苗寨、侗寨游览基本上就是吃吃饭、喝喝酒、看看寨子、看看表演。延伸产品和附加值大的产品未得到充分开发。村寨开发模式单一,主要是资金驱动型,首先完善基础设施,然后依靠寨容寨貌及歌舞表演吸引游客,发展观光产品。各寨子特色不突出,但竞争激烈。除了几个规模较大、交通方便的寨子以外,大部分寨子旅游经营惨淡,甚至无人问津。

3. 相关利益主体矛盾重重

在民族村寨旅游发展过程中,由于利益分配问题、旅游决策问题,使得政府、企业、村民之间矛盾重重,危及民族村寨旅游业的发展。在政府、企业、村民三者之间的博弈中,村民往往处于不利地位。村民没有政府的权力,没有企业的资金和技术,在民族村寨旅游发展中,处于从属和被支配地位。村民及其生活方式、生活风俗、生活环境是民族村寨旅游的主要吸引物。民族村寨旅游发展中,村民所做的贡献和所受的影响是最大的,理应在利益分配和补偿方面有所体现。保障民族村寨村民的合理利益,促进社区参与旅游发展,对民族村寨旅游发展至关重要。

二、贵州民族村寨旅游转型升级的路径

面对新的环境、新的挑战,贵州民族村寨旅游必须转型升级,进行"二次开发",走"以生态化为基础、以差异化为特色、以股份合作制为支撑、以产业链的延伸与优化为目标"的大旅游发展模式,开创贵州民族村寨旅游新局面。

(1)"以生态化为基础"就是注重保护民族村寨的自然生态系统和文化生态系统,保护与开发辩证发展,促进民族村寨旅游的可持续发展。民族村寨的自然生态系统和文化生态系统是民族村寨发展旅游业的核心吸引物。一旦这些核心吸引物遭到破坏和异化,民族村寨的吸引力将大打折扣,危及民族村寨旅游的可持续发展。保护是为了更好的开发,开发在某种程度上也是一种不错的保护,二者辩证统一,协调发展。

(2)"以差异化为特色"强调各民族村寨的差异性。"五里不同风,十里不同俗",每个民族村寨都存在其个体的差异性。在开发民族村寨旅游时,首先要考虑适不适合发展旅游业,条件够不够,特色明不明显,不能一哄而上,劳民伤财。这就需要在实地调查的基础上,编写详细的规划,以规划指导开发。其次,在适合开发民族村寨旅游的寨子,要采用恰当的开发方式,

强调特色,提炼主题,让所开发出的寨子特色各异,五彩缤纷,既避免了同质竞争,又丰富了产品种类。

(3)"以股份合作制为支撑"就是用股份合作制来协调政府、企业、村委会、村民之间的利益关系,明确各自的责、权、利。政府、企业、村委会、村民以各自拥有的资源优势,量化为股本,组成股份有限公司,参与民族村寨的开发。年终时,纯收入除提取一部分作为公共开支外,其余按照股份进行分红。公司雇佣村民进行村寨维护、歌舞表演、交通服务等旅游服务,按月给村民发工资,这样村民不但可以获取工资收入,还能获得年终分红,更重要的是村民入股公司以后,成为公司的股东,有助于村民参与旅游决策,增强村民的归属感和文化自豪感,充分发挥村民的积极性,促进民族村寨旅游的和谐发展。除此之外,公司还应为村民开办餐馆、旅馆、商店等提供资金支持和技术支持,进一步丰富村民的获益渠道,扭转村民在民族村寨旅游开发利益分配中所处的不利位置。股份合作制充分发挥了公司的管理、资金、技术优势,政府的资源宏观调控优势,村民的积极性和主动性,是民族村寨旅游开发与发展的有效路径。

(4)"以产业链的延伸与优化为目标"就是不断拉长民族村寨旅游产业链,优化现有产品和服务,提高产品附加值。首先,应该紧紧围绕"旅游六要素"狠下工夫。在进一步丰富六要素产品种类的同时,在各要素内部注重挖掘特色和分工细化。如苗族村寨可以发展特色餐饮,连锁化经营;可以发展特色民居和文化主题酒店;可以发展装饰性强、纪念意义大、品位高的银饰制品等等。其次,注重与其他产业、其他类型旅游活动的联动发展。民族村寨旅游发展的灵魂是文化,探索民族村寨旅游与文化产业的融合发展,对于提高民族村寨旅游的品质,增加民族村寨旅游产品的附加值,作用巨大。注重与农业旅游、徒步旅游、探险旅游、修学旅游、会议旅游等其他旅游形式的联动发展,拓展民族村寨旅游的横切面。最后,不可忽视创意元素在民族村寨旅游中的积极意义。

突破原有的思维限制,用更开放的眼光看民族村寨旅游,不断解除民族村寨旅游发展的束缚,用大旅游的眼光来发展民族村寨旅游,不断改变和创新民族村寨旅游的组织形式和经营方式,是民族村寨旅游发展的有益尝试。

第八节　白酒文化旅游

独特的地理环境、优质的水源、悠久的酿造工艺造就了贵州一大批名优白酒。茅台、习酒、青酒、董酒、金沙回沙酒等是贵州白酒的典型代表。产业融合发展,发展复合业态,是当今产业发展的重要方向。利用白酒企业厂房、生产车间、流水线为核心吸引物发展起来的白酒文化旅游,是第二产业与第三产业融合发展的典型。今天贵州发展的白酒文化旅游,主要是以茅台酒为核心的白酒文化旅游,其他种类白酒文化旅游尚处起步阶段。

一、茅台酒文化旅游发展意义

1. 有助于促进茅台酒的长远发展

通过发展旅游业,能够进一步增加消费者对茅台酒的了解,间接起到宣传促销的作用,有利于进一步提高茅台酒的知名度和美誉度,塑造茅台酒的品牌价值,扩大茅台酒的销售量,优化贵州茅台酒的产业链和发展环境,为茅台酒的长远发展奠定良好的基础。

2. 有助于拉动贵州旅游产业的发展

茅台酒是贵州目前最有竞争力的国际品牌,也是重要的旅游资源。发展茅台酒工业旅游,有助于贵州提高旅游业发展品质,开拓国际旅游市场,丰富旅游产业链,拉动贵州北线旅游的发展。整体上,有助于贵州旅游产业的长远发展

3. 有助于拉动区域经济的整体发展

发展茅台酒工业旅游,一方面带动了茅台酒的发展,另一方面促进旅游业的发展,充分发挥茅台酒和旅游业对经济的拉动作用,有助于仁怀乃至整个遵义地区经济的整体发展。

二、茅台酒文化旅游发展存在的问题

1. 偏重于茅台酒品牌塑造和企业文化展示,忽视自身发展

茅台酒厂发展茅台酒文化旅游,最主要的目的不是通过发展茅台酒文

化旅游来获得多大的利益,而是通过发展茅台酒文化旅游来塑造企业品牌、展示企业文化、做好接待工作。茅台酒文化旅游成为企业营销的附属品,忽略了茅台酒文化旅游作为一个重要的产业主体所应有的地位,不利于茅台酒文化旅游的长远发展。

2. 基础设施薄弱、产业链短、产品参与性和体验性不强

首先,茅台镇是茅台酒文化旅游的核心目的地,承载着为茅台酒文化旅游服务的重要职能。但是目前茅台镇旅游基础设施还十分薄弱,远远不能满足旅游者的旅游需求,仁怀市不得不承载大部分旅游服务功能。将服务功能与核心吸引物分开,可能会降低游客的满意度,同时仁怀市的旅游基础设施也很难满足大规模、高档次旅游者的需求。其次,茅台酒工业旅游产业链短,旅游六要素之外涉及较少,六要素之内主要停留在"游"上,产品主要以参观生产车间、包装车间、茅台中国酒文化城为主,产品参与性和体验性不强。

3. 单打独斗,忽视与区域旅游的联动发展

茅台酒文化旅游,将自身置于区域旅游发展之外,自成体系,在产品开发、设计、销售、售后等方面单打独斗。

茅台酒文化旅游线路产品开发、设计主要围绕茅台酒厂展开,忽视与周边景区、景点串联,造成茅台酒文化旅游产品单一,吸引力不强,游客逗留时间短,不利于茅台酒文化旅游可持续发展。茅台酒文化旅游产品销售未充分发挥区域旅游整体营销的优势,营销效果不够理想。

三、茅台酒文化旅游的转型升级

1. 构建目的地吸引力系统

针对茅台酒文化旅游吸引力不强的现状,必须积极构建茅台镇旅游吸引力系统。茅台镇旅游吸引力系统=核心酒旅游产品+其他旅游产品。所谓核心酒旅游产品就是围绕茅台酒所开发的一系列旅游产品;其他旅游产品就是立足茅台镇酒旅游资源之外的其他旅游资源所开发出来的产品。其中,核心酒旅游产品主要采用酒旅游中心模式或者说酒聚落模式,即以茅台酒为中心,打造完整旅游产业链,聚拢旅游相关要素,形成相互联系、相互协作的有机统一体,融知识性、参与性、体验性为一体。酒旅游中心模式立足于观光,但又不止于观光。在参观生产车间、包装车间、中国酒文化城,增长

酒知识的基础上,多开发参与性、体验性项目,积极开发与酒文化相关的旅游商品。茅台酒文化旅游可以参照张裕酒庄旅游业发展模式,注重开发DIY(手工制作)产品。旅游者可以自己动手参与一道或几道茅台酒的酿造工序,然后根据旅游者的需求,买走相应分量的茅台酒,提高茅台酒文化旅游的体验性和游客满意度。茅台酒文化旅游生产工艺涉及保密性,应该设立独立的DIY(手工制作)体验空间,选择安全性强、保密性低的工序供游客体验。同时,茅台酒生产周期长,可以选择游客先付款,酒厂后邮寄的方式,当然也可以用迎宾酒、王子酒来供游客体验。茅台应设立专门的品酒室,可取少量茅台酒供游客品尝,对于高端游客,则应在茅台酒年份、饮酒器皿上有所区别。同时,酒旅游中心模式要求茅台酒文化旅游应与贵州美食、特色住宿、酒旅游节庆、娱乐活动互动发展。笼络贵州美食,统一展示;发展特色化住宿业,优先选择黔北民居;创造、设计酒旅游节庆;发展大众化娱乐活动。其他旅游产品就是要充分利用茅台镇已有的其他旅游资源,特别是红色文化、盐文化、自然风光,运用创意思维进行整合和创新,开发相应的旅游产品,提升目的地的吸引力。构建超强的区域旅游吸引力,才能不断推动茅台酒文化旅游的发展。

2. 不断改善茅台酒文化旅游基础设施,转变发展观念

旅游发展,设施先行。茅台酒文化旅游的发展需要不断提高茅台镇的交通通达性和可进入性,不断提高接待设施的数量和质量。同时茅台集团要转变发展观念,将茅台酒文化旅游作为一个独立事业来发展,而不是茅台酒品牌的附属品。发展茅台酒文化旅游应立足长远,看到其在分散集团经营风险、拓展盈利渠道、塑造品牌价值上的巨大贡献,大力支持茅台酒文化旅游的发展。

3. 积极投入"中国白酒金三角"旅游开发,注重与周边区域联动发展

西南地区是中国白酒的重要产区,白酒品质高、酿酒历史悠久、市场评价高。特别是贵州遵义、四川泸州、宜宾更是白酒的圣地,茅台、泸州老窖、五粮液享誉海内外,因此这三地又被称为"中国白酒金三角",中国的"波尔多"。2008年初,由贵州省遵义市、四川省宜宾市、泸州市三市联合打造的中国名酒金三角国际旅游专线"1+3"议定书正式在上海签订。议定书的签订标志着三地将围绕酒旅游而开展深入合作。茅台酒文化旅游要积极投入"中国白酒金三角"旅游开发,贵州各级政府要为"中国白酒金三角"旅游开

发创造有利条件,积极与四川省各级政府合作,努力将这一旅游线路打造成西部旅游的标杆,共创区域旅游合作新篇章。此外,茅台酒文化旅游要注重与遵义市内其他地区、其他景区、景点的联动发展,特别是与世界自然遗产地赤水、长征文化的互动,对于拉动整个黔北地区旅游业的发展,意义重大。

4.拓宽和创新销售渠道

茅台镇位于黔北,远离旅游集散地贵阳,一定程度上限制了茅台酒文化旅游的发展。因此,茅台酒文化旅游必须不断拓宽和创新销售渠道。除了依靠旗下的茅台旅行社销售外,还应积极与贵阳众多有实力的旅行社、省外旅行社合作,进一步拓宽销售渠道。同时,茅台文化旅游还应积极拓展电商平台,利用新媒体宣传,当然茅台酒强大的销售网络也是茅台文化旅游销售可以依托的重要优势。

第九节 升级版红色旅游

红色旅游是指以革命纪念地、纪念物及其所承载的革命精神为吸引物,组织接待旅游者进行参观游览,学习革命历史知识、接受革命传统教育和振奋精神、放松身心、增加阅历的旅游活动。贵州在中国共产党历史上留下了浓墨重彩的一笔,尤其是在黔北召开的遵义会议,更是挽救了党、挽救了红军、挽救了中国革命,是中国共产党和红军的历史上,是一个生死攸关的转折点。同时"四渡赤水出奇兵"也被毛泽东本人评为一生中战争的得意之作。遵义的历史地位可以与井冈山、瑞金、南昌、西柏坡相媲美。在红色旅游中,历史地位决定红色旅游资源的品位。以遵义市为核心的长征文化红色旅游资源,品位高、知名度大,是红色旅游发展的坚定基础。

一、贵州红色旅游发展存在的主要问题

贵州在依托优势红色旅游资源的基础上,经过多年的努力,红色旅游成效显著,其政治、经济、社会功能得到较为充分的发挥,在国内红色旅游市场上,有一定的知名度和美誉度。但是在新形势下,贵州红色旅游也面临着一系列的问题和矛盾,主要有:

1. 主题僵化

主题僵化是目前贵州红色旅游发展中的首要问题。不可否认,红色旅游发展的主要目的是政治教育、思想教育、爱国主义教育。这些应该成为红色旅游的核心主题。但是作为一个产业来发展,在坚守核心主题的前提下,应该以市场需求为导向,从多角度来解读和分析红色旅游资源和产品,形成多样化的主题。通过多样化的主题,来引起游客在情感上的共鸣,真正达到教育的目的。

2. 产品单一

现存的贵州红色旅游产品,主要以观光型产品为主,形式主要为参观纪念馆、展览馆、遗址,聆听讲解员讲解,通过眼耳共同作用,来增加体验。大部分红色旅游景区、景点,基础设施较为落后,只有极少部分采用了现代高科技的声、光、电技术。需要游客主动参与,体验性强的项目十分罕见。产业链短,参观结束即标志行程结束,没有做足基本的六要素产业链,存在一些项目资质平平,缺乏特色等现象。区域合作、产业内联动、产业间合作尚处于起步阶段。

3. 客源市场狭窄

目前,贵州红色旅游市场主要为党政机关、事业单位、青少年群体。红色旅游所具有的独特的"红色"属性,使其景区、景点成为党员、干部、青年学生接受政治教育、思想教育、爱国主义教育的重要基地。同时,由于贵州红色旅游主题概念僵化、产品单一,对普通旅游者的吸引力不足。红色旅游产品对于国际旅游者来说,吸引力更是微乎其微。相比其他类型的旅游形式,红色旅游市场相对狭窄。

旅游市场是旅游业发展的前提和基础,市场范围的大小直接影响着旅游业的长远发展。贵州红色旅游要想进一步发展,必须想方设法拓展旅游市场。

二、贵州红色旅游转型升级的路径

1. 观念创新

贵州红色旅游要转型升级,观念创新要先行。要改变过去将红色旅游作为接待事业,红色旅游主题定位狭窄的局面,在确保红色旅游教育功能和严肃性的前提下,真正将红色旅游作为一个产业来发展,遵循市场规律,多角度剖析红色旅游产品背后的内涵。有学者提出从阐释美、正义、自由和理性等多角度重构红色旅游产品,这是一个很好的尝试。在厌倦了政治说教以后,挖掘那些红色旅游资源背后所蕴含的美、正义、自由、理性的力量,更能感染人,更能教育人,能够提高旅游者对红色旅游景区、景点的满意度和游客的重游率。

2. 发展模式创新

现行的单一发展模式远远不能满足未来旅游业发展的需要,创新贵州红色旅游发展模式,才能更好地抓住机遇,迎接挑战。根据贵州红色旅游发展的具体情况,其转型升级应该走"内部深化、外部联动"的发展模式。所谓内部深化,首先要不断丰富红色旅游产品内容。参观游览是红色旅游产品的基础,是整个产业链的最低端。红色旅游景区、景点一定要充实游览内容,合理安排游览顺序,让游客随着参观的推进,有种时光穿梭、身临其境的感觉。在做好游览参观的基础上,完善旅游六要素产业链。产业链的打造要充分结合红色文化和地方文化,强调特色。2012年,遵义打造的长征文化主题酒店就是一个结合红色文化,强调特色,完善红色旅游产业链的典型代表。有针对性地设计和开发红色旅游节庆,也是扩大红色旅游影响力,提高红色旅游效益的重要手段。其次,要增加红色旅游产品的参与性和体验性。贵州需要进一步完善红色旅游景区、景点的技术设施,采用声、光、电技术,立体呈现历史场景,提高游客的体验性。利用3D技术,展示四渡赤水、娄山关战役、青杠坡战役、巧渡金沙江等战争场景,可能会给游客留下更加深刻的印象。在有条件的四渡赤水渡口,模拟当时场景,让游客参与渡河;在娄山关、青杠坡,根据历史场景,设计一些射击类项目,这些都能提高游客的积极性和主动性。最后,要进一步完善解说词,提高讲解员的素质。现行的红色旅游,最大的体验还是来自讲解员的讲解。所以,必须不断提高解说词的质量和讲解员的水平。解说词不能太生硬,太死板,在保持严肃性和尊重历史的前提下,深挖小故事、小人物、小事件,往往这些东西更能吸引人。要将"伟人"变"凡人",不是一味地歌功颂德,而是从小处见证伟大。那些革命伉俪在革命年代可歌可泣的爱情故事更是值得大力宣扬,这对于塑造当代青年正确的爱情观、恋爱观有积极作用。而且针对不同层次的游客,需要不同的解说词来满足其需求。解说员不能只是简单地背诵导游词,而是深情地、投入地演绎历史的场景,能够收放自如,懂得调节。

所谓外部联动,首先是区域联动。贵州红色旅游资源遍布省内各地,要想提升贵州红色旅游发展质量,区域间联动发展势在必行。贵州红色旅游资源最大的特点就是在分散的前提下,又相对集中。遵义市是贵州红色旅游的核心地带,大部分长征文化旅游资源都分布在其境内的市、县,这在很大程度上方便遵义利用行政力量,整合区域内红色旅游资源,提炼红色旅游主题,进行统一的规划、设计、开发、宣传,促进区域内各县市的合作。遵义市在强调区域内联动之外,还应与省内的贵阳、黎平、金沙等市县,省外的重庆、百色、广安、韶山、南昌、井冈山、西柏坡、延安等地加强合作,相互取长补短,联动发展。其次是旅游产业内联动。红色旅游要积极与旅游产业内其他类型的旅游形式融合发展。红色搭台、绿色唱戏,加强红色与古色、彩色等的融合。对于贵州红色旅游来说,就是要积极与乡村旅游、生态旅游、白酒文化旅游、民族村寨旅游、会展旅游等的融合,开发复合产品,形成复合业态,不断提高红色旅游的发展规模和发展素质。最后是产业间的联动。贵州红色旅游要积极与第一、二产业,及第三产业内其他产业的联动发展,尤其是第三产业内的文化产业。旅游与文化产业的融合发展是旅游业发展的创新点和趋势。贵州红色旅游要积极投入到与文化产业的融合之中,打造大型红色旅游演艺项目,丰富红色旅游产品,延长游客停留时间,提高综合效益。

3. 培育市场主体

为充分发挥企业的活力,吸引更多的社会资金参与红色旅游的开发,贵州省内各地应改变过去红色旅游由政府包办或者政府旗下旅游公司垄断经营的局面,成立由政府、国有企业、私营企业,甚至是普通个人参股组成的股份有限公司。由政府或者国有企业控股,有利于保证红色旅游产品的严肃性,同时能充分发挥私营企业在产品设计、销售、宣传等方面的优势,实行真正的公司化治理,政企分开,管办分离。在适当时候,可以上市融资。将这些股份有限公司培育成推动贵州红色旅游,乃至整个贵州旅游业跨越式发展的龙头企业和中坚力量。

第十节 主题酒店

为满足旅游者多样化的住宿需求,贵州应努力构建多样化的住宿业,逐渐形成以高档酒店、经济型酒店、民俗旅馆、民居旅馆为主的多样化的住宿业格局。当前,贵州高档酒店相对较少,且多数集中在省会贵阳市,分布不合理,在一定程度上不利于旅游业的全面发展;经济型酒店逐渐铺开,发展速度较快,是旅游住宿业的主力军,亦是贵州旅游住宿业的典型代表;民俗旅馆、民居旅馆体量逐渐增大,但特色不突出,卫生条件较差。发展多样化的旅游住宿业,需要针对以上问题,采取有力措施,改善现有的住宿业格局,形成合理的住宿业结构。今后一段时期,在调整现有旅游住宿业格局的前提下,要特别注意逐渐兴起的主题酒店的建设,以主题酒店建设为突破口,提高贵州旅游住宿业的品质,进而提高贵州旅游住宿业的知名度和美誉度。

一、主题酒店概念

随着2001年深圳威尼斯皇冠假日酒店的开业,中国主题酒店的帷幕正式拉开。紧接着,各地都在积极发展主题酒店。中国主题酒店目前大致呈现出东部多、西部少的特点。对于旅游资源丰富的西部省份来说,是个巨大的机遇。关于主题酒店的概念,不同的学者站在不同的角度给出了不同的解释。欧荔是较早对主题酒店概念进行研究的学者,她指出:"主题酒店是指建筑风格、装修艺术以至服务项目突出表现某一特定主题的酒店。"秦浩、孟清超认为:"主题酒店是指在建筑风格、装饰艺术、文化品位、市场定位和服务特色等方面围绕某个特定主题展开的酒店。"李原则认为:"主题酒店是以酒店所在地最有影响力的地域特征、文化特质为素材,设计、建造、装饰、生产和提供服务的酒店。"魏小安将主题酒店概括为"以文化为主题,以酒店为载体,以客人的体验为本质。"此外,樊纪相、何勋还提出了文化主题酒店的概念,即文化主题酒店就是向寻求文化消费的顾客提供文化产品和文化服务的酒店组织。简言之,主题酒店就是将某一主题贯穿于酒店产品开发、产品销售、售后服务及环境塑造等方面而形成的特色显著的酒店。

二、发展主题酒店的意义

1. 满足旅游者个性化的需求

旅游业发展到今天,旅游者的旅游需求越来越趋于个性化,强调参与性、体验性、差异性。今天旅游者眼中的酒店,不再是传统的酒店形式,或者说传统的酒店产品越来越不能满足旅游者的需求。今天的酒店,应该是一种"文化空间",既能满足旅游者的生理需要,又能满足旅游者的精神需要。旅游者通过自己的感官体验,能够体会到酒店的独到之处,嗅到酒店的"文化气息",进而提高对酒店产品的满意度。主题酒店恰恰就是这样一种"文化空间"。

2. 有利于酒店业实施差异化战略,摆脱激烈的市场竞争

无论是在东部还是西部,无论是在上海还是在贵州,酒店业竞争都异常激烈。尤其对于旅游淡季来说,竞争的激烈程度更是不言而喻。大多数酒店在面对竞争时,都实行低价竞争策略,希望薄利多销。但往往低价恶性竞争的结果是赔本赚吆喝,不利于酒店业的长远发展。主题酒店的出现,是酒店业主动寻求改变,跳出红海,实施蓝海战略,通过提供差异化的产品和服务,满足旅游者的需求,是摆脱激烈的市场竞争的重要创新点。

3. 有利于提高酒店业的收益

主题酒店不光是创造一种文化氛围,制造出一种噱头,更重要的是在这种文化氛围烘托之下,拉长产业链,做足旅游六要素,甚至是增添更多的内容。因此,酒店的收入就不再局限于"吃"和"住",而是扩展到"食""住""行""游""购""娱"等各个方面。产业链的拉长,必然有助于酒店收益的提高。

三、具体做法

主题酒店的设计流程一般为三部分:主题文化的筛选、载体的选择、载体的展示。即主题酒店要表现什么样的主题、通过什么来表达、怎么表达的问题。其中主题文化的筛选,即主题定位十分关键。主题定位是主题酒店成败的关键。影响主题酒店主题定位的因素主要有:市场因素、文化因素、经济因素、社会因素。市场因素主要考虑市场规模、旅游者的需求、竞争状

况、市场结构等方面;文化因素主要考虑区域形象、文化氛围等方面;经济因素主要考虑当地经济发展水平、人均收入等方面;社会因素主要考虑当地社会的态度,当地政府、当地旅游企业、当地居民对主题酒店、定位的主题文化的态度。主题酒店主要应在建筑外观、氛围营造、公共空间装饰、客房装饰、餐饮、购物、活动、服务等板块深刻"主题化"。贵州的苗族文化、侗族文化、长征文化、酒文化、喀斯特文化等都可以是主题酒店很好的"主题"。贵州应在立足优势资源的基础上,逐步发展主题酒店,进一步丰富贵州的旅游住宿业。

第四章

贵州旅游新业态发展策略

第一节 企业创新

企业是市场的重要主体,是旅游新业态发展的主要助推力量。贵州省发展旅游新业态,应在政府引导下,充分发挥企业的创造力和活力,给企业预留充足的发展空间,政府不能管得过严、过死。产业融合与创新是旅游新业态两条重要的发展路径,从某种程度上讲,产业融合也隶属于产业创新,因此贵州省在发展旅游新业态之时,作为市场主体的企业,应重视创新,加大创新的力度。著名经济学家熊彼特先生提出了创新的五种情况,即产品创新、技术创新、市场创新、材料创新和组织创新。现从产品创新、技术创新、市场创新和组织创新四个方面,提出贵州省旅游企业在发展旅游新业态过程中的创新策略。

一、产品创新

旅游产品是旅游业的最终表现形式,与旅游者关系最紧密、接触最直接,事关旅游者的满意度和重游率。对于旅游目的地来说,发展新型旅游业态,创新旅游产品,满足旅游者需求或者引导旅游者需求,意义重大。贵州省旅游产品创新主要从以下两个方面入手。

1. 与旅游者需求相结合,满足旅游者的需求

与旅游者需求相结合,满足旅游者的需求是贵州省旅游产品创新的基本要求。我们要在市场调查的基础上,确定哪些旅游者的需求还没有被完

全满足,在产品领域哪些旅游者的需求还存在空白。对于那些没有被完全满足的需求,需要对传统产品进行更新和换代,尽量满足旅游者的需求;对于那些旅游者需求还存在空白的领域,要创造性地开发新产品,尽早满足旅游者的需求,以期在激烈的市场竞争中抢得先机。

2. 与时尚相结合,引导旅游者的需求

旅游业是一种时尚型产业,常变常新。旅游产品的创新除了要满足旅游者的需求以外,更重要的是要能够刺激旅游者的需求,引导旅游者消费。旅游产品创新,应紧跟时尚潮流,把握时尚发展方向,有针对性地开发新产品,充分利用市场营销,引导旅游者需求与消费。

二、技术创新

旅游业发展到今天,对于技术的要求越来越高,尤其是以互联网技术为核心的信息技术被广泛地应用到旅游业的方方面面,旅游业逐渐发展成为一种技术密集型产业。贵州省旅游业起步晚,发展快,具有巨大的后发优势,方便采用最新的技术成果,应用到旅游业中,促进贵州省旅游新业态的发展。贵州省应在产品开发、景区管理、行业管理、市场营销、信息发布等方面,采用最新技术,尤其是互联网、物联网技术,提高贵州省旅游业的技术水平,推动贵州省旅游新业态的发展,在条件具备的情况下,利用最新的技术手段,创造新型旅游业态。

三、市场创新

为促进贵州省旅游新业态的发展,市场创新必不可少。市场创新首先应立足于寻找到每种旅游新业态的主要目标市场。只有在市场调查和市场细分的基础上,找到每种旅游新业态的主要目标市场,才能确保旅游新业态开发建设的针对性。其次,要进军高端市场。所谓的高端市场就是指一群文化素质高、消费能力强、崇尚自由、具有冒险精神的旅游者的集合体。这些人往往对新生事物抱有浓厚的兴趣,再加上消费能力强,是旅游新业态的一块优质市场。然后,要拓展国际旅游市场。目前,贵州入境旅游市场的规模非常小,与我们的资源价值极度不匹配。未来在发展旅游新业态的过程中,一定要大力拓展国际旅游市场,要立足亚洲,把握欧洲和美洲,并向其他地区不断扩张。最后,不可忽视省内市场。截至2021年,贵州省内有3856多万人口,近年来随着贵州经济的迅速发展,人们的收入增加了,出游的愿望强烈了,如果能带动省内人民的旅游积极性,一定能够助推贵州旅游新业态的发展。

四、组织创新

为促进贵州省旅游新业态的发展,组织创新方面需要做到以下三点:首先,要成立行业组织,充分发挥行业组织的作用。西方国家行业组织在行业管理、行业标准制定、政策游说等方面发挥了重大的作用。而我国的行业组织象征意义大于实际意义,组织松散,能力有限。为了使贵州旅游新业态能够良好地发展,需要建立相关旅游新业态的行业组织,政府适当放权,使行业组织的功能最大化,依靠行业的力量,推动旅游新业态的发展。

其次,相关旅游企业要建立现代企业制度。所谓的现代企业制度就是以完善的企业法人制度为基础,以有限责任制度为保证,以公司企业为主要形式,以产权清晰、权责明确、政企分开、管理科学为条件的新型企业制度,其主要内容包括:企业法人制度、企业自负盈亏制度、出资者有限责任制度、科学的领导体制与组织管理制度。贵州省旅游企业应该对照现代企业制度的要求,对自身企业进行整改,在自身企业建立合理、良性的现代企业制度,是旅游新业态健康发展的组织保障。

最后,要注重培养龙头企业。龙头企业在产业发展过程中有着举足轻重的地位,它是产业的顶梁柱、风向标、活广告。贵州发展新型旅游业态,必须注重培养龙头企业。贵州省各级政府要从每种旅游新业态相关企业中挑选出一两家重点扶持,壮大其力量,带动其他小型企业的发展,形成结构合理的产业结构。

第二节 旅游者参与

首先,贵州发展旅游新业态要注重引导旅游者的需求,培育新市场。旅游新业态在国内尚属新鲜事物,旅游者对旅游新业态的接受需要一个过程。在此过程中,需要细分每种旅游新业态的主要市场,采取旅游者喜闻乐见的形式,进行宣传推广,引导旅游者认识、了解、购买旅游新业态产品。同时要注重培育新市场。如今,80后、90后逐渐成为消费市场的主力军。这些人年轻、有活力、易于接受新事物、消费能力强。贵州发展旅游新业态要注重培养这一特定旅游市场。充分发挥受年轻人追捧的新媒体的作用,加大贵州旅游新业态的宣传,有针对性地进行营销。

其次,旅游者是旅游产业的重要组成部分,是旅游消费的终端。现代企业普遍认为:"消费者也是生产者。"因此,在贵州省旅游新业态发展的过程中,要重视旅游者的作用。在旅游新业态规划设计的过程中,要多听听旅游者的建议,可以通过众包的形式,广泛征求意见,充分利用集体智慧,使开发出的旅游新业态更有针对性、创新性。

第三节 政府支持

新型旅游业态的发展,对于贵州来说是没有多少经验可循的。因为很多新型旅游业态,不光对于贵州,放眼全国、全世界,都处于起步阶段,需要不断摸索经验,稳扎稳打,步步推进。对于作为市场主体的贵州旅游企业来说,总体上还处于"散、小、弱、差"的局面,无力掌控新型旅游业态的发展,在现行体制之下,就需要充分发挥政府的作用,引导贵州旅游新业态的发展。一方面,贵州地方政府要把握贵州旅游新业态发展的方向和节奏,有条不紊地推进贵州旅游新业态的发展;另一方面,贵州地方政府要充分发挥服务职能,加强贵州旅游新业态相关法制建设,为贵州旅游新业态的发展创造良好的发展环境,促进贵州旅游新业态的健康发展。

一、引导发展

贵州地方政府应从以下几个方面引导贵州旅游新业态的发展。

1. 规划编制

由于旅游新业态是一种新生事物,所以发展旅游新业态必须建立在事先扎实的规划编制工作之上。规划编制工作周期长、代价高、影响大,规划的可行性和水平就显得至关重要,再不能做劳民伤财的无用功。

对于规划的编制工作,首先要做的是选择合适的规划编制单位进行合作。规划编制单位的选择不是名气越大越好、国外的就一定比国内的强,主要看该单位是否有过规划类似旅游新业态的经验、擅长规划哪些项目、单位真实实力怎样、信誉好不好。在规划团队的构建过程中,必须要有本土专家的加入,本土专家对本地情况更加了解,本土专家加入规划团队,有利于提高规划的质量、与地方的契合度。其次,要立足于详细的走访调查。旅游新业态的规划编制,不能仅凭规划专家的闭门造车,规划编制工作一定要立足于详细的走访调查之上,不搞花架子,要真正规划出适合贵州发展的旅游新业态。同时,要实行严格的审查制度。一改过去规划审查工作走过场的风气,组织各领域权威专家,实行多轮审查,对于重大规划,还要召开听证会,进行动态的修改和调整。理论和实际往往具有较大的差距,为确保旅游新业态的健康发展,规划要始终保留一定的余地,同时根据实际情况,对已有规划进行不断的修改与调整,确保规划的适用性。

2. 招商引资

旅游新业态是传统业态的升级或者创新,需要巨大的资金支撑,对于贵州地方政府和企业来说,资金问题是个不小的挑战。解决这一问题的主要途径就是招商引资,充分利用外部资金,促进内部旅游业的发展。招商引资成功的关键是要能够达到双赢。既要让投资者看到发展新型旅游业态的希望和潜力,促成最终旅游投资;又要在旅游新业态发展过程中保障地方利益,避免"飞地化"。贵州地方政府在招商引资的过程中,要注意甄别,要注意考察企业的实力、信誉、可持续性,确保旅游新业态发展资金链的延续性。不管是外资企业还是内资企业,不管是国企还是私企,只要愿意投身贵州旅游发展,都可以为我所用,同时贵州地方政府还要给投资商创造有利的外部环境,坚定投资者的投资信心和决心。

3. 资金支持

贵州旅游新业态发展所需资金,除了靠招商引资以外,还需要政府在资金方面给予一定的支持。建议成立"贵州旅游新业态发展基金",给予发展潜力大、可行性强的旅游新业态项目一定的资金支持,助推和引导贵州旅游新业态的发展。对资助的项目,要注意审查,防止弄虚作假骗取资金的现象发生,注重项目的风险评估,真正将资金用到实处,真正发挥资助项目的示范带头作用。同时政府还应在贷款、财政、税收等方面大力支持贵州旅游新业态的发展。

4. 人才培养

贵州发展旅游新业态,对人才提出了更高的要求。既要有能够给予旅游新业态智力支持的学术性人才,又要有懂经营、懂管理的实用性人才。基于旅游新业态的特点,要特别注重复合型人才、创新型人才的培养。不管是从人才的数量还是质量上来说,贵州目前都是远远不够的。首先,贵州地方政府应加大"请进来、走出去"的力度,高薪引进旅游新业态专业人才,并积极促成省内相关人才走出去,交流和学习,提高自身能力。其次,要加大教育培训的力度。要在省内高校开设旅游新业态相关专业,培养专业人才。同时要经常邀请知名专家来贵州做演讲、做培训,不断提高相关人员的业务能力。

5. 市场营销

旅游新业态是新生事物,发展旅游新业态要想取得不错的效果,市场营销必须受到重视,贵州地方政府必须加大市场营销的力度。市场细分是市场营销的基础,在市场细分的基础上,选择目标市场,进行有针对性的营销。每一种旅游新业态的主要目标市场是不一样的,这就要求贵州地方政府在制订营销方案时,应该根据不同的旅游新业态,不同的目标市场,制订不同的营销方案,做到有的放矢。其次,要选择多元化的营销渠道。除了传统的电视、报纸、杂志、广播之外,要特别注意利用互联网和新媒体进行营销。选择营销渠道主要需要考虑受众面积、成本、针对性三方面。旅游新业态的营销渠道应该是一个体系,以一两种渠道为主,其他渠道为辅。最后,要实施多样化的营销策略。整合营销是目前应用较多的一种营销方式,有利于集中力量,做出效果。此外,关系营销和事件营销也应在旅游新业态市场营销过程中有所应用。

6. 行业管理

现行旅游业管理相对比较混乱,条块分割、多头管理现象比较严重,有利益大家哄抢,无利益互相推诿的事件时有发生,容易造成管理越位与管理失位的现象。为保障旅游新业态的良性发展,贵州必须明确有关旅游新业态的主管部门,主管部门在相关法律法规、管理规范的指导下,对旅游新业态进行有效管理。对于涉及部门较多的旅游新业态的管理,建议成立由旅游部门牵头的联席会,定期召开会议,及时对旅游新业态的管理进行沟通与交流,确保管理到位。

二、制度供给

制度供给是政府的重要职能,对于旅游新业态这样的新生事物,尽早确定其游戏规则,规范其发展,有利于旅游新业态的健康发展、可持续发展。贵州地方政府要组织相关专家,编写每种旅游新业态的法规条例、管理规范、技术标准、等级标准,确定企业的准入门槛、从业人员的从业资格,做到有章可循、有法可依。贵州地方政府在进行制度供给的时候,要把握规章制度的松紧程度,制定的规章制度要具有一定的弹性。规章制度对旅游新业态管得过死,必定会压缩旅游新业态的发展空间,不利于旅游新业态的长远发展;管得过松,起不到规范的作用,不利于旅游新业态的健康发展。最好是松紧适度,同时,为延长规章制度的适用性,在制定相关规章制度之时,还要预留一定的弹性。

第五章

贵州旅游经济产业治理实践及机制研究分析

第一节 贵州旅游产业治理现状概述

贵州旅游产业起步于20世纪80年代初期,先后经历了自我发展阶段(1990年以前)、规模扩张阶段(1991—1999年)以及快速发展(2000年至今)三个阶段。特别是近几年,贵州旅游产业发展迅猛,取得了极其丰硕的成果。2003年,贵州的旅游总收入仅为116.79亿元,而到2013年已经增长到2 370.65亿元,增长约20倍。贵州旅游产业的量得到了很大的提高。贵州旅游产业的发展不仅表现在量的增长上,也表现在质的增加上。旅游产业在全省生产总值中所占的比重也越来越大。2003年,贵州旅游总收入116.79亿元,全省生产总值为1 426.30亿元,占比仅为8.19%,而到2013年,贵州的旅游总收入增长到2 370.65亿元,在全省的生产总值比重也达到了29.61%。这说明贵州的旅游产业在贵州的众多产业中所占据的分量越来越重,逐渐发展成为贵州的支柱型产业。这些年贵州在旅游产业发展方面取得的可喜成绩与其自身的努力是紧密不可分开的。贵州近几年一直在不断加快旅游基础设施建设和接待服务设施的建设,不断提高接待服务能力,不断丰富旅游产品,持续加大旅游市场的开发力度,不断提高旅游管理水平和服务水平,为今后旅游产业又快又好的发展打下坚实的基础。

贵州旅游业在不断取得成绩的同时也存在很多问题,如旅游开发资金短缺,旅游景区交通建设滞后,旅游资源缺乏深度开发,旅游景区开发方面缺乏科学规划,许多景区文化含量低,品位不高,旅游行业管理混乱,服务质量不高,对外宣传营销力度不够等问题,都需要我们进行科学的规划和治理来促进贵州旅游业更好发展。

第二节 贵州旅游产业治理问题及分析

一、旅游产业对GDP贡献度较低

由 stata(一种统计分析软件)得出的分析结果可知,贵州旅游业的系数在1%的水平下显著为正,表示贵州旅游业收入每提高1个百分点,GDP会相应提高0.57个百分点。说明贵州旅游业收入和GDP二者呈正相关关系。在此分析基础上,本文得出以下结论:贵州GDP增长与其旅游业收入增加呈正相关关系,旅游收入每增加一个单位,旅游业发展拉动贵州GDP增长提高5.7个单位。

本书选取东部地区代表城市上海为比较对象,根据对上海旅游业的回归分析得出:上海旅游业总收入每增加1个单位,响应上海国内生产总值增长8.9个单位。从这个结果看,旅游业收入对上海的国内生产总值具有较为显著的影响。

由以上两个结果分析可得,贵州旅游产业对GDP的贡献度远远低于上海旅游产业对GDP的贡献度,表明贵州与东部发达地区相比,旅游业产出还有较大提升空间,旅游业对GDP的贡献度仍有提高空间。因此,应当以产出最大化为目标,促进贵州旅游产业发展,增大贵州旅游产业对国民经济的贡献度。

二、旅游产业空间集聚程度较低

以上海为东部城市的代表,2013年,上海的空间集聚程度整体保持在1.2以上,而贵州2013年的空间集聚程度为0.946 918,远低于同期2013年上海的1.203 299。由此看出,由于经济发展水平落后,高原多山地的地形阻隔以及政策因素,贵州旅游产业的空间聚集程度低,而以上海为代表的东部发达地区由于经济发展水平高,旅游产业市场完善且竞争激烈、产业治理体系科学、各类基础设施完善,因此企业之间加强合作和交流显得越发重要,产业集聚程度较高。

三、贵州旅游产业发展亟待治理

1. 从资金层面上看,贵州旅游产业发展资金匮乏

从硬件方面来看,贵州旅游景区相应的配套设施和建设比较落后;从软件方面来看,贵州旅游景区的宣传和推销力度不足。因此,一方面,旅游景区需要大量资金来提升景区的层次以及旅游资源的质量来提高游客的满意度;另一方面,贵州许多少数民族旅游地的旅游资源还处于初始开发状态,如锦屏隆里古城和榕江苗乡侗寨景区,基础设施及相应配套设施严重缺乏,几乎不存在商业元素,产业化程度极低。因此,资金的匮乏严重制约着贵州旅游产业的开发和大力发展。

2. 从环境层面上看,贵州旅游产业发展的环境有待改善

贵州受到地理区位、自然因素等的诸多制约,其发展的环境与基础设施仍有待加强。其一,贵州旅游交通网络系统有待发展和完善。贵州受地形制约,"地无三里平",92.5%的面积为山地和丘陵,交通设施缺乏,特别是少数民族旅游景区,这严重制约着游客进出贵州旅游景区,大大降低了贵州旅游资源的吸引力;其二,贵州在现代化进程中,城市污染问题、生态问题也初露端倪。旅游业是综合性很强的产业,生态环境良好是贵州的头牌,因此必须在经济发展中保护生态环境不受破坏。

3. 从政策层面上看,贵州省缺乏旅游产业战略意识和敏锐性

尽管国发〔2012〕2号文件、《贵州十二五规划》均指出要把贵州旅游产业努力培育成为战略性支柱产业,但是贵州目前的产业结构仍然是"二三一"。在西部大开发热潮中,贵州应该因地制宜,利用本地区的优势资源即旅游资源促进旅游业的发展,而近年来贵州提出"工业强省"战略,实际上并没有将旅游业提高。因此,贵州对旅游业发展的战略意识和总体规划有待进一步提高和完善。

第三节　贵州旅游产业治理机制分析

本书在对贵州旅游产业发展现状及存在的问题分析的基础上,总结出贵州旅游产业现行治理机制主要是以政府治理机制、分散治理机制和口号治理机制为主。相应的市场治理机制较为缺失,对有利于贵州旅游产业集聚发展的集中一体化治理机制也缺失。现行的治理机制没有建立在对旅游行为各主体进行分析的基础上,对旅游产业现状的治理也较为片面,治理的效率较为低下,治理效果不甚显著。

一、贵州旅游产业现行治理机制的主要内容

1. 政府治理机制

贵州旅游产业现行治理机制以政府治理机制为主。目前贵州旅游业的发展仍停留在传统的旅游观念上,普遍认为旅游就是以消遣放松为主的外出游玩,对旅游产业定位为非生产部门,不会创造巨大价值,旅游业主体是旅游管理部门和旅游企业。这种传统的观念导致了对旅游产业的治理是以政府治理为主,在旅游产业的发展中,政府占据了主导地位,政府治理主要以政策主导、规划主导和规制主导构成。

2. 分散治理机制

贵州旅游产业现行治理机制以分散治理机制为主。体现在:第一,贵州旅游产业的发展仍然停留在宏观层面的大发展,而忽略了对旅游产业系统各主体之间的微观拟合优化治理,这样会导致从宏观层面上看,旅游产业的治理是完善的,但从微观层面上看,治理仍然是较为分散的,不集中的。第二,贵州各旅游企业之间较为分散,目前的治理没有从战略层面考虑到其以后的集群化发展,治理的时候只是为了治理而治理,没有用战略的眼光、发展的眼光去考虑到贵州旅游产业的空间集聚发展。

3. 口号治理机制

贵州旅游产业现行治理机制以口号治理为主。一方面,贵州旅游产业缺少严谨明晰的相关旅游业法律法规和旅游规划。旅游规划细化不够,与整个贵州经济和社会发展及城市建设规划衔接不紧凑。目前,贵州出台了

《贵州旅游业发展规划(2002—2020年)》《贵州乡村旅游总体规划(2005—2020年)》《贵州红色旅游总体规划》以及重点景区景点的开发与保护规划等,但规划的实施并未完全到位。重点核心旅游区也尚未制定详细规定。全省旅游规划和城建、交通等相关规划的统筹衔接上还有待进一步完善。另一方面,旅游产业治理机制的实施效率低下,具体治理措施的实施没有完全到位,不去遵守一定的治理政策措施所付出的成本较低,没有具体严明的惩罚和激励措施。这些情况容易导致上级所制定的治理机制在真正实施的过程中形成所谓的口号工程和面子工程,形成上有政策下有对策的局面,长此以往就形成了治理方面的恶性循环,不利于治理措施的真正落实。

二、贵州旅游产业现行治理机制系统

在对贵州旅游产业现行治理机制内容分析的基础上,结合贵州旅游产业现行发展状况的分析,本文将贵州旅游产业现行治理机制系统归纳为以下模式。

1. 贵州旅游产业现行治理机制系统的运行模式

现行的机制系统以政府管理监控的治理机制为主导,旅游资源、旅游产业发展、旅游目的地社区是围绕其的三个子因子。旅游资源和旅游产业发展两个子因子之间存在经济效应和生态效应的关系,旅游资源和旅游目的地社区之间存在开发保护和经济效应的关系,旅游产业发展和旅游目的地社区之间存在经济效益和促进发展之间的关系。政府主导和控制旅游资源,对旅游产业的发展起主导作用,对旅游产业的发展起管理监督作用,旅游目的地各个社区之间分散发展。这种运行模式相对比较单一,治理的效果不尽明显,经济效应没有达到最大化,没有达到政府、企业、旅游者等旅游行为主体多方共赢的局面。

2. 贵州旅游产业现行治理机制评价

贵州旅游产业现行治理机制以政府治理机制和计划导向治理机制为主,市场治理相对缺失;以分散治理机制为主,未能通过治理有效地提高旅游产业的集聚度,未能有效地改善贵州旅游产业空间集聚度较低的现状;以口号治理为主容易导致治理行为不能切实落实和实施,在相关旅游治理措施实施过程中容易出现"口号响,不行动"的现象,应对政府治理措施的口号工程和面子工作,从而导致治理效率低下,治理效果不显著的情况出现。在贵州旅游产业亟待蓬勃发展的今天,现有的旅游产业的治理状况不尽完善,治理效率和效果不太显著,不能适应西部大开发大环境下贵州经济社会高速发展的要求。

(1)政府治理为主,治理主体单一。这种现象既有旅游产业本身特性的原因,也有其发展未能与时俱进的原因。一方面,由于旅游资源属国家所有,旅游资源的开发、保护也都是由政府来完成的,旅游产业发展所需要的基础设施建设也相应地需要政府予以提供,所以旅游产业治理相应地也一般是以政府为主。另一方面,旅游产业是竞争性企业,产品供给由市场供给,旅游产业的发展需要符合市场经济发展规律,旅游产品的供给也需要顺应市场经济的高速发展,但贵州属于经济发展较落后地区,其旅游产业的市场参与度较东部发达地区还有一定差距,旅游产业的发展也未能更好地适应市场经济的发展要求,这种现象导致贵州旅游产业治理的市场治理较为缺失,而主要以政府治理为主。

(2)分散治理为主,集聚治理缺失。现行旅游产业的治理以分散治理为主,治理过程主要考虑的是单个治理主体以及单一点的治理情况,未从全局的角度宏观地考察旅游产业的治理。旅游产业作为一个复杂的系统,其各行为主体之间都存在各种微妙的关系,现有治理机制缺少从全局上全面把握各微观主体之间的关系,从宏观的角度整体去考虑治理途径和治理面。此外,现有旅游产业治理机制以分散为主,未能更多地考虑旅游产业集群式发展的要求,不利于贵州旅游产业集群式发展,不利于贵州大旅游产业格局的形成。

(3)口号治理为主,落实状况不佳。现有治理机制容易存在治理措施实施过程中上有政策下有对策的现象,容易产生口号工程和面子工程。相关旅游产业法律法规和旅游规划不尽完备,对具体的治理实施情况缺乏有效的监督,目前现行的旅游产业规划存在较为笼统、细化不够的问题,一些重点景区的开发保护不到位,存在法律问责缺失的现状,导致一些旅游景区存在权责不清、景区管理混乱等现象。此外,相关旅游产业的规划还存在实施不到位,不能与时俱进适应经济社会发展等问题。

第四节 贵州旅游产业新型治理机制构建

一、构建新型治理机制的指导思想和原则

1. 指导思想

贵州旅游产业新型治理机制的构建首先要坚持以人为本,全面、协调、可持续的科学发展观,全面执行国家"积极发展旅游业"的方针和"适度超前,持续稳定发展旅游业"的指导思想,在《国务院关于加快发展旅游业的意见》(国发〔2009〕41号文件)、《中国旅游业"十二五"发展规划(初稿)》和《贵州旅游业"十二五"发展思路》《贵州旅游业"十二五"发展规划》的重要指引下,按照贵州省委、省政府提出的加快建设旅游大省的目标和战略部署,依据西部大开发新十年上台阶的要求,全面落实科学发展观,加快推进贵州"生态立省"战略,促进贵州旅游产业优化治理,促进旅游产业经济效应增加,科学合理地构建旅游产业新型治理机制及其体系。

2. 构建原则

(1)科学性原则。新的治理机制的构建必须坚持科学性原则。也就是必须坚持理论和实践相结合的辩证唯物主义思想。采用科学可行的构建方法,抓住对象的内涵和实质,选择有利于机制构建的因子,选择切实可行的模式,一定要保证理论模型能切实运用到实际的生产中,确保模型能够对实际的生产起到积极的促进作用。

(2)系统性原则。在新型治理机制的构建上要强调其构建的系统性,各新型治理机制的构建是为了组成一个有利于旅游产业发展的有机系统,各个新型的治理机制不是独立存在的,而是有机联系的,在理论支撑和定量分析的基础之上,各部分都是作为整个系统有效运行的维度,在考虑系统运行效果方面不能只单方面地、独立地、单一维度地思考,而需要全面地、综合地、多维度地整体思考系统运行。完整的新型旅游产业治理机制系统的构建要做到各个组成部分之间既存在横向联系,也存在纵向联系,各组成部门之间相互联系和制约,高度拟合优化。

(3)针对性原则。这里构建的治理机制运行体系是专门为旅游产业量

身打造的,不同于社会机制构建,也不同于物理机制构建,而属于经济系统构建。所构建的新型产业治理模型属于经济运行范畴,各个部分的拟定和相互之间的关系拟定最终也都是为了旅游产业这个经济组织能够高效运转,达到期望产生的效果。

(4)创新性原则。治理机制体系构建须遵循创新性原则。这里的创新主要指的是产业组织的创新。产业组织创新的功能重在协调和引导,即协调产业内部各因子之间的合作和竞争关系,最终形成完整而规范的旅游大产业和大体系。构建新型的旅游产业治理机制系统也是为了最终达到旅游产业组织的进一步深化和发展。构建过程中要求组成机体各因子能够优化组合,从而利用微观主体的创新组合达到宏观整体的优化效果。

3. 政府—企业—市场多重治理机制

贵州现行旅游产业治理机制之一是以政府治理机制为主。整个治理机制系统运行也是以政府治理为中心,旅游产业的发展也是以政府开发、管理、监督、治理为主在进行运作。整个治理系统存在政府治理机制一枝独秀的格局,政府治理机制的完善与否在很大程度上直接决定了旅游产业发展的好坏。此外,政府治理机制又存在治理主体机构冗杂、效率低下、缺乏问责机制等诸多制约因素。因此,为了使贵州旅游产业能够健康发展,提高旅游产业产出水平,促进贵州旅游产业又好又快发展,加快贵州大旅游产业格局的形成,旅游产业的治理就需要多方治理主体的参与。随着市场经济的快速发展,旅游产业的发展会逐渐走上企业管理的模式,政府对旅游产业的控制会减弱,从主导控制向参与监督方向过渡,因此本文提出融合多个治理主体的政府—企业—市场多重治理机制。该机制不仅强调政府治理的主要地位,在此基础上增加了企业治理机制和市场治理机制作为政府治理机制的补充和完善,以适应快速发展的市场经济,增加旅游产业的产出,进一步提升贵州旅游产业的经济效应。这种多主体参与治理的多种治理机制更加顺应贵州经济社会的高速发展,更符合社会主义市场经济的规律,较之以前以政府为绝对主体的治理机制会逐渐显现出更加强劲的治理效果。

二、一体化合作治理机制

目前,贵州普遍存在着旅游产业整体性差,产业之间、区域之间协调合作意识淡薄的问题。旅游产业作为一个综合性、关联性、互动性都很强的产业,在发展的时候,必须打破狭隘的地区、部门和主体之间的界限,树立"社会旅游"的观念,也即发挥整个社会的力量办旅游,加强部门间、产业间、各微观主体间的联系与合作,整合各自的资源优势,发挥各区域比较优势,在分工与合作中提升贵州旅游产业的综合竞争能力,促进旅游产业的整体发展。

这里构建的一体化合作治理机制是以旅游产业各个行为主体之间的博弈分析为视角的。政府及政府部门、旅游企业、旅游者、社区居民这几个旅游产业系统的行为主体之间存在博弈,政府的协调监督的策略选择未达到最优状态,旅游企业的获利要求也未到达最优状态,旅游者体验的策略选择不尽完善,旅游地农户自身完善的要求也未能达到预期。想要使得各主体之间达到均衡的博弈状态,使各旅游行为主体之间最终达到共赢的局面,构建一体化合作治理机制就显得尤为重要。一体化合作治理机制就是将重点放在旅游产业各主体的博弈分析的视角之上,在治理的过程中更加重视各个行为主体的细微变化,更加重视对各行为主体的具体治理,以拟合优化各行为主体之间的关系为主来制定相应的治理措施,旅游产业的发展主要依托旅游产业行为主体之间的优化发展,把握住这个重点,以宏观的角度看待旅游产业整体治理,以微观的视角有针对性地对各旅游主体进行治理,这样宏观治理和微观治理相结合的一体化合作治理机制能使旅游产业各行为主体之间最大限度地拟合优化,出现最优的策略选择,实现旅游产业产出增加,实现各旅游主体多方共赢的局面,最终促进贵州旅游产业的高效快速发展,最大限度地提高贵州旅游产业的经济效应。

三、集群式产业链治理机制

基于本书对贵州旅游产业空间集聚度的分析,得出了贵州旅游产业的空间集聚度较之以上海为代表的东部发达地区还有一定差距,贵州旅游产业还未形成一定的规模效应,为了提升贵州旅游产业的空间集聚度,形成集聚发展态势,朝着规模化的大旅游方向发展,在产业治理方面就需要在已有的治理方式中找到问题,找到弥补已有治理机制缺陷的新型治理机制。从产业集群的角度出发,为了顺应贵州旅游产业又好又快发展的需要,顺应贵州大旅游产业发展的需求,就需要改变已有的以分散治理机制为主的治理方式。本文提出构建集群式产业链治理机制以促进贵州旅游产业集群发展。集群式产业链治理机制由产业群链里的各级政府、各类行业协会和各类企业等旅游产业主体共同参与,以达到提高旅游产业群链的整体竞争优势同时规避风险的目的,通过各种正式或非正式的规范约束,对促使旅游产业集群的产业链网络体系进行协调和整合优化。这种集群式产业链是基于经济网络和社会网络,由多个旅游产业主体构成的复杂的网络组织安排。这种复杂的网络组织安排由点到面,将各个散置的旅游产业主体链接起来,在治理的过程中可以统一、全面地进行治理,改变了过去单个主体治理的模式。

此外,这种全面的产业链治理模式能够简化治理机制监管、实施等各个环节的冗杂程序,治理机制更加有效率。这种新型集群式产业链治理机制弥补了已有的旅游产业以分散治理为主的缺陷和不足,有利于贵州旅游产业由点到面集群发展,有利于治理机制效率的提高,对促进贵州旅游产业空间集聚度提高,促进贵州旅游产业集群式发展,最终达到促进贵州旅游产业产出最大化,形成旅游产业各主体多方共赢的局面有着重要作用。

四、契约治理机制

契约治理理论是以交易成本经济学为基础的,它的代表人物是科斯和威廉姆森。简单地讲,契约治理理论阐述的是在交易成本的约束下对治理结构进行选择,也同时决定了治理的效率。不同程度的约束决定了不同的治理结构类型,也决定了不同程度的治理效果。这里我们所借鉴的主要指治理落实状况不佳的违规成本问题以及通过相应的规章制度条款去对治理主体进行约束的问题。

本书据此提出契约治理机制,其视角就是治理成本约束和违规成本问题。这种治理机制存在治理措施具体落实效率低下、实施效果不显著等缺陷,容易导致口号工程和面子工程,形成上有政策、下有对策的恶性循环怪圈。因此,相关部门需要相应地提出行之有效的新的旅游产业治理机制。此处提出的契约治理机制作为一种新的治理机制,一方面它建立在治理成本约束的基础上,也就是说,在对旅游产业进行治理的过程中对治理主体进行相应的约束,治理措施具体是否落实、落实程度如何直接决定了其所要付出的治理成本,在这种治理成本约束的状况下能促使旅游产业主体具体实施或落实的时候更加有成本意识,治理机制具体的实施也就会更有效率,实施效果会更加显著;另一方面,作为契约治理机制的提出,在对旅游产业进行治理的时候,呼吁有关立法主体针对贵州旅游产业治理出台相关有针对性的法律法规,以确保治理机制的实施有法可依、有据可循,让治理政策不是口号和空话,而是能确切落实的政策措施。该机制旨在提高治理机制落实过程中的违约成本,增加其治理的成本概念,同时呼吁增加旅游产业发展的具体的法律法规,增加能适应贵州经济社会发展的旅游产业发展规划,增加旅游产业相关问责条款,促进旅游产业的发展具有切实可行又顺应经济社会发展的规章制度,使旅游产业的发展做到有法可依、有法必依、执法必严、违法必究。建立健全问责机制,保证旅游产业健康发展。

第五节 贵州旅游产业新型治理机制系统运行模式

在对贵州旅游产业现状分析的基础上,分析了贵州旅游产业现行治理机制的相关内容,并且提出了现行旅游产业治理机制系统的运行模式,分析说明了贵州现行旅游产业治理机制运行的情况,治理机制之间的相互关系以及各治理机制之间是如何相互作用以达到治理效果的。本文以贵州旅游产业各行为主体之间的博弈分析为视角,用更加细微的视角,更加科学的方法有针对性地提出了贵州旅游产业新型治理机制的内容,但各个新型治理机制的运行也不是单一的,各自独立的。为了让新型治理机制的运行效果更显著,治理情况更高效,更能促进贵州旅游产业产出增加,实现贵州旅游产业的经济效应,促进贵州大旅游产业格局的形成,形成各旅游行为主体多方共赢的局面也即政府实现发展当地经济、提高当地GDP收入、治理旅游地的生态环境,旅游企业实现经济效应增加,旅游者得到旅游满足,旅游地农户实现旅游经济收益等目标。

一、新型治理机制系统模式构建

为了使贵州旅游产业新型治理机制之间不是各自为政地独立运行,使得各治理机制只能单独发挥单一治理机制的效果,本文构建了贵州旅游产业新型治理机制系统模式。该模式由政府—企业—市场多重治理机制、一体化合作治理机制、集群式产业链治理机制、契约治理机制、产出最大化、各行为主体多赢等系统因子构成。其中产出最大化、各行为主体多赢这两个为目标系统,其他四个为子系统。目标系统和子系统之间通过一定的途径和方式相互作用。各子系统分别作为新兴治理机制系统的一部分承担不同的角色,既独立运行,发挥着各自的治理功能,为促进贵州旅游产业发展贡献自己的力量。此外,各个子系统之间也存在合作关系,四个治理机制可以是两两合作、三个合作甚至整体合作,以此来达到更加高效、更加有力度的治理效果,最终去实现目标系统的要求。其中,政府—企业—市场多重治理机制主要是行为主体方面的治理,它担任治理主体方面的角色。一体化合作治理机制主要是宏观的网络化治理平台载体方面的治理,它担任的是治理平台方面的角色。集群化产业链治理机制主要是治理方式和效果方面的治理,它负责指令效果和情况方面的功能。契约治理机制主要是约束保障方面的治理,它担任的是后勤保障方面的角色。四个治理子系统的互相作用的最终目标都是为实现贵州旅游产业产出最大化、贵州旅游产业系统各行为主体多方共赢局面的形成这两个目标系统,以最终促进贵州旅游产业更好更快发展,促进贵州旅游产业规模化发展,实现大旅游产业格局的形成。

二、新型治理机制系统模式分析

新型的旅游产业治理机制系统由四个子系统和两个目标系统构成,在贵州旅游产业治理的过程中既充分发挥各子系统独立运作的能力,又充分发挥各子系统之间的合作能力,从而达到所要实现的目标系统。这种体系简单明了,操作方便,对目标系统直接作用,省去了很多冗杂烦琐的无用程序,治理的效率大大提高,治理效果也会较为显著。贵州旅游产业新型治理系统的良性运转能大大提高贵州旅游产业的治理效果,使得贵州旅游产业的发展更加顺应社会主义市场经济的发展要求,更加适应贵州社会经济高速运转的需要,对促进贵州旅游产业产出最大化、各旅游产业行为主体多方共赢局面也即政府实现发展当地经济、提高当地 GDP 收入、治理旅游地的生态环境,旅游企业实现经济效应增加,旅游者得到旅游满足,旅游地农户实现旅游经济收益这两大具体目标的实现有着非常重要的价值和意义。

第六节　贵州旅游产业新型治理机制优势分析

一、运行主体优势

贵州旅游产业现行治理机制的治理主体主要是以政府为核心,治理主体较为单一,新型治理机制将治理主体从单一政府主体丰富到政府、企业、市场多个主体。治理主体更加丰富、更有层次。现有的治理机制以单一主体为主,缺少企业、市场、旅游协会等相关主体,在整个治理机制系统运行过程中过于单一,产业发展风险较大。新的治理机制不只将主体局限于具体的旅游产业行为主体,而是扩大到企业、市场等其他宏观主体,在整个治理过程中治理主体更全面、更宏观,更有利于多方位地实施治理措施,对旅游产业的发展更有力。

二、规模效应优势

贵州现有的产业治理多以点为主,未将个点治理机制主体整体网罗起来。治理以分散的个点治理为主,不利于贵州旅游产业的集群化发展。新型的治理机制充分考虑这些问题,从宏观上将各旅游主体形成全面的产业链和网络化治理模式,使得对整个主体的全面治理更加有效,治理规模更加宏大,治理效果更加显著。此外,现有的治理模式未充分考虑到贵州大旅游产业亟待发展的需求,只是片面地、局限地看待单一主体的治理情况,新型治理机制的角度更全面、视野更宏观,从全局把握治理机制的效率和效果,对于促进贵州旅游产业的集群化发展,促进贵州大旅游产业格局的形成都有着重大意义。

三、运行效果优势

贵州现行的治理机制治理主体单一,治理较为分散,治理措施的实施既缺少成本约束,又缺少相关有针对性的法律法规的指导。因此,现行的治理机制运行效果不理想,治理的视角较为单一,考虑问题也不很全面,政策落实不到位。新型治理机制较之已有的治理机制,从主体上更为丰富,具体实施上更加有指导性和保证性,治理的范围更为宏观,考虑问题更为全面,由点及面,由微观到宏观,整体的治理效率更高,治理效果更加显著,对于促进贵州旅游产业产出最大化目标和贵州旅游产业各行为主体多方共赢局面的产生都有着重要意义。新型的治理机制顺应市场经济发展,顺应贵州社会经济发展,对促进贵州旅游产业又好又快发展,促进贵州大旅游格局的形成都能发挥重大作用。

第七节 新型治理机制及系统合理运行的对策建议

贵州旅游产业新型治理机制内容的构建和新型治理机制系统模式的构建是建立在对已有资料的分析总结上的。但新型治理机制是否能有效实施,新型治理机制系统是否能合理运行,除了科学合理的构想外,更需要相应的保障措施来确保其有效运行。

一、完善基础设施建设,提供基本服务保障

贵州旅游资源丰富、旅游市场潜力巨大,近年来随着贵州经济的快速发展,"多彩贵州"的名号也唱响了祖国大地,旅游知名度也越来越高,各旅游地接纳的旅游人数也越来越多,仅2013年就接待旅游总人数26 761.28万人次,同比增长25.1%。但省内的旅游业配套设施的发展却跟不上旅游消费者的步伐,目前的旅游业配套设施的承载能力已接近饱和,景区之间交通不便捷、景区接待能力不足、旅行社配套服务滞后等都成为阻碍旅游业良性发展的制约因素,也成为旅游产业新型治理机制有效实施的障碍。为了保障贵州旅游产业新型治理机制的有效运行,必须相应地完善旅游业配套服务设施,提高景区接待能力、完善旅游景区交通、有效提高景区承载能力,为旅游产业可持续发展,为新型旅游产业治理机制健康运行提供基础设施保障。

二、制定政策措施,提供政策保障

贵州旅游产业新型治理机制的良性运行,需要宏观上必要的政策措施

的保障。以宏观的政策保障措施引领各相关部门制定各种相互配合、协调一致的政策措施,保障新型治理机制的有效实施。

1. 制定和运用各种经济政策

政府需要在遵循各种经济相互作用的规律基础上,制定和运用各种财政、金融、价格和税收等政策及各种经济手段来调节旅游经济活动,促进旅游产业发展,保证各新型治理机制的运行符合市场经济的客观规律。

2. 制定和运用各种行政性政策和手段进行调节

对旅游产业的治理需要依靠政府行政组织,运用计划、命令、指示、规定等政策手段促使旅游产业治理机制良性运行。这些行政性的计划、手段、指示和规定等在促进旅游产业治理机制良性运行方面依然有着不可或缺的作用。

3. 制定相关法律法规政策措施,加强法律保障

我国旅游业起步晚,发展速度快,旅游产业在发展过程中存在不少问题。针对旅游产业发展的法律法规都较为宏观,有针对性的具体法律条文还不尽完善。

针对旅游产业治理的相关法律体系也不完备,为了保障旅游产业新型治理机制的有效运行,促进旅游产业发展,必须加强旅游法治建设和相关法律政策研究,努力运用旅游法律法规和法律政策来调控和管理各种旅游业相关的经济活动,使得旅游产业的治理机制运行和旅游产业的发展在法制的轨道上健康发展。

三、拓宽投资渠道,提供资金保障

没有强大的资金支持,任何理论和机制运行都只能是纸上谈兵。目前贵州旅游业的发展存在急需资金和旅游业投资不足的矛盾。要解决这一矛盾,必须实行利用内资和外资相结合的多元化投融资体系。为了解决旅游业发展和旅游产业治理机制运行资金短缺的问题,贵州应当在旅游业市场化的过程中不断寻找出路,建立旅游产业发展专项基金,改善投融资环境,以多形式、多渠道筹集社会资金,解决机制运行资金不足的大问题。为此,可以考虑以下方式:一是政府加大对旅游产业基础设施建设的资金投入,这样不仅能解决旅游产业发展及旅游产业治理机制运转的资金短缺问题,还能拉动内需,刺激旅游经济发展。二是采用公共物品私人供给的方式,在旅

游产业基础设施建设投资方面向社会全面开放,广泛吸收社会资金进入。三是向外资进入旅游基础设施建设提供优惠政策和良好的行政服务,吸引外资进入。此外,还应当按照"统一规划、政府引导、市场运作、利益共享"的原则,鼓励广大旅游地区区民广泛参与旅游地的投资建设。

第六章

贵州旅游经济发展实践案例

第一节 镇远旅游业简介

一、镇远地理位置优越

镇远位于两省(湖南、贵州)三地(怀化、黔东南、铜仁)交界地区,是座古老而又年轻的城市,自春秋建置,至今已有2000多年的历史。因地处湘黔水陆交通要道,自元代起设立驿站,办理水陆联运,明代屯兵数万,军旅往来,商贾云集,成为中原西通滇黔至缅甸、印度等南亚国家"南方丝绸之路"的重要驿站。镇远素有"滇楚锁钥、黔东门户"之称,是湘黔边际中心城镇和交通枢纽,有320国道、湘黔铁路、株六复线、306省道和G65干线穿境而过,距铜仁机场90千米,区位优越。全县总面积1878平方千米,辖12个乡镇和1个工业园区,共有110个村,12个社区和4个居委会,总人口23.8万人(半年常住人口),少数民族占42%。镇远历史悠久,文化底蕴深厚。镇远自秦昭王三十年置县建镖城县开始,至今已有2000多年历史,1986年被国务院命名为中国历史文化名城。

镇远交通便利,区位优越。有高速公路、铁路、国道、省道穿境而过,即将建成的二级公路、旅游公路将大大改善镇远的交通条件;石阡经镇远至剑河高速公路和规划建设的黄平机场建成后会使镇远交通更加便捷。镇远集历史文化、自然风光、民族风情为一体,旅游资源独特。现已形成五张国家级旅游品牌,即中国历史文化名城——镇远、国家级风景名胜区——舞阳河、国家级重点文物保护单位——青龙洞古建筑群、日本在华反战同盟"和平村"旧址、全国农业旅游示范点——铁溪,还有省级风景名胜区高过河,省级文物保护单位8处,县级文物保护单位160多处。镇远是中国近代重工业的发祥地之一。启建于光绪十一年(1885年)的青溪铁厂,是张之洞、李鸿章"洋务运动"的产物,"天字第1号"铁锭现仍存放在镇远。镇远也是现代工业——贵州青酒集团所在地,州委、州政府以青溪、羊坪为核心建立了黔东循环经济工业区。

由上面的资料可以看出,镇远地区的旅游资源集历史文化、自然风光、民族风情为一体,品类齐全,种类丰富,从挖掘和建设旅游产业要素探究,是一块资源的富集地。但是,相对于期望值来说,拥有如此多的名誉和资源优势,为何镇远旅游产业却没有得到应有发展?是与资源的不相匹配?与文化积淀产生了矛盾?原因到底何在?

二、镇远旅游业"单向线性发展模式"现象

镇远旅游业的总体发展水平不高主要表现在:产业规模小,从业人员少;经济效益不高,旅游产品开发处于初期阶段,旅游商品开发刚刚起步;景区景点可进入性有待改善,资源优势远未发挥;旅游开发代价较大,环境污染、资源浪费情况不容乐观等。镇远要想从资源大区走向旅游大区,成为旅游强区,必须走可持续发展之路,避免"单向线性发展模式"的"绑架",充分运用循环经济理论,这是镇远旅游业的必然选择。然而,传统旅游业的发展已经给镇远的环境带来较严重的污染,成为镇远旅游业可持续发展的瓶颈。具体表现在以下几个方面。

1.旅游资源的盲目、粗放开发

镇远旅游资源主要集中在经济欠发达的少数民族地区,因此发展旅游业,往往成为当地致富,增加居民收入,提高生活水平的重要途径和地区发展的基础。从地方政府、企业,到各个普通居民,最大限度地从旅游业中获得收益已成为发展旅游业的主要目的。地方当局在开发旅游资源时,往往缺乏深入研究和全面的科学论证、评估、规划,贸然开发,尤其是对周围的自然区域的开发,往往急功近利,盲目探索,缺乏必要的论证和总体规划。这样在开发中重开发、轻保护,造成许多不可再生的自然旅游资源的损害与浪费。长此以往,就会阻碍镇远地区旅游业的发展,使旅游业的持续发展成为

一种不可能。

2. 自然风景区生态系统遭到破坏,环境污染严重

由于镇远旅游业自然环境资源占了很大比重,其环境异常脆弱,极易造成环境污染和破坏。十多年来,古城内部的人工化、商业化现象越来越严重,包括已列入"国家星级景区"的一些自然风景区,也逐渐受到人为的破坏,如为了统一整个古城的风貌,在周边景区开山炸石,换取同样的石料用来建设古城内部建筑,造成景区内水土流失和石漠化现象严重,生态系统功能失衡。据统计,镇远景区石化面积比例占全区总面积的6.5%,石化面积大于20%的乡镇有9个;水土流失面积占全区总面积的43.5%。旅游业已不再被称为"无烟工业",与传统产业相同,旅游业的发展也会给当地的环境带来不同程度的污染和破坏,过度的旅游活动对旅游资源和环境造成了巨大压力。在旅游旺季,游客猛增,景点内的废水、废气、废弃物量急剧增加,人数的增加也大大提高了对水、对食品、对燃料等资源的需求,造成环境污染。例如,包括舞阳河几条主要河流因此受到不同程度的污染,景区周边的游览道路、河流、树木旁边,经常可见被游客遗弃的饮料瓶、食品袋、果皮、纸张,其他垃圾废料也随处可见。在古镇内,当地经商者遗留的垃圾、建筑废物和其他固体废物,也随处可见,严重影响了旅游景点的环境卫生,影响当地居民和游客的生命和健康。

3. 过度重视经济效益,导致民族文化逐步衰退

民族文化也是镇远地区的主要旅游资源和产品,其开发利用也是镇远地区旅游开发的主要内容之一。然而,由于种种原因,镇远地区的民族文化正逐步衰退。表现在以下几个方面:第一,一个民族语言是民族文化的重要载体,但其也处于消失之中。如对当地居民的调查中发现,全县总人口的43%为苗族,在所有的苗族村中已经有12个不再说苗语。第二,在很多原始的村落中出现了现代的建筑风格(包括砖,水泥),这与传统古朴的村庄风格极为不符。例如,在镇远古镇中,主要是明清时期的古建筑群,近年来,由于政府部门统一开发建造,如利用钢筋混凝土建筑物修补外墙,使得其与苗族吊脚楼的外观显得格格不入。第三,民族文化的商品化现象越来越严重。在旅游业的发展过程中,为了获取眼前的经济利益,以满足游客冒险的需求,当地传统的民俗风情和民族舞蹈在纯粹的商业利益驱动下,不断地走样变形。民族文化的弱化,事实上,将严重影响旅游业的可持续发展,最终导致旅游资源优势的弱化。

4.旅游开发成本较高,对资源的循环利用率不高

对于一个地区来说,旅游业开发处在不同的发展阶段,其对资源、环境的影响是不一样的。如果是处于旅游业开发的起步阶段,一般各种旅游服务设施较少,为了能够为旅游者提供更多的旅游服务项目,更好地创造旅游效益,对于当地政府而言,保证最大的经济效益,当地居民的脱贫致富就成了其主要目的。而到了旅游业开发的成熟期,由于旅游业的发展已经进入了一个相对稳定的时期,旅游业的发展就不能再单一地以经济效益作为其发展成功与否的评判标准,而要综合考虑其发展的社会意义、文化意义和环境意义,走出一套适合自己的可持续发展之路。

纵观镇远旅游业发展的进程,不同的发展阶段,镇远旅游业的发展对镇远地方经济社会发展的影响是不同的,下面就以当地最有名的"镇远府城宾馆和镇远往事客栈"为例来简单说明。

镇远府城宾馆成立于 20 世纪 90 年代初,处于镇远旅游业开发的初始阶段,在当地的宾馆中也属于元老级别。由于当时一些特定的历史因素,该宾馆保留了当时留下的一些传统服务。例如,其至今仍向住宿的旅客提供一次性的洗漱卫生用品,并且可以随时进行更新,虽然此举在当时旅游业不发达的情况下可以很好地吸引客源,但在当今时代,所造成的白色污染早已被现代游客所诟病。

镇远往事客栈是镇远古镇最有名的一家客栈,其成立于 2010 年 2 月,属于近期建成的一个很有特色的宾馆。该客栈一直秉承保护环境的理念,并不向旅客提供任何一次性的洗漱卫生用具。为了更好地吸引游客,该客栈摒弃了这种易造成环境污染和资源浪费的方法,而是将更多的心思放在设计更具有特色和人性化特点的房间上来,这样既提高了经济效益,又达到了保护环境与资源的目的。

三、镇远旅游业特点

(一)生活环境不同导致不同民族的环保意识存在差异

在考察镇远地区旅游发展的"单向线性发展模式"现象过程中,笔者发

现不同的民族在对于传统发展模式在旅游发展中的作用表现出不同的认知,根据镇远地区民族构成的比例,下面选取两个比例最高的民族——汉族(47%)、苗族(43%)为例,做个简单的对比分析。

镇远地区的苗族对传统发展模式是这样描述的:"在镇远,苗族多居住在江边河谷地带的自然村中,多从事农业生产活动,很多处于贫困线附近,生活条件比起县城居民有很大的差距。为了能更好地生活,只要能带来更好的经济效益,能增加居民的家庭收入,其他的一般不会考虑,毕竟,生存问题解决不了,也不会想到怎么保护这些环境和资源。"通过对镇远古镇中的一些苗族旅游从业者的访谈,我们可以得出:这些苗族从业者主要从事一些较为低级的工作,例如,在游客的游玩过程中,帮游客背负行李、重物,或者在街边摆一些小摊,从事最低端的商品销售。他们普遍认为,在这些地方,他们只能靠山吃山,靠水吃水,在政府大力发展旅游业的今天,由于游客的增加,他们逐渐从农田中走出来,从事一些第三产业的低端劳动,以增加收入。对于环境资源保护,他们没有太深刻的认识,他们普遍认为,多扔点垃圾,多浪费些东西对本地的环境没有什么太大影响,主要是能增加收入,这些问题都不是太大的问题。

而当地的汉族则表现出较大的差异,经调查,当地的汉族居民大部分并非当地原著居民,很多都是外来人口,他们从全国各地而来,相比较贵州的少数民族地区,属于较为发达的地区,他们的到来,也带来较为先进的环境和资源保护意识。经过简单的访谈和调查,我们可以看出,相对而言,这些汉族重商轻农,他们虽然也在追求经济利益的最大化,但是他们认为,在当今条件下,如果一味地追求经济利益,而忽视其他方面,最终吃亏的会是自己。当地最有名的"镇远往事客栈"的老板就是从东北地区来此地经营的汉族,他说:"在现在的条件下,如果我们不重视环境保护等问题,最终我们失去的会更多。现在这里确实很美,靠着这些美丽的自然风景和人文资源,我们才能吸引更多的游客,才能保证我们这些旅游业从业者的收入。如果我们不重视这些资源的保护,哪天因为我们自己的原因,镇远不再这么美了,也没有了游客,那最终吃苦的还是我们。"

与苗族相比,汉族经济文化水平较高,在当地的旅游业中,语言上相比较也具有一定的优势,这在如今市场经济条件下,体现出更大的适宜性。旅游经济的发展从本质上讲具有市场经济、商品经济的属性,而两个民族在文化上的这种差异体现在镇远旅游业的发展中,表现为两个民族在对于传统发展模式认识能力的巨大差距。

(二)文化水平的差异导致对环保问题的认知差距

为了探求二者的关系,笔者在镇远做了一次简单的民众环境意识调查。调查结果表明:近年来虽然当地政府开展的环保宣传教育活动对提高民众环境意识起到明显作用,但目前当地民众环保知识水平还处于较低层次,其环境意识尚有待提高。

这次调查采用了抽样方法,调查了古镇中110个旅游业从业者,实际发放问卷110份,收回97份,有效问卷96份。

调查结果突出表现在以下几个方面:在当地民众对环境状况的感受及对环境问题的重视方面,多数民众认为当地环境污染严重。在"当地面临的问题"的排序上,多数民众将环保排在社会治安、教育、人口、就业之后,居第五位。在被访民众中,文化程度越高者,对环境问题越重视。在环保知识测试中,总分13分的题目,人均得分仅2.8分;从法律角度看,当地民众认为造成环境污染的原因是有法不依、执法不严。而当环境污染侵害了本人利益时,选择投诉的不足4%。在参与环保活动方面,低度参与比例为65.9%,能高度参与的仅占8.3%,在问及"人是否应征服自然来谋求幸福"时,近1/4的人"非常同意"或"大体同意",在对人与自然保持什么样的关系上存在模糊认识。

(三)传统文化受到外部环境变化的冲击导致环保意识差异

如上举例所述,镇远地区少数民族的环保意识是零散的,并无科学严谨的思想体系,他们更认同较为传统的经济发展模式,即"单向线性发展模式",至于其可持续发展意识,则没有太深的认识。

在镇远的几个主要少数民族中,几乎都有些与现代环保理念有关的习俗、禁忌乃至习惯。在这些文化现象中,有的是直接出于保护民族社区环境的目的,有的是由于某些宗教禁忌所养成的习惯,而更多的则是由于各个民族自身的宗教崇拜或者其他社会历史原因,但他们在实际上无疑都对当地的资源环境保护起到了一定的作用。例如,贵州的苗族对大自然都有原始崇拜的理念,其主要有三种含义:一是原始崇拜中的护寨神;二是管风调雨顺的神灵或神龙所在地或化身;三是安葬祖先的地方。由于民族传统文化客观上的保护功能,许多自古就有的"神林"至今仍保持着原始的生态状况,对于区域生态环境的保持发挥着重要的作用。如许多苗族村寨,即使是在"文革"期间,仍然固守着埋葬祖先的"神林"里神圣的树木,从而保全了一片片郁郁葱葱的原始森林。但是,为什么在拥有这样的民族文化的前提下,如今这些人却摒弃了这些理念呢?

近代以来,随着社会演进速度的空前加快,镇远少数民族地区发生了巨大变化,从而导致了当地民族传统文化发生了较大变化。一般来说,由于汉文化的强烈影响,传统文化的少数族裔逐渐减弱和消失。在此背景下,原有的一些有利于生态平衡和环境保护的民族习俗和禁忌改变,例如,树林继续被砍伐,农耕文化在现代市场经济面前苍白无力,传统哲学和宗教信仰的吸引力减弱,传统社区的习惯法和行为规则的框架趋于瓦解……这些都直接对生态平衡和环境保护产生了较大的消极影响。

(四)社会的欠发达性导致当地原著居民对环保问题的认识不足

镇远地区由于受到地理环境、历史文化等因素的制约,其发展的产业主要以农业为主,旅游业的发展起步很晚,为了改变当地民族地区贫穷落后的状况,当地政府将旅游业作为支柱产业加以支持和培养,但是由于当地本身发展的滞后性,从根本上限制了其旅游业的开发,从而影响着这一产业的可持续发展。

由于当地原著居民社会的欠发达性限制了旅游发展的资本投入量,景区开发、基础设施建设主要依靠引进外来资金。而当地居民由于受到资金和知识技术的制约,只能够从事一些简单的接待和服务性工作,作为一种廉价的劳动力形式参与到当地的旅游产业中,而真正获得丰厚利润的是那些外来的投资者。

另外,少数民族地区的旅游本质上也是一种商品交换,并受到价值规律的影响。当地政府为了尽快摆脱贫困局面,追逐更高的利润,对民族文化旅游产品过度商品化,民族文化走向过度开发,导致了当地本来就薄弱的民族文化基础受到了冲击,当地民俗文化的"原生态性"的消失,大大降低了旅游资源再次开发的价值。

四、镇远旅游发展模式存在问题

(一)对经济方面的消极影响

在传统的经济理论指导下的经济发展模式,以经济总量指标来看待发展问题,这种模式将极大地刺激人们追求经济利益,而忽略了资源的合理利用,从而消耗了大量的自然资源,破坏了生态环境,造成了环境污染和生态的失衡。这是一种不可持续的单向线性模式发展经济,主要特点是"高开采,低产出,低利用,高污染,高浪费"。因此,在获得了短期的经济利益的同时,也将失去社会效益、环境效益和长远的经济效益。

对于当地经济来说,缺乏完善的管理体系和环境保护意识,片面地追求经济数据的增长,最终由于资源浪费、环境污染和生态破坏造成的各种损失却是隐性的。这种传统经济发展模式以"高开采,高污染,高浪费,低产出,低利用"为特征,不但无法使当地居民从中获得经济利益,而且会加剧这些地区的民族边缘化程度,加深当地民族之间、城乡之间、地区之间、社会阶层之间的差距。

例如,从当地进行的调查中可以看到,近几年的旅游业发展过后,当地少数民族与汉族之间的收入差距,城市和乡村的居民差距反而越来越大。在20世纪90年代时,虽然大家普遍收入不高,但差距不大,据调查,当时乡村一个家庭的年收入平均在3000元左右,而县城一个家庭的年收入平均在4000元左右。而现在,据调查资料,乡村一个家庭的年收入平均在5000元左右,县城一个家庭的年收入平均在50 000元左右,差距明显拉大了很多。

由上面的数据可知,过度地强调经济数据的增长最终会影响到经济发展本身,要实现经济的又快又好发展就要协调好经济发展与资源、环境保护之间的关系。在人类社会几千年的发展过程中,人与自然经历了远古时期的"天人合一",到近代工业革命时期的征服与反征服,到当代人类的环保意识的觉醒,开始努力建立人与自然和谐相处的现代文明,是经济发展与资源环境保护这一矛盾对立统一规律的客观发展。正确处理好环境与经济发展的关系,彻底抛弃这种只讲GDP数据,不管其他后果的错误传统发展模式,实现循环经济理论的合理介入是可以达到二者相互平衡,相互促进的目的的。当今世界,循环经济发展模式已经成为新世纪经济发展的标志,保护和改善环境的目的就是在于保证生产力可持续发展。所以,人在社会经济活动中能够做到与自然生态系统的和谐相处,对于经济发展与环境保护的双重重要性的认识是实现经济可持续发展基本国策的关键。

(二)对环境方面的消极影响

在循环经济理论指导下的经济发展形式是一种环境友好型的经济形式,其最终目的就是在全社会建立起人与环境的和谐共处关系。而反过来,良好的环境也会更好地促进生产,改善人民生活。建设环境友好型经济形式,就是要以绿色科技为动力,以遵循自然规律为准则,以环境的承载力为基础,倡导环境文化与生态文明,构建经济与环境协调发展的社会体系,最终达到可持续发展的目标。

近几年镇远旅游业的发展加快,面临着一系列的环保问题,很大程度上制约了本地区的经济发展。特别是舞阳河污染问题,一度成为社会不稳定因素。为了解决当地的水资源污染问题,当地政府特地投资兴建了一家污水处理公司,它承担着镇远当地及周边企业排放的生产废水和城镇生活污水处理达标的任务。污水厂对污水的处理主要靠活性污泥的生化处理,虽然对活性污泥的处理需要一定的技术要求,但是我们看到污水经过一道道工序渐渐恢复了水的原貌。据当地政府相关工作人员介绍,为了尽可能地消除当地旅游资源开发对环境的影响,当地已经做了很多工作,虽然起步较晚,但当地政府已经认识到了这项工作的重要性。

对于环境的破坏说到底就是提高了旅游业发展中的成本,而这种成本就是一种生态成本。成本的提高必然导致经济发展速度的受阻,因此运用循环经济理论实现低投入、低消耗、高产出、高效益就可以以最小的生态成本取得最大经济效益。单向线性的发展模式虽然促进了经济数据的增加,但由于其在环境污染、资源浪费方面也起了较大的作用,反而促进了生态成本的增加,不但削弱了经济的可持续发展能力,同时也对短期的经济增长产生了反作用。

(三)对社会文化方面的消极影响

"单向线性发展模式"也就是传统的发展模式,为当地传统文化的弘扬提供必不可少的物质基础,促进了一个地方与外部世界更广泛的交流与合作,有利于其他优秀的文化引进,本地文化与外来文化的融合、升华。但是过分地强调经济效益,强调经济数据的增长,就会对社会文化产生较大的"个人主义"的影响,而这种影响导致的直接后果就是当地人对于本地传统文化的"抛弃"。他们会更多地倾向于在经济发展中为自己及自己的家庭谋利,而忽视其他,反过来,这种心态也会影响到当地的旅游资源的循环开发利用,最终会影响当地的经济发展。因此,这种经济发展模式虽然能最大限度地调动、发挥个人的积极性和创造性,也能获取最大的经济效益,但其势必造成负面影响。

这种影响也会对我国的社会主义道德体系建设产生巨大影响,同时文化方面对于经济发展的反作用也会明显地展现出来。当一个地方的文化个性形成之后,就会对这个地方的经济活动产生隐性却深刻的影响。不少研究表明,有些地区的社会文化具有天然的促进经济发展的功能,有些地区的社会文化却制约着当地经济的发展,而上述的这种文化类型发展的最后结果就属于后者。在对当地的学校进行的调查中发现,在被问到长大之后希望能成为什么样的人时,63%的人选择了成为"有钱的人",而被问到将来是否会学成归来改善当地的环境和资源现状,58%的人选择了"不会,离开这里就不会再回来"。

现代旅游业的发展强调环境与资源保护的重要性,经济的进步同样要求生态文明的进步,缺失生态文明的经济发展是不科学、不平衡的发展模式。生态文明的发展强调人本身的自律,强调人与自然环境的相互依存、相互促进。单向线性发展模式主张在改造自然的过程中发展物质生产力,不断提高人的物质生活水平,而忽视了生态文明的建设。在镇远古城过去的发展中,由于这种发展模式的控制,其生态文明的发展在大部分时间里是被忽视了,各种污染浪费层出不穷,其造成的最大后果就是生态文化得不到有效的发展,人们越来越重视经济效益,本身文化的发展也受到了较大的阻碍。

循环经济的本质是指在经济活动中对各类要素进行循环利用,它是一种系统内的运动过程,由人、自然资源、系统内的其他要素构成。循环经济的发展需要人们在经济活动中将生产、消费等各个要素作为一个系统考虑,并要在符合经济原则的客观规律内进行。在传统经济发展模式中,我们可以看到其中的资本和劳动力元素在循环,而只有自然资源没有形成循环。循环经济观要求我们在社会经济活动中充分运用生态规律,而不是仅仅按照机械工程学的规律来进行指导。它需要充分考虑经济活动中各类要素的承载能力,尤其是要考虑生态环境的承载能力。如果在经济活动中,生态系统中的资源和环境承载量过大,超出了应有的限度,那么这种经济活动本身就是一个恶性循环,将导致生态系统退化的严重后果。只有在资源、环境承载能力条件下的经济活动才是一种符合生态系统平衡发展的良性循环。循环经济发展模式是按照自然生态系统物质循环和能量流动规律建构的发展模式,它强调尊重和依赖和谐的自然生态系统,并在这个过程中建立起一种新的经济形式。在本质上,循环经济就是一种生态经济、绿色经济,需要在人类社会的经济活动介入生态规律的指导作用,这就要求在可持续发展观念的指导下,实施清洁生产,促进节能和废弃物综合利用基数的发展,将经济活动建设成一个"资源—产品—再生资源"的"低开采,高利用,低排放"反馈循环过程。循环经济的发展模式在世界范围内主要包括以下四种类型:

在工厂组织的各种进程的材料循环中,实现生产链的延长,以减少物质和能量的使用以及废弃物和有毒物质的排放,最大限度地利用可再生资源的杜邦模式——企业内部的循环发展模式;按照现代工业生态学的理论,将材料、能量和信息在企业中集于一体,形成了不同行业之间的相互联系,从而使某个工厂排放的废气、废水、废物、废热或其他副产品转化为对另一个工厂有用的资源,形成一个整体的生态工业园区模式——回收再利用体系;由政府负责促进多层次的法律制度的建设,鼓励企业在产品设计开发高新技术时,首先必须考虑资源的再利用问题;要求人民要从观念上实现根本性转变,不能鄙视垃圾,要通过各种技术手段将其转化为有用资源的循环型社会模式。

五、镇远旅游发展模式的启示

为了更好地保护地球,追求健康的生活方式,实现社会与经济的可持续发展,在21世纪初,世界出现了低碳经济。在低碳经济的背景下,随着循环经济旅游模式的逐渐出现,"低功耗,低污染,高循环,高利用"成为其显著特点,绿色旅游、生态旅游等旅游形式正是符合这种低碳形式的新出行方式。世界经济论坛于2009年5月正式提出低碳旅游的概念。报告显示,在世界旅游业和航空,海运和陆路运输的联合调查中,旅游业(包括旅游相关的交通运输部门的二氧化碳排放量)占世界的5%,其中交通运输占2%,纯旅游占3%。荷兰、瑞士、瑞典、丹麦、挪威和其他环保强国在世界上首次实现了低碳旅游模式,他们安排了绿色的出行线路,加强游客的低碳环保意识,使人民群众、环境、工业、旅游和社会的利益得到平衡的发展。2009年12月1日,国务院印发《关于加快发展旅游业的意见》,《意见》中明确倡导了采用低碳方式旅行。在这一点上,低碳旅游正在被越来越多的人关注。

低碳旅游模式是在低碳经济日益成为社会的主流发展方向过程中产生的一种新的旅游发展模式,它是转变城市消费理念,驱动城市向低碳经济转型的战略性产业,我们应该从低碳旅游的开发与发展模式等方面探索低碳旅游模式实现的途径。低碳旅游模式的出现是随着低碳经济不断升温、大众付诸低碳行动尝试的一种全新的旅游发展方式。狭义的低碳旅游是指以低能耗、低排放、低污染为行动指南的绿色旅游消费方式。而广义的低碳旅游模式是一种产业发展模式,它不仅是旅游消费的低碳化,同时还要求在旅游产业发展中,政府、企业以及旅游业从业者的多方面行为的低碳化,它不仅包括消费方式的低碳,又有生产方式、组织方式等的低碳化,最终要培育出健康的低碳旅游市场,推进旅游经济发展模式整体向低碳、循环方向的变革、升级的一种可持续的旅游经济的发展模式。

镇远旅游业实现低碳发展模式具有自身独特优势。贵州省当前在旅游业的发展中重点强调建设生态贵州、绿色贵州、多彩贵州,促进自身向低碳化方向发展,将更有利于低碳贵州的建设。镇远旅游资源丰富,不但拥有着悠久的历史文化特征,而且具有得天独厚的自然风景,可以说具有多层次的旅游景观。如果找到一条既可以将两种丰富的旅游资源综合起来,使它们得到足够的开发,又可以达到低碳绿色的目的的道路,这就是我们要找到的镇远发展旅游业的一种模式。在这种模式下,我们可以通过使用低碳技术,实施碳补偿机制,普及低碳知识,促进低碳消费,从而获得质量更好、更精的旅游体验,促进经济效益的进一步提升,推动社会、环境、资源的可持续发展的旅游业发展模式。低碳旅游发展的核心理念是最终获得更大的旅游经济、社会和环境效益,减少对环境的污染和资源的浪费。因此,低碳旅游是基于生态文明理念,对发展低碳经济的一种响应模式,是我国新时期经济社会可持续发展的重要经济战略之一。传统发展模式是"资源—产品—废物"的单向线性发展模式,而循环经济理论指导的低碳旅游模式在旅游业实际运行过程中,创造的财富多,结果并没有消耗更多的资源和产生更多的废弃物。

六、镇远旅游低碳发展模式的实现途径

实现镇远旅游低碳发展模式其实说到底就是要找到一个方法,使得镇远在旅游业的发展中能注重环境保护,最终达到可持续发展的目的。在 21 世纪来临之际,中国的旅游业发展地位进一步得到提高,为地方经济的发展做出了很大贡献,正日益成为我国国民经济中不可分割的重要一环。对于旅游业本身来说,实现自身的低碳化发展不但有利于促进旅游业的健康发展,也将有利于促进整体经济的低碳化发展。虽然低碳经济这一概念的提出时间不是很久,旅游低碳化的内涵也在不断完善,但倡导低碳环保永远是一个永恒主题,在推进经济不断增长的同时,实现环境、资源的和谐健康发展应该成为我国新时代下实现社会可持续发展的一个重要经济战略。

(一)宏观层面:制度保障

在镇远模式的推广中,要以制度保证环境建设的完成,以环境建设巩固好制度的建立,相互促进,从而达到实现以循环经济理论指导的低碳旅游发展模式的目的。当地环保部门要充分发挥自身职能。

(1)建立和完善环保体系,加强对旅游资源开发的制度性监督。制定促进低碳旅游发展模式应该遵循的规则,加强对环保法律法规的学习,健全整个地区的环保制度,不仅要改革现行的监管体制,消除已不能很好适应新形势下经济发展的制度性障碍,同时设计并创建一个新环境保护规章制度,切实使得低碳旅游模式的发展有章可循。

(2)在不违背社会主义市场经济的国家发展目标的前提下,充分发挥市场在当地环保事业中的调节引导作用。在环保工作中,要强调市场的监管职能,完善镇远模式推广中的市场和行政手段实施细节,结合地区特点,建立和完善资源浪费和环境的污染补偿机制、碳汇机制、居民自主机制等,最终能够通过充分发挥市场和政府的双重保护作用,促进镇远模式的推广。

(3)改革原有的 GDP 数据考核体系,建立科学合理的评价体系。不仅要通过贯彻正确的经济发展观念,建立合理的经济数据评比体系,而且要创新环保体系建设,在环境能够得到有效保护下,适时推出环保部门的垂直领导体制,加强上级部门对环保工作的领导作用。

(4)重视当地的能源战略体系改革。加强对不可再生资源的节约利用

和可再生资源的开发利用,转变经济增长过度依赖资源消耗的方式,对各种能源进行合理开发和利用,以提高能源效率,并积极开发更环保、节能的新能源。

(二)中观层面:政府、企业共同参与

1. 加强政府职能

切实加强政府的责任,为发展低碳旅游业,推广镇远模式打下良好的政策和制度基础。地方政府应在当今世界大力发展低碳经济的大背景下,紧紧抓住这个机会,发展低碳经济,并开展相应的改革,同时促进当地居民以及游客的思想和理念升级。通过进行各种形式的宣传、引导,鼓励游客选择低碳的方式旅游;大力支持绿色无污染企业的进一步发展壮大,制定保障性政策,以支持绿色酒店、餐厅、旅游景点和其他旅游企业的发展,促使他们更多地利用新能源、新材料,及时全面引进节能技术,减少温室气体排放量,减少碳消耗。

在旅游业中引进新的行业标准,制定"低碳"评价体系,在行业的发展过程中,制定更详细的政策,从法律法规的角度确保低碳旅游标准化系统的建设,促进现有的旅游模式向低碳方向转变,并最终形成整个产业链的循环发展模式。

例如,在镇远本地,由于当地位于贵州东部山区,农村较多,当地政府应该下大力气发展清洁能源和清洁生产。应当根据当地条件,在当地农村充分利用当今已有的适合农村发展的新能源,例如沼气、太阳能、风能等代替日常的秸秆、薪柴和其他传统燃料,并充分利用当地的绿色产品如蔬菜、肉、蛋、粮食等原料,实施清洁生产,并提供健康、富有地方特色的食品。此外,清洁生产的概念也应广泛应用于农业产品和工艺的处理中。

新旅游项目的开发,要充分考虑到如何实现这些旅游项目和绿色消费相结合,成为环境友好型的旅游项目。在镇远古镇的旅游项目规划上,要将环保理念渗透进设计、施工、运行和管理的各个环节之中,在保护的前提下,利用好当地优越的生态环境,独特的文化特色,实现旅游活动的生态化、无害化和绿色化,并通过宣传引导,设立公共标志提示等措施扩大示范效应,最终减少旅游活动对生态环境脆弱地区的负面影响。

在当地的居民中尤其是旅游业从业者中普及废弃物回收利用的知识,加强对各类废弃物的回收利用。要让他们从思想上重视废弃物的回收价值,充分进行回收再利用,形成资源与能源的循环链条。对于没有回收价值的废弃物,则应做好妥善处理,避免三次污染。同时在旅游开发中发挥自身创意,打造具有当地文化和历史特色的旅游景区,发展新的旅游资源。例如,在镇远古镇的餐厅、宾馆等行业中,加强对各类污染物的控制,尤其是一些一次性用具的发放,应严格限定数量。

在当地的各类型产业之间做好产业配置,例如,通过旅游业和农业、工业之间的配置,可以丰富原有产业的功能,延长产业链,提高产业的附加值。尤其是要重点加强本地农业和旅游业之间的联系,并开发系列具有镇远地方特色的食品行业。应当指出,随着产业结构的调整,在抓住发展当地旅游业机会的同时,创造条件,实现产业化配置的改革升级,以促进建立一个行业"食物链"的形成,实现废弃物的回收再利用,提高资源的利用率,将污染带来的效益低下变为循环利用后的综合效益提升。

在当地已经出现的环境污染,应采取科学的手段进行治理,例如采取自然恢复与人工治理相结合的方法,同时注重旅游景观建设。应结合退耕还林(草),天然林保护工程和生态建设工程的开展,创造一个良好的生态环境,并给予其休闲旅游功能。

2. 重视环境建设

政府被法律赋予环境管理的权利,其中的目的是保护地方环境以适合公民居住,地方政府要加强各部门之间的合作,提高政府政策的协调性、一致性和可预见性。环境治理是一项复杂的社会工程,它需要政府各个部门之间进行紧密配合,协同工作,因此在镇远模式的推广中要明确各个环保部门的职责,提高环境保护的工作效率和工作服务质量,同时要加强政府部门之间的沟通和协调,相互帮助,避免在环境治理过程中发生摩擦,形成环境保护的强大合力。

通过促进旅游生产方式向低碳方向转变,大力推进镇远模式。虽然旅游业是一个低能源消耗,低污染的产业,一直被人们称为"无烟工业",但这并不意味着旅游业是零污染的产业,而据目前的数据反映,旅游业本身也会产生大量的污染,所以在旅游业的发展中,必须大力推进环境保护建设,重视环境建设,决不可以牺牲环境为代价换取暂时的经济利益。例如,在镇远当地的交通业和餐饮业中,能源消耗问题较为突出,这是因为在当地旅游业的开发中,其旅游业发展模式采取了相当于工业发展模式的传统方式,一些技术含量低、资源消耗大的旅游企业大量存在,在一段时期内当地严重缺乏先进的节能技术和高新技术,导致环境污染加剧。所以,旅游企业是低碳旅游实践发展的一个重要参与者,是环境建设的主力军,必须在低碳经济条件下改变旅游企业行为,升级旅业业的生产模式,实现低碳发展,节能发展和绿色发展,促进低碳生活的目标。各个旅游企业应形成旅游产业链的有机联动,形成合力,及时和全面推进节能技术的引进,以减少二氧化碳和各类废弃物的消耗,并最终形成整个产业链的低碳循环旅游开发模式。

3. 重视人文资源的发掘

人文历史资源是绝对绿色的资源,注重发掘当地悠久的文化历史,形成独具特色的人文历史旅游景观,对于镇远模式的推行,更好地实现循环经济理论下的低碳旅游,能起到更深层次的作用。为更好地达到这一效果,应在加强制度改革的基础上,将过去单纯的自然资源开发侧重点转移过来。

(1) 大力修复当地历史遗迹。例如,对镇远的青龙洞古建筑群进行全面整固,同时可结合舞阳河河道水系和河岸整治工作对周边民宅立面改造,修复已有的白墙灰瓦的明清风格,拆除违章建筑,使周边环境与青龙洞古建筑群整体风格相一致,再现原汁原味的古典风情。

(2) 有机串联人文旧址。例如,在镇远古镇主街道路面上重新摊铺整修,沿路民宅统一立面改造,建成白墙灰瓦的明清风格,沿路引入一些具有贵州特色、古代特色的古典小品,形成一个镇远历史人文景观区域带,进一步扩大文化影响力。对主街区、新建的居民小区各种标识进行全面细致的规划,对既有的路标、灯箱及以后建设的路灯、广告牌、牌楼等进行统一风格的设计,大力引入青龙洞古建筑群等浓郁镇远特色的设计元素,营造浓厚的本土文化氛围。

(3) 大力宣传镇远文化。例如,加强对镇远文化品牌的研究和开发,全面规划打造"镇远文化",形成大印象、大声势、大氛围。制作镇远宣传读物,以图文并茂的方式,反映镇远几千年的历史和灿烂的文明;利用一切宣传手段和平台,特别是《镇远日报》等主流媒体,不失时机地宣传镇远特色,打造镇远品牌。让镇远人更了解镇远,让各地游客人走进镇远,让世界知道镇远。

4. 科学开发自然景观资源

古城镇远不但拥有悠久的历史文化,其周边的自然风景也是其作为旅游景点的大看点。如何整合这些自然资源,就成为推行镇远模式的一个重要条件。

对自然景观资源的开发与利用要进行详细的规划。首先,明确自然景观资源的价值以及其是否具有开发的潜力,是否可以很好地吸引游客;其次,要明确景区周边的交通是否便捷,是否能够通过其为景区带来足够的游客;再次,要为景区的整合开发建立一整套科学的、详细的、合理的规划方案;最后,要对景区周边的各类配套设施进行完善,给游客创造出安全、方便、舒适的氛围,为他们更好地欣赏自然风景提供帮助。

例如,在镇远古城的周边,就拥有青龙洞、舞阳河、高过河等著名的自然风景区,由于其本身风景优美,环境宜人,因此具有开发的价值。镇远古城内的旅游设施较为完备,吃、住、行、游、玩一应俱全,有镇远往事客栈、一米阳光客栈、府城宾馆等几十家各具特色的客栈,有当地十分出名的"眼镜羊肉"特色小吃,镇远集古城内的繁华和舞阳河的幽静、水乡的清美、秀丽的风光于一身,风姿独具,是品尝贵州特色小吃、休闲度假的理想之地。

自然景观作为生态系统的组成部分,具有稀缺性和不可逆转性,对自然景观的破坏会造成严重的后果,使其无法恢复。因此,在开发过程中,其应该受到足够的保护,因此要先进行考察,做出合理的规划后才能进行施工。同时,在镇远周边自然景观的开发中,应当突出加强政府各专业部门的协调与配合。管理模式应将国家级自然保护区、省级风景名胜区、县级公园等在不同级别中加以整合,实行统一的科学管理。管理部门要加强对各景区的检查监督,对景区实行动态管理,对重点自然景观实施动态监测,及时制止一切对景区资源的破坏活动,使资源受到永续监管与保护。

(三)微观层面:旅游参与者加强自律

1.对于旅游业从业者

旅游业从业者要成为"低碳旅游"的宣传员。旅游从业者要做到无论走到哪里,在哪里,都必须改变他们的固有想法,从内心重视自己赖以生存的旅游资源,增强保护这些资源的思想意识。要做到不乱扔废弃物,不破坏植物,爱惜每一分土地,每一滴河水,主动采取各种节能措施,以节省能源。而这些行为也会影响游客,为游客养成保护当地环境的良好习惯,提高环保意识起到言传身教的作用。

当地旅游部门要加强与环保部门的合作,建立一支高品质的本地旅游从业人员队伍,并加强对其的监管。首先,旅游行政主管部门应提高旅游从业人员的门槛,为获得旅游从业资格的人员颁发从业资格证书,这是一个必要条件,以确保高质量的人才参与到旅游业的发展和环保事业中来。其次,要通过各种方式来提高旅游业从业者自身的环保意识,加强对这类人的环保知识和职业道德的培训,提高其自身素质,增强其责任感,这样他们在工作中就可以自觉地向游客进行环保宣传,而游客本身也会乐意接受。

2. 对于旅游业消费者

大力推进环境建设工作,要充分重视旅游业的另一个参与者——旅游消费者的重要作用,要从根本上改变其传统的旅游消费方式,形成低碳的旅游消费形式。游客作为旅游活动的参与主体,在当今提倡低碳生活方式和发展低碳经济的背景下,他们对于低碳旅游的理解和行为实践就显得尤为重要。对于游客来说,实现低碳旅游并不难,它只需要游客本身参与的态度并付诸实际行动。对于低碳旅游消费模式的建设,首先要培养游客普遍的低碳环保意识,如果大部分群众的消费行为的选择是低碳方式,那就会形成一个强大的普遍低碳的心理基础,为低碳消费方式的推广打下良好的群众基础。每一个旅游者都应该具有强烈的环保意识,都应该作为低碳旅游的参与者、贡献者。游客主动通过旅游消费方式的改变,减少对环境的污染,对资源的消耗,并采取主动"碳补偿",这些行为为当地旅游资源的可持续发展创造了良好条件,促进了当地文化资源和生态资源的保护。

首先,旅行社应从吃饭、住房、交通、旅游、购物、娱乐等多方面设计游客的旅游线路。例如,安排具有当地特色的绿色食品消费,入住绿色认证的酒店,尽可能放弃旅游大巴的使用而采用景区的电动观光车,尽量将游客的整个行程安排在低碳环境下。

其次,提高导游人员的环保素养,让他们在解说美景的同时,亦能设计环境教育的内容,引导旅游者了解环保,践行低碳行为。

最后,旅游者要从小事做起,保护旅游目的地的自然环境,在旅行后继续倡导低碳生活方式。每个人的配合和努力,是这一低碳旅游产品发挥效果的关键,是旅游业通过自身产品向社会提供低碳实践的最佳成果,是让越来越多的人把低碳融入日常生活的前提。

第二节 郎德上寨旅游业简介

一、郎德上寨简介

郎德上寨是贵州省黔东南苗族侗族自治州雷山县郎德镇下属的一个苗族村寨,自元末明初建寨以来,已有500多年历史。因清咸丰、同治年间杨大陆(苗名腊略,陈姓)率苗民起义而声名远播。至今仍保留着富有地域和民族特色的苗族古建筑群、较少受外界影响的苗族文化、良好的自然生态环境和宁静的山乡氛围。

该寨作为贵州民族村寨保护重点村寨,1987年以"郎德民族村寨博物馆"名义发展旅游。23年接待中外游客逾百万。2008年被纳入奥运圣火线路。先后获得"中国民间艺术之乡""全国百座特色博物馆""全国重点文物保护单位"称号,目前是贵州著名的苗族文化旅游目的地。早在20世纪90年代初,旅游业就成为村域经济支柱,走过起步期(1987—1995)、平稳期(1996—1999)、增长期(2000—2008)三个阶段,发展已相对成熟。郎德上寨没有延续其他苗寨单纯以农业为主的传统发展道路。

二、旅游城镇化及其对郎德上寨的影响

(一)旅游城镇化概念

学术界普遍认为,旅游城镇化是城镇化的一种类型,是以旅游业的发展为动力推动旅游目的地人口和产业的集聚及城镇在空间上扩张和重构的过程。区域城镇化和旅游业发展被认为是旅游城镇化的主要动力机制。目前对旅游城镇化的消极影响研究不足,研究方法以定性描述为主,以民族地区为研究地域的极少,民族村寨的相关研究尚属空白,缺乏因地制宜发展旅游城镇化的创新研究。

旅游城镇化是受旅游业发展引发或驱动的城镇化现象和过程,属城镇化多元发展和旅游业成熟发展的共同作用结果和综合表现,一般发生于城镇(市)旅游热点区域或旅游景区。就民族地区来看,旅游城镇化可与发生

地或周边地区的经济社会发展水平无显著关联,主要受旅游吸引物和其他旅游经济要素影响,且表现出嵌入效应。作为城镇化的一种重要类型,旅游城镇化表现为旅游经济要素(人流、物流、信息流和资金流)向旅游业相对发达区域的地理集中。而这种集中过程必然对城乡二元格局中的民族村寨文化带来新的影响。

(二)旅游城镇化对郎德上寨的影响

旅游城镇化在优化区域产业结构、促进区域经济增长的同时,也不可避免地对民族村寨文化的保护和传承造成负面影响,引发一系列城镇化与民族村寨文化保护的现实矛盾:钢筋水泥的现代建筑与少数民族建筑文化的矛盾;现代城镇生活方式与少数民族传统生活方式的矛盾;少数民族青年人生活方式的趋同化与民族文化保护与传承的矛盾;民族文化旅游开发的急功近利引起的文化变异与原生态民族文化保护的矛盾等。

为落实贵州省"2010年城镇化水平达27.5%、2020年达35%"的目标,黔东南州大力实施"城镇带州"战略,加快全州城镇化进程。同时依托"歌舞之州"丰富的民族文化资源,着力打造原生态民族文化世界旅游目的地。随着凯里市、雷山县以及丹江、西江等地旅游投资、建设力度加大,旅游城镇化成为黔东南州城镇化的重要类型。雷山县以"中国苗文化中心"为定位,大力发展以苗疆圣土为特色品牌的旅游业。随着旅游业和相关产业发展带来的用工需求不断提升,郎德、西江、丹江等乡镇和周边的农村富余劳动力快速向中心城市转移。这在一定程度上带动了雷山县旅游城镇化发展,2008年底城镇化率达到23%,比2005年底提高2.81个百分点,明显高于全国同期水平。郎德上寨的民族村寨文化保护与继承,处在双重旅游城镇化的影响之下——外部显性的、黔东南州以及全国快速城镇化背景;内部是隐性的、当地村民发展旅游过程中的观念意识和生活习惯的旅游城镇化。就文化的流变、保护和继承而言,后者影响更为深刻。然而实地调研显示:该寨民族村寨文化并未随旅游发展而消退,且与雷山、凯里的旅游城镇化关联不明显,既没有村寨景观和文化出现城镇化现象,也没有劳动力向中心城镇的大量转移。相反,却因村寨景观与文化较好地保留而受到海内外旅游者的持续青睐;全寨季节性外出务工人员50余人,仅占总人口的8%。本书将这种旅游城镇化背景下独特的民族村寨文化保留传承方式称为"郎德现象"。这与"郎德模式"这一文化保护模式密不可分。

三、郎德模式——旅游城镇化背景下民族村寨文化保护与传承实践

双重旅游城镇化背景下的郎德上寨,民族村寨文化保护与传承主要通过文物保护和"社区主导、全民参与"的民族村寨旅游两大途径进行。在实现村寨文化保护、继承和村寨旅游发展并行不悖的同时,也获得了良好的社会、经济和环境效益。

(一)文物保护和旅游发展由来

郎德上寨的文物保护工作始于1984年。1985年,该寨作为黔东南民族风情旅游点率先对外开放,1986年被国家文物局列为全国第一座露天苗族风情博物馆。文物保护工作在文保部门和村民的共同努力中进行。1987年,村委会引导全村放弃种收成本较高的烟草种植项目,正式开展旅游接待。村委会领导班子发挥集体智慧,创造性地将人民公社中实行的工分制加以改造并应用到旅游发展中,逐步形成"社区主导、全民参与"独具郎德特色的民族村寨旅游发展模式,文物保护和旅游发展成效显著。1997年,郎德上寨被授予中国民间艺术之乡,2001年被列为全国重点文物保护单位。2003年,旅游收入占村民家庭收入的31%,2008年高达50%以上,户均旅游收入超过1万元。

(二)郎德上寨民族村寨文化保护与传承的主要内容

1. 苗寨古建筑群

作为苗族典型聚落,郎德上寨古建筑群堪称苗岭建筑博物馆,"鱼住滩,人住湾""万马归槽"的人居选址偏好,依山就势。以铜鼓坪为中心的村寨布局,吊脚楼和"美人靠"为独特风格的建筑特色,以及选房基、选中柱、上大梁等建房习俗,均可在古建筑群中得到反映。由于受到文物保护法的保护,加之旅游发展需要和当地村民对村寨的热爱,郎德古建筑群在旅游发展过程中获得了较好的保护,数次顶住了雷山县和郎德镇政府扩建村寨旅游设施的压力,使古建筑和村寨风貌免受破坏。在对静态的古建筑实体保护的同时,也保护了苗族建筑文化、建房习俗和居住文化。随着民族旅游的深度开展,古老的民居建筑还被视为民族旅游原生态的特征景观以及地方和民族文化的重要代表,日益受到游客青睐。

2. 苗族服饰

郎德上寨的苗族服饰多达二三十种,便装和盛装均为手工制作。服饰及其制作工艺随着 20 多年来的旅游发展得到了重视和强化,这不仅让苗族传统服饰成为郎德上寨苗族重要的民族表征,而且让民族服饰的制作工艺代代相传。

3. 苗族文化艺术

除苗族服饰工艺外,苗家十二道拦路酒、芦笙、莽筒演奏等苗族歌舞在旅游发展中均被作为迎接游客的重要展示内容并得到重点保护和继承。一方面,随着郎德上寨知名度提升,由 30 名青年男女组成的艺术团常年被邀请到国内外演出、教授苗族歌舞;另一方面,由于苗族传统建筑工艺的完好保留,郎德工匠经常被请往雷山、凯里和贵阳建造和制作传统苗族民居和家具,在保护苗族艺术文化的基础上扩大了影响和传播范围。

4. 苗族传统节庆习俗

截至 2010 年 8 月,苗家乐作为主要的旅游接待服务形式,已经发展至 16 家。正是这种"住苗家楼、吃苗家饭、访苗家情"的苗家乐,为游客提供了接近和了解苗族的生活制度、家庭制度、村落社会制度的机会,郎德上寨也在展示苗族制度文化同时做到了保护和继承。同样,苗年、鼓藏节(牯脏节)等传统苗族节庆仪式作为重要的旅游展示内容得到强化,并激起了郎德上寨村民的强烈的民族文化自豪感,进一步促进了村寨文化保护与继承。郎德上寨的民族村寨文化之所以能代代相传、时至今日保持民族传统特色,文物保护法、苗族习惯法和工分制的作用功不可没。

(三)郎德上寨民族村寨文化保护与传承的机制

郎德上寨民族村寨文化保护与传承的动力固然与苗族的生态伦理观念有关,但也离不开文物保护法的硬性规定和郎德特色的工分制。一是文物保护法的相关规定对已纳入文物保护范围的古建筑群的刚性保护。二是村委会和旅游小组两级管理机构和工分制管理制度在村寨文化保护和继承中起到的关键作用。现有关郎德上寨的文献大都认为工分制和社区参与是郎德上寨文化和旅游持续发展的重要机制,而实质上,工分制重在提供了一种管理和利益协调机制,从而调动了全体村民的积极性,引发了一场全民参与的村寨文化保护与继承行动。正因如此,郎德上寨的旅游发展才能在村寨文化保护和继承的基础上实现健康、持续进行。三是来自苗族习惯法对本寨居民的约束,如有触犯则按照习惯法惩罚。如"4个120"惩罚法(即罚120斤肉、120斤酒、120斤米、120斤菜)。郎德上寨的工分制是一种对参与迎宾和歌舞表演的本寨村民按照角色和贡献差异发放面值不同的工分牌的做法。工分牌的发放由村主任等村委会领导负责;工分的统计工作由旅游小组成员负责,以户主(家庭)为单位逐人逐次登记,并将总分汇总到"郎德上寨民族旅游接待工分表"。月末将当月旅游收入的75%按照工分的额度比例结算给每户家庭。旅游收入的25%留作公用。旅游账目定期公示,做到透明、公开、公正。游客进寨时开始首次发放工分;游客全部进寨门,迎接芦笙停奏,开始二次发放工分;进入铜鼓坪,停发工分票;穿戴不齐或中途退场者,扣除相应工分;首次领不到工分者还有二次领取工分的机会。另外还规定旅游接待工分发放过程做到公平公正,不得舞弊。具体由郎德上寨旅游小组监督、执行。

  旅游工分按职能分工可分为迎宾客、演员、陪场、群众;按衣着不同分为银衣、长衣、便装、盛装、银角。按服装穿戴整齐程度和具体分工,参与者可拿到不同分值的工分牌,旅游工分的发放、统计结算方式独具匠心:将全寨村民按4个村民小组分别用红、粉、绿、蓝四种颜色的账本登记造册,便于分组统计工分;工分牌分红、黄、白、蓝、黑五色,按表演场次轮流发放;每次统计当天当次表演时只将一种颜色工分牌纳入统计;每人将所得工分牌交由旅游小组成员,统计到自家账本;旅游会计将当天账目汇总到全寨旅游工分统计表,并按照每月旅游总收入按工分比例发放。这充分显示出郎德人的旅游管理智慧。旅游工分制度接待为全寨带来了可观的经济收益。一场迎宾歌舞表演的收费已从1987年的150元提高到目前的600~800元。1次接待活动可以让1名妇女挣到22分即2~4元,让男人和儿童赚到10分即1~2元,旅游工分制度不仅在一定程度上提升了妇女的经济地位和家庭地位,也让每户每月增收1000~2000元。这也使郎德上寨早在2003年就成为远近闻名的旅游富裕村。2008年全村仅歌舞表演所得收入就达112万,是全村农业产值的近20倍。村委会和旅游小组还研究将工分制的应用范围逐步拓展到苗家乐接待中,让旅游收益得到更加公平的分配。郎德上寨的工分制不仅是对传统工分制的创新和发展,更体现了郎德人的智慧,蕴含了朴素有效的管理学原理:公平原则——参与旅游接待的村民都有工分,充分调动积极性;差异原则——能者多劳,多劳多得,避免平均主义;公开透明——

及时统计,定期公示;流程控制——分次发放,不影响接待活动;分类管理——明确分工、各司其职,保证有序性;量化管理——减少因主观因素带来的不公平;监管机制——防止作弊,保证公平。

四、郎德模式及其评价

(一)郎德模式

首先,郎德上寨的民族村寨文化保护与传承是由两股力量推动和维持的结果。一是国家层面的文物保护法规自上而下的保护,二是郎德上寨的苗族习惯法和村民的自发保护。其次,在民族村寨文化的真实性、完整性、原生性得以完好保留的基础上,民族村寨旅游获得了良好的发展,同时也以旅游收益回馈到文化保护和继承环节中。民族村寨文化保护与继承和民族村寨旅游发展之间构成了良性互动发展的系统。将民族文化旅游作为民族村寨文化的保护和继承手段之一,是郎德模式最大的特色、创新和成功。

而且,工分制作为一种切实有效的运作、管理和收益分配机制,保证了郎德上寨文化保护与旅游发展互动系统特别是村寨旅游发展的良好运行。收益分配是根本,运作和管理是关键,郎德模式中的"工分制"恰好起到了这种决定性作用。

包含了郎德人集体智慧的工分制在民族村寨文化保护及其实现途径即民族文化旅游发展过程中发挥出巨大的作用,切实调动了全体村民的积极性,让村寨旅游以及文化保护和继承成为全民参与的行动。国家法规、寨规和工分制的综合作用使村寨文化得到有效的保护和继承。简言之,郎德模式就是一种社区主导、全民参与,以工分制作为管理和分配机制、以民族文化旅游为具体手段的文化保护与继承体系,它以文化真实、文化持续、旅游持续和尊重当地社区意愿为重要特征。

(二)郎德模式的评价

国内外学者针对民族村寨文化保护曾提出整体保护、分区保护、双村模式、生态博物馆和村寨博物馆、民族文化生态村等构想,但普遍具有理想化和静态保护思维的缺陷,因而也缺乏文化保护与继承得以后续发展的动力。相比而言,郎德模式在民族村寨的文化保护和传承方面体现了管理、运行和利益分配的统一,按照苗族习惯法和风俗习惯充分尊重本寨村民的发展意愿，更为生动有效，因此更具旺盛的生命力。这是文化保护与继承的关键，也是郎德模式的优势和成功之处，故沿用至今。郎德模式最初源自文物保护工作者和村民对本寨历史文化朴实的保护意识，随后的村寨文化旅游发展只是在文化保护的基础上的"无心插柳"，并没有将经济效益最大化作为最终目标。正缘于此，郎德上寨村民的生产生活方式没有明显改变，旅游接待让村民们在农业生产中更加忙碌，兼顾农活和旅游接待，村域经济也开始用农业和旅游服务两条腿走路。传统的农业生产观念和苗族热情好客的民族传统习俗让郎德上寨居民在重视和参与旅游发展的过程中，并没有将经济效益放在首位，相反却极为重视郎德上寨的口碑和宣传效应等社会效益；同时，旅游发展也使当地苗族朴素的生态环保观念进一步得到强化，促使村寨生态环境不断得到改善。民族文化保护及旅游发展真正做到了可持续。由此，郎德上寨在旅游城镇化过程中实现了劳动力的就地转移，没有将旅游和生活截然分开，避免了商品化带来的文化雷同，使村寨的自然风光、民族风情和人文景观保持了最大限度的原生性，保证了郎德上寨苗族文化的真实性，为民族文化旅游的持续发展提供了坚实基础。郎德模式虽有地域因素和民族文化背景，仍不失为旅游城镇化背景下一种有效的文化保护与继承的有效机制，并为其他民族地区的文化保护和旅游发展提供了借鉴。

在旅游城镇化推进与少数民族文化保护之间的矛盾日益凸显的时代背景下，郎德上寨的村民因势利导，顺应旅游城镇化的发展趋势，将民族文化旅游作为民族村寨文化保护与继承的有效手段，并发挥集体智慧，以工分制进行运营管理和利益分成，保证了文化保护的持续性，在旅游和文化保护之间建立起一种利益相关、互为因果的反馈机制。郎德模式有其偶然性，但更多的是文化保护与旅游发展良好互动的必然结果，更是民族村寨文化积极应对旅游城镇化冲击的一种民族文化保护和传承的成功实践，而不是被动地接受旅游城镇化的负面影响。

郎德模式有效规避了旅游城镇化带来的城乡经济文化交流的单向性显著、旅游经济的马太效应恶化、乡村空心化发展等消极影响对少数民族文化的冲击，不仅化解了旅游城镇化与少数民族文化保护之间存在的系列现实矛盾，还从根本上解决了村民周期性往返于乡村和城镇之间的候鸟生存方式、无法在文化和经济上真正融入城镇、无法享受旅游城镇化成果等问题，让村民在土生土长的村寨中实现安居乐业,让民族文化保护与继承有了持续的物质生活保障,从而走出了一条有别于传统文化保护模式的特色之路,使郎德苗族村寨文化旅游永葆特色魅力。这对民族地区文化保护与继承极富广泛的借鉴、推广意义。

第七章

国内外其他旅游经济发展理论及实践启示

第一节 国内其他旅游经济发展理论

一、"IP+旅游"景区跨界营销的成功案例——以四川光雾山植入《西游记女儿国》为例

(一) IP+旅游定义

"IP+旅游"指的是以 IP(Intellectual Property)为景区开发的基本线索和核心吸引,打造的一种具有鲜明主题特色的旅游模式。"IP+旅游"中最为成功的例子莫过于迪士尼主题乐园。在迪士尼主题乐园里,造园者有意识地把米奇、唐老鸭、白雪公主等经典卡通人物形象和场景贯穿到景区开发的过程中,这些自带势能的卡通形象就成了连接旅游消费者和景区的情感桥梁,源源不断地吸引消费者进园体验。"IP+旅游"模式与旅游业正在发生的变化是不谋而合的:传统的观光式旅游逐渐被体验式旅游取代,同质化旅游逐渐向个性化旅游转变。体验式旅游旨在激发游客在旅游过程中的参与和互动的热情,从而使其达到精神满足的目的。把 IP 这种高辨识性的精神符号与旅游结合,正是把目标群体的兴趣点与旅游项目做精准的匹配,而旅游就是游客和 IP 发生深入互动的过程。

(二)"IP+旅游"景区跨界营销的创新途径

在景区开发的众多问题中,同质化问题是最为突出的一个,如何差异化

发展以及对客群进一步细分成为破题的关键。对于景区而言,引入 IP 后其辨识度将大幅度提高,鲜明的主题特色锁定了特定的游客群体。根据目标客群的特性,景区运营商可以有针对性地为其设计个性化的旅游产品。

(三)光雾山植入《西游记女儿国》的创新实践

1. "IP+旅游",跨界营销新方式

2017 年 5 月—2018 年 3 月,由巴中市南江县旅游局和四川光雾山旅游发展有限公司出资,四川康臣弘映文化传播有限公司代理策划执行的《西游记女儿国》电影合作拍摄营销事件顺利完成,电影于 2018 年大年初一上映并展示了大量光雾山的山水美景,并在网络上形成了持续性的话题讨论,引发大量媒体报道和游客关注,为整个光雾山景区的品牌形象起到了极大的提升作用,也促进了当年光雾山旅游游客数量的直接增长,整体推广活动取得了良好效果。

拍摄营销期间,康臣弘映先后多次组织《西游记女儿国》出品公司星皓影业拍摄团队深入光雾山景区进行拍摄取景,并邀请光雾山景区领导嘉宾代表出席 2017 年上海国际电影节、电影全球首映礼、成都明星见面会等线下活动,出品公司星皓影业高层为光雾山授予"中国大陆唯一合作拍摄景区"的称号,并定制专属光雾山的电影主角海报,同时,先后邀请上百家媒体,发表报道 1000 余篇,将光雾山在本次事件中的影响继续扩大,引发了大量自媒体的自发报道和网民的关注转发。

2. 整合营销传播

光雾山"女儿国"大事记植入式广告通过把广告植入电视剧、电影场景、节目中,使广告与之融为一体,在受众无意识的情况下,不知不觉地将商品和品牌信息展现给受众,进而达到广告主所要求的目的。

而此次光雾山植入《西游记女儿国》并不仅仅停留在浅层的内容植入上,而是以整合营销传播的方式实施了一整套传播内容和手段,力图将此次事件的影响力达到最大化。

3. 光雾山走上国际舞台

传播收效意义深远。《西游记女儿国》电影植入项目首先以大 IP 电影选景拍摄为事件进行曝光,同步跟进大量重要节点,不断在线上线下将光雾山推至电影观众和明星粉丝眼前,并且有选择性地在川陕渝地区重点投放软文进行宣传,收到了较好的传播效果。

4. 传播效果的直接影响

(1) 体验层面。《西游记女儿国》邀请了来自韩国和美国的视效团队,为光雾山绘制了特效意向稿,并根据脚本进行了拍摄和后期制作,既符合电影本身魔幻的视觉效果,又展示了光雾山景区奇险峻秀的特征,引人入胜,让观影的人群能够未到其山、已感其美,目前《西游记女儿国》影院票房7.2亿,约合2400万观众在影院观看,线上播放量已突破1.3亿,整体超过1.5亿人观看了该片,也就是说超过1.5亿观众在不到两个月的时间接收了"光雾山"这一信息,并且播放量还在不断增加,光雾山风景已经永久植入电影中,与电影剧情有机结合,带给观影观众深层的体验。

(2) 品牌层面。通过此次事件传播,光雾山在接近一年的时间内,一直处于四川景区话题曝光最多的景区行列,参考近一年的百度指数,自2017年5月开始,光雾山在百度中被搜索的次数有了明显提升,整体同比上升了53%,环比上升25%。同时,此次事件营销,成功地将光雾山的品牌形象从一个区域景区升级成为具有全国影响力的景区,由大IP电影带来的晕轮效应,让光雾山与西游记大IP绑定宣传,成为流量的受益者。

(3) 市场层面。随着该事件的展开,光雾山的游客数量也因此得到了直接提升,尤其是在国庆期间,根据四川的统计数据,2017年十一黄金周期间,在门票收入方面,峨眉山以2436.33万元高居全省首位。而排名第二的是光雾山,以八天入账2003.7万的表现把乐山大佛、都江堰、阆中古城、青城山等知名景区甩在身后,创建中的AAAAA级景区远超老牌AAAAA景区,从市场层面说明了本次事件营销的影响力。

5. 传播效果的次级影响

(1) 市场需求增强,迫切需要创新旅游产品组合。通过大型事件营销将光雾山景区的品牌效应转化为市场优势,同时也催生了旅游产品组合创新的需求,尤其是景区人文体验互动的项目,利用《西游记女儿国》带来的IP效应,将剧中场景复原,作为人文互动景观是比较常见的做法。如各类特色商品销售经营,商品的品类扩展、新产品开发包装、产品销售方式组织(如加入电商销售方式等);又如景区项目经营工作,增加景区门票销售渠道,优化团散比例;再如景区营收项目、游乐设施、酒店服务、餐饮服务等,需统一进行品牌系统设计,提升品牌溢价,促进销售收入。

(2) 公众的高度关注促进景区提升服务质量。光雾山景区受到公众和媒体的高度关注后,促进景区自发提升服务质量,关注游客体验感受,从而增强游客忠诚度和提高品牌美誉度。提升服务质量包括加强景区道路、酒店、餐饮等基础设施硬件建设,定期对服务人员进行素质培训即软件建设,完善景区导视系统,定期检修景区游览路线及游乐设备,甚至将景区纳入智能化服务系统,使景区整体服务更加智能化、人性化、便利化,为游客带来更为舒适的体验感受,促进口碑传播。更重要的是,服务质量的提升也将为光雾山景区申报国家级 AAAAA 景区奠定坚实基础。

（3）引发社会效益,扩大就业岗位。实现旅游发展市场价值的体现,归根结底将落脚在社会效益方面。旅游产品销售及服务质量提升,为当地提供大量就业岗位和创业机会,以景区发展带动当地经济发展,使当地群众共享旅游资源红利,从而实现旅游精准发展。同时,景区的纵深化发展将吸纳大量专业优秀人才流向南江地区,为当地的旅游文化建设输送有创造力的新鲜血液,为当地旅游产业提供新的发展思路和智力支持。景区的发展还可为当地吸引外部投资,引入更多社会资本对当地旅游资源进行深入挖掘和开发,促进当地基础设施建设的不断完善和人民生活水平的提升。

二、三种较成功的古镇旅游业发展模式介绍

（一）结合旅游业进行产业化改革的丽江模式

丽江的旅游业开始于 20 世纪 80 年代,当时的旅游业属于外事接待型,1992 年初,丽江地区成立了玉龙雪山旅游开发办公室,1992 年底,云南省政府正式批准玉龙雪山为省级旅游开发区,1994 年 11 月,省政府召开了滇西北旅游规划现场办公会,提出了"发展大理,开发丽江,带动迪庆,启动怒江"的发展思路,云南省把旅游开发重点转向滇西北地区,从丽江发展来看,近年来,丽江旅游业在 GDP 中占的比重越来越大,对社会经济的作用越来越明显,丽江的旅游业已经从外事接待型转向经济产业型。丽江旅游业进入了实质性的开发建设阶段,旅游业成了丽江的支柱产业。1999 年昆明世博会圆满举办,对丽江旅游业发展具有里程碑的意义。2006 年 2 月,省政府召开了滇西北旅游现场办公大会,提出实施"做精大理,做大丽江,做优迪庆,开发怒江"的发展思路,极大地促进了丽江旅游业的迅猛发展。在丽江目前的各项收入中,旅游产业创造的收入已经超过 GDP 的一半,为丽江经济快速稳

第七章 国内外其他旅游经济发展理论及实践启示

定发展提供了强大动力。

然而随着旅游业的深入开发，旅游景区资源破坏日益严重，经济发展和生态环境矛盾日益突出，如何在保证经济持续高速发展的条件下同时实现旅游业的可持续发展，继续做强做大旅游产业，是丽江旅游业在发展初期面临的重要问题。而循环经济理论的出现则为丽江旅游产业的改革找到了出路，已有的成功案例证明发展循环经济是实现这一目标的最佳手段，并最终实现经济与环境的"双赢"，达到可持续发展。为了实现古城的可持续发展，丽江开展了针对落后的传统的发展模式即"单向线性发展模式"的产业化改革。在传统的发展模式下，丽江旅游业得到了较大的发展，但也出现了环境污染和资源浪费等很多严重的问题，在这种情况下，丽江市政府推出绿色投资方案，实现绿色招商与节能减排相结合，以满足旅游业发展需求，同时又不危害环境，不破坏旅游资源，达到经济发展与环境的相互促进发展的目标。实施绿色采购机制，引导企业和个人在采购原材料产品的时候，相同的产品优先考虑选择环保产品。监督酒店、旅馆、餐馆、酒吧和商店进行绿色采购，游客进行绿色旅游消费。

当地的旅游企业应设立适当的问责机制，并指定负责领导，形成企业内部有效的管理网络。旅游企业应制定相应的计划，明确促进循环经济推广和实施的目标，建立起节能、环保、绿色消费的旅游规则。旅游企业应对全体员工完成的循环经济理论知识和环保意识的培训工作，特别是在资源利用率、节约能源的问题上，加强相应的技术培训，以确保这项工作能够持续地开展下去。要将循环经济发展模式的推广工作指标化，建立以其为关键性指标的绩效评估体系，并建立相应有效的监督机制和奖励制度，以促进循环经济模式的推广成效。

开展告别"一次性"用品的环境拯救行动。建立了各类节能示范企业，如节水示范企业、节电示范企业等，并给予一定的政策性奖励，从而促进更多的旅游企业加入节能减排的行动中来。在各类旅游服务性行业中，饭馆、酒店、宾馆、旅店、客栈等开展"绿色出行"行动，拒绝使用一次性筷子、一次性饭盒，一次性台布和毛巾等，并向游客做好解释工作；同时在服务质量不降低的前提下，通过宣传，鼓励星级酒店改善客房"六小件"的供应方法和床单、毛巾、浴巾每日一换制度，减少废弃物、废水的排放量，创建绿色服务行业。游客也要尽量能节约的就节约，能循环利用的就循环利用，尽量减少垃圾的产生量,节约用水用电,甚至是一次性的物品也设法重复使用。

循环经济的概念是在当代经济发展所暴露的各种社会问题越来越多的情况下提出来的新概念,尤其是在当今社会发展中的资源和环境问题日趋严重的情况下。世界任何一个国家的旅游业都是依靠本国的自然天赋和社会遗址发展起来的,因此保持当地生态环境和人文环境的健康发展是旅游业赖以生存和发展的基础。由于不可再生的环境资源和生态环境具有极大的脆弱性,因此发展循环经济才可以真正解决各地发展旅游业中所遇到的各种问题,实现旅游经济和资源环境的可持续发展,实现二者双赢。

(二)以生态环境优化促进旅游业发展的婺源模式

婺源旅游业在发展中实现第一次重要变革是在2001年。在20世纪90年代中期,婺源旅游业开始在市场经济的建设大潮中慢慢发端,他们通过本身的资源优势建设自身品牌,并通过各地慕名的游客,尤其是摄影爱好者的口碑传播,形成了具有一定社会效应的品牌知名度,"中国最美的乡村"从游客之间的口口相传到各类媒体的报道、再到互联网的广泛传播,逐渐成为婺源地区深入人心的旅游形象。然而,从婺源旅游行业的发展历程来看,由于粗放型的经营管理,景区开发的急功近利,环境污染和资源浪费情况逐渐严重等原因,传统发展模式的缺点也明显表现出来,这也严重阻碍了当地旅游业的发展。

随着改革发展模式带来的好处的不断展现,进入2009年,婺源旅游业迎来了历史上的第三次重大转变。该县调整并确定了新的发展思路:即优先对生态环境进行优化,通过提高旅游业竞争力的方式来提高自身的价值,促进旅游行业转型,使其增长方式实现"从量到质"的根本性转变;强调有效促进旅游产品的开发,实现产品的结构升级,使简单的观光旅游和休闲度假旅游相结合,特种旅游和商务旅游相结合,形成各种旅游类型的新型组合形式;提高旅游产品的水平和层次,将大众旅游作为主打项目,同时促进大众旅游和高端旅游的协调发展。通过这三大转变,使当地旅游业的价值量实现显著改善,既可以富县富民,又可以建立一个众所周知的国内和世界知名的旅游目的地。

比起其他地方,婺源旅游产业可以说起步较晚,而在这几年却能够实现显著的发展,除了本身具有优良的旅游资源,关键还是在于婺源对自身的一个探索性的改革,尤其是它走出了通过促进生态建设发展经济,通过经济发展促进生态系统改革的道路,使婺源的生态和文化之美得到充分展现。婺源旅游产业发展的特点主要集中在:婺源境内山川秀美,生态环境优良,尤其是美丽的古村落、古建筑堪称一绝,在这里可以说实现了婺源的生态和文化的完美结合。通过对自身"中国最美丽的乡村"的品牌定位,有效地展示了当地旅游景点的特色。

(三)以文化旅游为主、民族风情为辅的凤凰模式

凤凰县位于湘西部,与贵州铜仁接壤。总面积1 759平方千米,总人口37万,其中少数民族占总人口的62%,苗族占总人口的52%。该县旅游资源主要有以南华山国家森林公园和沱江为代表的自然山水风光,以凤凰古城南长城和沈从文旧居为代表的一批历史人文景观,及以苗族为主的浓郁的民族风情。在旅游业崛起之前,凤凰其财政收入靠的是当地农业和烟草工业。1997年因国家政策调整,烟草业被迫关闭,凤凰人开始了艰难的二次创业。他们充分利用本县丰富的历史人文资源,因地制宜发展旅游业,树立大旅游、大产业、大市场理念,科学规划,准确定位,大力实施精品和名牌战略,高品位开发旅游资源。他们在开发中高度重视资源保护,积极申报省级历史文化名城,于1990年4月获省批准,接着又积极申报国家级历史文化名城,于2001年12月获国务院批准。

通过观察整个凤凰古城旅游业发展历程,我们可以看出,当地有效地实现了文化和旅游相互融合,相互促进,从而取得了良好的经济效益和社会效益。当地独特的文化特色、民族风情,本身就为当地旅游业的发展提供了纯天然的优势资源,而二者的有机结合又使这种发展更进了一步。可以说在凤凰,以文化为基础的旅游业发展模式具有很广泛的群众和社会基础,这本身就更好地促进了凤凰古城旅游的发展,实现了旅游业向文化产业的转型和产业化升级,具体包括以下几个方面的内容。

丰富的文化资源是凤凰在旅游业发展中实现资源消耗型向文化依赖型转变的基础,它实现了在有效提高资源利用率的基础上的文化产业性变革。凤凰古城被称为"湘楚苗地的边域、史迹荟萃的古城、艺术斑斓的名城、屏山带水的绿城",它拥有着丰富的历史和文化遗产,民俗文化资源和民族特色风情,各种文化资源在这里交汇融合,成为凤凰实现旅游业文化产业性升级的基础。

凤凰旅游业由资源消耗型向文化依赖型转型的前提是凤凰古城的文化

资源得到了有效保护和发展。在旅游业的发展中,保护和发展之间是辩证统一关系,要在保护的前提下发展,在发展的基础上加强保护。凤凰古城旅游业在开发中很注意当地文化资源的保护和可持续利用,当地通过树立强烈的资源保护文化意识,注重古城各项产业的可持续发展,并在古城的开发和建设规划中坚决贯彻落实,形成了具有当地显著特色的科学的城市统筹发展的意识,精心打造古城建筑,在古老城市发展方面的每一个细节上不破坏每处古城的文化资源,建设精品古城、特色古城。通过努力保护古城的历史和文化遗产,使得当地的历史文化、古城风貌和独特的自然景观得以充分展现。

充分深入挖掘古城的文化内涵,是凤凰古城旅游发展过程中实现资源消耗型向文化依托型转型的根本。凤凰本身具有独特的地域和文化特色,这也是凤凰旅游业发展中的资源优势,全县通过深入研究,加强了对其旅游历史文化资源的收集和利用,使其包含的文化旅游资源的潜力得到充分释放。

凤凰旅游业实现资源消耗型向文化依托型转变的关键在于当地准确地把握了旅游业发展中的文化需求特征。凤凰古城具有的强大的文化生命力对古城的文化旅游需求起到了推动作用,指导着当地旅游业的发展之路。为了实现当地旅游业的成功转型,掌握游客的文化需求特征就成为重点工作。当地政府、企业通过深入市场调研、采访工作,研究和把握游客的需求,在凤凰古城文化旅游的现有基础上,挖掘出凤凰古城最有吸引力的、最流行的文化旅游产品,并展开有针对性的营销活动,使文化旅游成为一种发展趋势,同时当地还很好地保护了其古城文化旅游项目,为提高凤凰古城文化旅游产品的市场活力打下了坚实的基础。

凤凰旅游业发展实现资源消耗型向文化依托型转型的核心在于完善当地的组织领导体制。凤凰古城旅游业的发展是离不开政府的组织和领导的。凤凰县各部门建立了长期合作机制进行协调和合作,以进一步加强凤凰古城旅游业的开发,引导旅游业的发展之路。当地文化局和旅游局及其他有关部门成立了旅游合作与发展领导小组,由领导小组制定当地旅游业的发展战略,规范市场秩序,进行市场营销。

在凤凰当地,通过这种旅游业发展模式的转型,保护了当地的自然生态系统,发展了旅游业,保护了当地的民族和文化多样性,保证了历史文化遗产的完整性。发展以文化为主导的旅游业,既促进了整个凤凰地区的城市经济发展,也同时保护了古城区的历史文化资源,实现了人民、政府和企业的和谐发展。通过这种转型,当地开辟了旅游业的发展新路,既推动了凤凰古城的文化体制改革,加快了文化产业发展,满足了广大游客的文化消费需求,也有利于促进文化遗产的保护,扩大凤凰古城的文化知名度,增强其软实力。

三、井冈山的旅游发展经验

近几年,井冈山红色旅游发展如火如荼,据井冈山市政府统计,从2015年到2017年,井冈山红色培训班次、人数年均增幅在50%以上。2017年1月到11月,有大约45万人参加了井冈山的红色培训,同比增长51.22%,这一人数是井冈山市16万人口的近3倍;2017年全年,井冈山举办红色培训班7818期,培训学员46.17万人,同比分别增长55.05%和55.03%,全年仅门票收入便达1.49亿元,同比增长12.39%,对当地经济社会发展和人民生活水平的提升,带来诸多收益。探索井冈山红色文化旅游营销成功的原因,分析其对各地开展红色文化旅游营销实践的启示,具有一定的现实意义。

(一)井冈山红色文化旅游营销成功的原因

井冈山革命斗争史及其在中国革命上举足轻重的地位是井冈山红色文化旅游营销成功的基础。"星星之火,可以燎原",井冈山革命根据地是以毛泽东、朱德等为代表的革命领袖率领无数革命先烈在全国建立的第一个农村包围城市的革命根据地,在中国革命历史上具有举足轻重的作用和地位。井冈山人民为中国革命的成功做出了巨大贡献,据统计,在井冈山革命斗争时期,井冈山共牺牲了48 000多名先烈,其中能确定姓名的仅15 774名,其他32 000多人成了无名英雄。井冈山革命战争中,张子清、卢德铭、王尔琢、王佐和伍若兰等革命烈士年纪轻轻就为中国革命付出了自己的生命。这是井冈山红色文化旅游营销成功的根本。除此之外,从营销学的角度来看,井冈山红色文化旅游营销成功的原因有以下几点。

1. 满足了顾客需求

现代营销的核心理念是满足顾客需求,向顾客提供价值。井冈山红色旅游在营销过程中给顾客传达了红色理念,进行了革命精神灌输,满足了顾客接受红色教育的需求,给顾客带来提升自身红色修养的精神价值。顾客在井冈山接受红色教育,继承、传承红色文化基因,让自己的心灵受到洗礼,给自己的工作、学习和生活带来满满的正能量。这是井冈山红色文化旅游成功的最重要的原因之一。

2. 适应营销环境

营销环境是影响营销活动开展的各种因素的总称。营销活动的开展受制于营销环境,并要积极主动地去适应营销环境。近年来,习近平总书记多次强调传承红色基因、身体力行革命精神、增加使命担当的重要性。各级政府和企事业单位组织干部和群众到革命老区接受红色教育蔚然成风。在这种背景下井冈山红色文化旅游营销的开展具有极大的商机。另外,从井冈山自身的角度来看,井冈山当地也特别重视红色文化旅游营销的开展,采用"政府搭台、企业唱戏、媒体宣传"等方式,开展全方位、宽领域和多层次的宣传推介。

3. 正确的目标市场选择

目标市场选择是在市场细分的基础上,选择适合自身现实情况的细分市场的过程。井冈山开展红色文化旅游的过程中,选择各地各级行政企事业单位中需要接受红色教育的干部群众作为主要的目标市场,如公务员、教师和学生等,然后有针对性地开展营销活动,实现"特别的爱给特别的你"的效果,更好地实现顾客满意的目标。

4. 正确的市场定位

市场定位是在消费者的头脑中打造自身特色和独特形象的过程。井冈山独特的革命历史使井冈山努力打造红色文化教育培训基地形象,并且这种形象逐渐深入人心,使人们一旦有红色文化教育培训需求时便会想到井冈山。"一次井冈行,一世井冈情",井冈山红色旅游的经历和感悟,会进一步强化红色文化教育在消费者头脑中留下的深刻印象。井冈山大力打造"红色旅游首选地",努力使昔日农村包围城市的革命根据地成为农村吸引城市的全国红色旅游第一山。

5. 科学的营销组合策略

营销组合策略一般包括产品策略、价格策略、分销策略和促销策略。在产品策略方面,井冈山打造综合型的旅游产品体系,将井冈山的革命遗迹、生态环境和人文故事等进行整合,并进行统一科学的包装。统一科学的包装有利于形成统一的文化旅游形象,也有利于提升旅游文化产品的价值。在井冈山红色文化旅游过程中,导游被称为老师,游客被称为学员,景点介绍被称为现场教学,吃的饭被称为红军餐,等等,这方方面面的表现都是一种统一的包装策略。在分销渠道方面,积极利用电商模式,利用井冈山旅游网、井冈山观途网,开展订票、订餐、订房和订购等业务,给消费者带来极大的便利。在促销方面,井冈山不断举办各种红色文化旅游节庆活动,参加各种旅游交易会,对本地的红色旅游积极地宣传推介。

6.体验式营销

体验式营销是注重顾客感官和心灵体验的营销方式。井冈山红色文化旅游营销过程中非常注重顾客感官和心灵体验的提供。井冈山红色文化旅游过程中,穿红军装、戴红军帽、吃红军餐、唱红歌、看《井冈山》实景演出、重温红军战争的历史、游红军相关的景点、逛播放红歌的商场、买红军相关的纪念品、乘坐播放红歌的旅游车等,所有旅游环节都是对井冈山精神的体悟,都带给游客红色文化的体验。

(二)井冈山红色文化旅游营销成功的启示

1.满足顾客需求

现在,在买方市场的大背景下,买方比卖方有更多的选择权,这就要求卖方必须站在买方的角度界定商品的价值。同样,在红色文化旅游营销的过程中必须站在顾客的角度考虑问题,顾客需要什么,我们就提供什么,而不是自己生产什么就努力推销什么。这就需要在自身自然资源和人文资源的基础上,从顾客的视角看问题,提炼满足顾客需求的元素和主题,实施顾客导向的营销。

2.选择正确的目标市场

因为顾客需求的差异性和企业自身资源的有限性,我们不能用有限的产品来满足所有顾客的所有需求,在这种情况下,对市场进行细分,选择适合自身的目标市场,有的放矢地开展营销活动是现代营销的重要原则。在开展红色旅游营销的过程中,我们必须根据目标市场的特点,有针对性地打造自身的特色,开发满足目标市场需要的产品,选择适合目标市场的价格策略、分销策略和促销策略。

3.有特色的定位

特色的定位才能吸引特定的顾客,才能使顾客有相应需求时首先想到我们。特别是区域竞争日益同质化的今天,这一点显得特别珍贵。塑造不同于其他区域的形象,确定不同的定位,才能提升区域文化旅游竞争力。因为,差异化和多样化的东西才能够吸引顾客。所以,各地在开展红色旅游营销的过程中,必须结合自身的实际,打造自身与众不同的特色。

4. 科学的营销组合策略

在红色旅游营销中,必须打组合拳。产品策略、价格策略、分销策略和促销策略密切配合才可以。旅游营销中对旅游过程中所涉及的食、住、行、游、购、娱等各个环节都要进行统一的合理的科学的包装,彰显旅游特色,突出旅游形象。采用适合顾客的价格策略,针对目标市场特点,采用合适的分销渠道策略和促销策略。现代社会是网络社会和技术社会,互联网、高新技术与传统行业进行着深度的融合,在这种情况下,营销组合策略中的产品、分销和促销策略都应该与互联网和高新技术进行密切整合:产品利用高新技术来提升其对顾客的影响力,分销渠道通过互联网来方便顾客购买产品或服务,促销要通过互联网和高科技来沟通卖方和买方之间的联系。

5. 重视顾客体验

在井冈山红色文化旅游过程中,食、住、行、游、购、娱等各个环节,都让顾客体验到井冈山的红色文化,都能够给顾客的感官和心灵带来一定的体验价值。现代经济是体验经济,那些带给顾客更多价值的往往是能带给顾客更多体验的。在文化旅游营销的过程中,需要研究顾客在旅游过程中的所有体验点,着力抓好这些关键点的打造,让游客充分体验到旅游过程带给自己的价值体验!在旅游规划、线路开发和旅游配套设施的提供等各个环节,都要重视给顾客的视觉、听觉、嗅觉、味觉、触觉和内心带来的体验,让顾客的身心感受到景点带给他们的价值,对景点产生认同,提升对顾客的满意度和忠诚度。

第二节 国外其他旅游经济发展理论

一、日本动漫旅游的一个成功案例:埼玉县

随着体验经济时代的发展,旅游者不愿囿于单一传统旅游方式而日益

第七章 国内外其他旅游经济发展理论及实践启示

追求高参与度、强娱乐性及充满创意的旅游产品。在此背景下,希望体验旅游目的地文化氛围的"创意旅游"日益受到旅游者的推崇。作为"创意旅游"核心的动漫旅游因动漫本身的生动性与趣味性尤其深受游客青睐。动漫旅游是由电影、电视剧、小说、动漫及游戏等媒介带动发展起来的旅游业。通常按照旅游内容划分,旅游业可以分为文化旅游、工业旅游、农业旅游、体育旅游、生态旅游等类型。文化旅游包括传统文化旅游与新型文化旅游两种业态,新型文化旅游也称"内容旅游"。由此可见,动漫旅游属于文化旅游中的新型文化旅游业态而非传统文化旅游业态。

日本素有"动漫帝国"之美誉,其动漫旅游业已成型,比较典型的有三种:一是"纪念馆型"动漫旅游。如川崎市的"藤子不二雄纪念博物馆",这是在日本著名漫画形象哆啦A梦作者藤子不二雄生活和工作多年的地方设立的,每年慕名前来的游客络绎不绝。又如"三鹰森吉卜力美术馆"是世界动漫巨匠宫崎骏先生在日本建立的唯一一座美术馆,自开馆以来就非常火爆,就连日本本国国人也要提前一个月才能预订上前往参观的门票;二是"商品型"动漫旅游。如依靠销售动漫衍生产品而闻名的日本秋叶原动漫风情一条街;三是"圣地巡礼型"动漫旅游。"圣地巡礼型"动漫旅游的知名案例有京都动画公司制作出品的电视动画片《轻音少女》,该剧火爆上映后,剧中的舞台原型——滋贺县犬上郡丰田町丰乡小学旧校舍,后来就成了动漫迷的"圣地巡礼"。又如2012年日本电视台播出电视动画片《玉响》后,就曾使现实背景舞台广岛县竹原市声名鹊起。这里,笔者将探究另一部依靠《幸运星》动漫剧而发展起来的埼玉县鹫宫地区动漫旅游案例。

(一)日本埼玉县与动漫剧《幸运星》

埼玉县北葛饰郡鹫宫町位于日本埼玉县东北部关东平原中央,这里距东京北部约50千米。鹫宫町面积达1390公顷,2006年人口达3.44万人。自2010年3月23日起,埼玉县北葛饰郡鹫宫町更名为"埼玉县久喜市鹫宫区"。历史上,鹫宫区是日本关东平原农业中心,素有"谷仓"之称。鹫宫神社的门前町也因发达的农业而远近闻名。鹫宫神社是山云族创立的关东地区最古老的大型神社,素有"神道圣地"之称。鹫宫神社中供奉着武藏国祖先天穗日命、武夷鸟命、大己贵命等九位神,是日本重要的无形民俗文化遗产。随着一部动漫剧的热播,鹫宫神社这一神道圣地又增加了动漫圣地这一光环。《幸运星》是由日本漫画家美水镜创作的四格漫画。自2004年1

月起,日本角川书店旗下的游戏杂志《月刊 Comptiq》不定期连载了《幸运星》漫画,随后《少年 ACE》等数家杂志也开始连载此部漫画。2005 年 1 月,《幸运星》开始发行销售单行本,至今已出版十卷,而且还在继续销售和出版中。《幸运星》的中文版于 2012 年 3 月由天闻角川发行。此后,中国广东教育出版社、湖南美术出版社、天闻角川、香港和台湾角川书店也相继出版或发行。

《幸运星》故事讲述了喜欢动画与游戏的美少女御宅族泉此方、孪生姐妹柊镜和柊司、高良美幸共四位高中一年级学生休闲的日常生活,以及围绕她们周围人们所发生的各种琐事,这是一部反映"女孩子学园生活"的漫画。随着漫画聚集的人气,京都动画制作公司将其制成了动画片。《幸运星》动漫剧中的主人公柊镜和柊司的父亲柊忠雄是鹰宫神社的神官。姐妹二人与父母及两位姐姐一家六口住在鹰宫神社,过年忙的时候柊镜和柊司兼扮女巫。动漫剧《幸运星》中柊镜和柊司一家所在的鹰宫神社以鹫宫神社为原型创作而成。《日本经济流通报》于 2008 年 11 月 12 日刊发《我家所在御宅族集聚地》记事文章后,《幸运星》这部动漫剧人气剧增,随之,《幸运星》原型埼玉县鹫宫地区引起了日本民众关注,鹫宫神社也自然成了日本著名圣地巡礼名胜,这与鹫宫商工会充分重视动漫经济是分不开的。自 2010 年开始,鹫宫商工会经常举办以动漫爱好者为对象人群的御宅族婚配活动。2011 年,担任《幸运星》女主人公泉此方的人气声优平野绫在新年夜晚身着女巫服装现身鹫宫神社,由此将鹫宫神社参拜活动推向了高潮,参拜人数连续四年增长。2011 年新年三天的参拜人数达到了历史最高的 47 万人,是 2007 年的五倍还多,而动漫剧播出前的 2007 年参拜人数仅为 9 万人,此后逐年攀升,2011 年至 2013 年参拜人数均稳定维持在了 47 万人。鹫宫地区获得直接经济波及效应超过了 1 亿日元。

(二)动漫圣地巡礼名胜的成长阶段

诚如欧洲最具权威的传通媒体文化创意规划咨询机构创办人查尔斯·兰德利所言,创意是段旅程,而非目的地。创意是个过程,而非状态。日本鹫宫地区成为动漫圣地巡礼名胜并不是一蹴而就的,日本学者山村高淑对此过程进行了跟踪研究。根据山村教授的研究,可将鹫宫地区动漫旅游发展分为五个时期。

1. 动漫沃土培育期:2007 年 4 月以前

2004 年 1 月,《幸运星》原创四格漫画仅在角川书店游戏杂志《月刊

Comptiq》中刊载,当时没有任何粉丝到鹫宫町一游。究其原因,主要是在原创漫画中,并没有对鹫宫神社的具体描写。后来在2007年4月放映的动漫剧《幸运星》中,鹫宫神社和"大酉茶屋"作为具体舞台和背景被嵌入进来,终于拉开了粉丝到鹫宫地区旅游的序幕。鹫宫神社原本有很多前来参拜的游客,但是周边并没有好的去处,鹫宫商工会经过与神社方面进行多次商谈,神社方面终于接受了鹫宫商工会会长的提议,将鹫宫神社鸟居前面110年以上的旧民宅建筑装修改造成了休闲之地,为此鹫宫商工会做了600万日元的预算。2004年4月,鹫宫商工会会长将位于鹫宫神社鸟居附近的旧民宅进行了装修改造。2005年3月,旧民宅装修改造完毕,由鹫宫商工会直接经营的"大酉茶屋"正式对外营业。"大酉茶屋"在以后开展的各项活动中,承担了与活动性质相关的指定餐饮服务订单职能。由此可见,2007年4月以前的这段时期可谓是"动漫沃土培育期"。

2. 动漫粉丝主导期:2007年4月至9月

日本电视台开始播放《幸运星》动漫剧,该剧正式将鹫宫神社的鸟居与"大酉茶屋"作为背景,描绘了柊镜的故事。于是,粉丝们开始探访鹫宫神社。2007年7月,角川书店发行了《月刊新类型》附录,正式将鹫宫神社作为作品舞台向读者推介。此后,粉丝开始大量涌入鹫宫神社,随处可见献纳匾额的粉丝,也常常可以见到拍照留念的粉丝身影。久喜市居民在网站上纷纷发表文章,担忧御宅族们集聚到鹫宫神社会引起治安问题,从这一网络新闻信息的侧面可以感知涌到鹫宫神社的粉丝之多甚至到了可能失控的场面。《日本产经新闻》报社记者为了辨别真伪,甚至专程到鹫宫商工会进行了采访与调查,并将相关记事刊载到了网络新闻中。鉴于此,鹫宫商工会在神社召开了来访者听证会,很多来访者指出鹫宫没有特产。于是,鹫宫商工会事务局在电视台开设了两个频道,专门就开发神社雕刻和鹫宫土特产等问题广泛征询意见。2007年8月,看到网络和报纸报道匾额和神社等场面,动漫粉丝之外的来访者纷至沓来。2007年9月,电视台结束了动漫剧《幸运星》的播放。

3. 角川书店主导期:2007年9月至12月

鹫宫商工会事务局就动漫剧《幸运星》展开了调查,并制作了一份策划书带到了角川书店。2007年10月,鹫宫商工会事务局副会长等来到角川书店洽谈。角川书店也就鹫宫町如何举办差别化、商业化、娱乐性、网络性和主题性活动提出了设计方案。2007年12月,鹫宫町商工会与鹫宫町商工会青年部在大酉茶屋和鹫宫神社共同举办了"《幸运星》公式性参拜"主题商业活动,在鹰宫神社中扮作女巫的神官女儿柊镜和柊司的声优加藤英美里、福原香织,配角小神晶的声优今野宏美,白石稔的声优白石稔共四人与作者美水镜一起参加了此次活动。活动当天,有十几位粉丝志愿者义务帮助布置和清理了会场。根据活动计划,午餐时间选定在大酉茶屋,向粉丝提供特别菜谱,四名声优帮助摆上饭菜和登记来访者,之后四名声优率众粉丝参拜了鹫宫神社。据统计,约有3500人参加了上述主题商业活动。鹫宫商工会为了配合此次商业活动,在大酉茶屋前树起了绘有柊镜和柊司形象的匾额石碑,石碑揭牌仪式选在"《幸运星》公式性参拜"主题商业活动启动仪式上。此后,石碑成了粉丝到访鹫宫地区的重要景点。埼玉县产业劳动政策课对此如是评价:动漫标识石碑的树立,标志着鹫宫地区已经走向了旅游胜地,增加了"动漫圣地"的魅力。

4. 商工会主导与商场参与期:2007年12月至2008年3月

鹫宫町商工会在举办"《幸运星》公式性参拜"主题商业活动的同时,还策划并实施了制作与销售《幸福星》动漫衍生品方案。鹫宫商工会曾征求过粉丝意见,探讨过开发相关产品等问题,依据粉丝民意,开发了一款桐制匾额型挂件,这款挂件是仿照《幸运星》中人物描述的小型桐制匾额制成的,只是将其做成了可携带的挂件,并委托当地传统工艺"春日部桐制衣橱"协会会长单位饭岛桐衣橱制作所设计生产了11种桐制挂件,每个挂件售价仅为630日元,相当于一份最普通不过的拉面价格。最初,鹫宫商工会会员事务所招募销售店铺时比较困难,为推动此事,鹫宫商工会特意开出了一个条件,即费用均由商工会负责消化处理,而店铺无须承担任何成本与风险,在这种优厚待遇吸引下,鹫宫商工会终于招募到了17家店铺。结果,桐制匾额型挂件饰品出乎意料地热销。2007年12月2日,鹫宫商工会举办了面向粉丝的商业活动,在鹫宫商工会特设摊位上进行销售时,当日准备的2200个挂件全部销售一空。次日,17家店铺面向普通消费者所准备的1000个挂件也在开业半个小时的时间里全部告罄。紧接着,从12月20日开始售卖第二批挂件,这回店铺猛增到了43家,在开业大约一个小时的时间里共售出了3000个挂件。2008年2月10日,进行第三次销售时已有60家店铺参加了销售活动,共销售了8500个,而且是在神社附近商业街上开业一个小时之内就销售一空,其他地方约一周也全部卖完,三次挂件销售活动总共售出了14 700个,合计926万日元。

鹫宫商工会为了保障各个店铺之间的公平交易,在开始时就决定每个店铺销售的挂件只能是11种类型中的两种。于是,喜爱挂件的人们为了收集全部类型,就要光顾多个店铺,结果就产生了游客逐一店铺寻找、收集的熙熙攘攘场面,如同盛世一般。此外,鹫宫商工会还规定在正月里只能销售与《幸运星》相关的商品,如幸运星曲奇饼干(饼干上有动漫神签图案)、明信片等。商家为了满足粉丝需求,按历年惯例,新年歇业的店铺也纷纷营业,共销售了1600袋曲奇饼干和5000套明信片。

总之,在商工会主导与商场参与期,商工会从中长期视角出发,相继制定了改善商店经营的各种企划,取得了提升商场业绩的良好效果,而商场业绩效果的提高也使认同企划方案的商店加入进来。可见,在鹫宫商工会担任商品开发顾问时期,鹫宫地区收获的不仅是粉丝涌入该地区带来的单一商品销售收益,还获得了与该区域粉丝深入交流的机会。

5. 区域主导期:2008年3月以后

区域主导期的主导者包括鹫宫商工会、鹫宫町办事处、鹫宫地区商家和当地居民。2008年3月,正值大酉茶屋开业三周年,鹫宫商工会考虑到原本鹫宫地区属于过境旅游地,而如今却成为旅游的最终目的地,于是以大酉茶屋开业三周年为契机,开展了答谢粉丝的感恩节活动。同时,鹫宫商工会还向鹫宫町办事处提交了"关于同意动漫人物特殊居民注册"提案,获得了政府的快速批准。于是,柊镜、柊司、其父母及两位姐姐共六人正式注册,获得了鹫宫地区首批特殊居民的注册资格。2007年12月,鹫宫商工会举办《幸运星》公式性参拜"主题商业活动取得了空前成功。鹫宫商工会认为在答谢粉丝时,也应一并邀请其他地区的动漫粉丝,于是邀请了来自大阪、名古屋和东京的152名粉丝。2008年4月6日,在鹫宫商工会积极筹备与主办下,"大酉茶屋成立三周年暨《幸运星》感恩节"正式拉开序幕。在鹫宫町办事处的协助下,上午举办了面向粉丝的"先行授予鹫宫町特别居民证"仪式,随后鹫宫太鼓保存会的小学女生团队在鹫宫町广场上演奏了鹫宫太鼓,为柊镜和柊司配音的加藤和福原两位声优从町长手中接过"特别居民证"。仪式结束后,向粉丝发授了"特别居民证"。下午会场转移到鹫宫神社,鹫宫高中演奏团演奏《幸运星》动漫主题曲,声优与粉丝展开了联谊会,参加此次感恩节活动的人数达到了4000人。4月7日,鹫宫町开始发授一般性的"特别居民证",共发授了1万张,每张售价300日元,总计300万日元。

为配合感恩节活动,鹫宫商工会策划了"幸运星饮食店美食节"活动,要求町内12家餐饮店全部加盟到《幸运星》连锁餐饮店中,如果顾客到这些加盟的餐饮店就餐,可以得到特别徽章,集齐12家餐饮店徽章可以另外兑换绝版原创纪念品。鹫宫商工会要求餐饮店不能仅依靠动漫人气和销售商品支撑经营,还要在餐饮店特色上下功夫,就这样,"幸运星饮食店美食节"活动一直持续到了2008年6月以后。

综上可见,鹫宫动漫巡礼圣地是以商工会为核心,通过吸纳多家商家加盟,并将鹫宫町行政机构与当地居民统统纳入进来而建成的。因此,可以认为鹫宫动漫巡礼圣地是从区域整体发展长期性视角出发而发展起来的产物。

(三)鹫宫地区动漫旅游特点评论与启示

对于日本埼玉县鹫宫地区从无到有过程中发展起动漫旅游这一点,有学者指出埼玉县鹫宫地区动漫旅游可归类为"圣地巡礼型"兼"开拓者型"。笔者认为鹫宫地区动漫旅游业展现了五个特点并对我国文化和旅游融合发展极具启示意义。

1. 鹫宫地区动漫旅游特点

一是分众性。全球杂志中排名第十位的《连线》杂志主编凯文·凯利在其所著的《技术元素》一书中,提出了千名粉丝理论,他认为只要产品拥有千名粉丝就足以具备自我运营的能力,生产小众、长尾内容产品更容易受到消费者的欢迎。众多小市场汇聚就可以产生与主流市场相匹敌的市场能量。挂件、有动漫神签图案的曲奇饼干、明信片和特别居民证这些产品看似并不贵重,也并不显眼。但是,粉丝早已超过了千名。可见,鹫宫地区动漫旅游业的发展明显具有分众性特点。

二是融合性。鹫宫地区原有的鹫宫神社充满了日本传统文化特点,神社中供奉的武藏国祖先天穗日命、武夷鸟命、大己贵命等九位神,是日本重要的无形民俗文化遗产,相当于我国的非物质文化遗产。以鹫宫神社为原型的鹰宫神社内发生的《幸运星》故事,开始时是以四格漫画形式推向市场的,后来被制成动画。因此,可以说鹫宫地区动漫旅游完全是日本传统文化与创意产业紧密结合的产物,也是日本动漫与传统实体经济紧密结合的产物,具有融合性特点,动漫 IP 经过最短途径、最迅捷的速度实现了动漫衍生品的市场化,其借助声优、利用粉丝效应开发的各种旅游产品也颇具新意,深受青少年的欢迎。

三是开拓性。日本鹫宫神社以漫画、动画片《幸运星》为载体发展起来的动漫旅游,基本是在一张充满日本传统文化遗产这一底色上作画而成的,它是以开拓性思维发展起来的动漫旅游产业。从最初仅有鹫宫神社参拜活动,到后来不断通过各种活动,使参拜人数在五年时间里增加到了五倍多,通过人气带动了当地餐饮、住宿、旅游产品、娱乐、工业品、交通、传媒、漫画、动画等的发展。

四是网络性。埼玉县动漫旅游业是在互联网思维下借助媒体力量联手打造与发展起来的。目前,已经围绕动漫旅游形成了广义的文化创意产业。从前文中每年参拜鹫宫神社所举办的各种活动中,不难看出鹫宫神社动漫旅游业已经在"动漫+旅游""动漫+设计""动漫+工业""动漫+餐饮业""动漫+媒体""动漫+娱乐""动漫+演艺"等众多领域内,进行文化创意产品生产,具有网络性。仅以鹫宫商工会会员事务所为例,现有企业会员包括食品、餐饮、米酒类、建筑、服务、美容、特产品、服装、装饰、鞋帽、批发零售、金融保险、婚丧嫁娶、福利健康、制造业、园艺苗圃、教育等多个行业和部门,这些行业和部门已经全部被《幸运星》这一动漫题材整合为一个整体。

五是合力性。鹫宫神社动漫旅游业是围绕动漫产业做起来的,在鹫宫商工会这一社会服务第三方平台的有力推动下,企业、居民、媒体、出版社、区域政府等多方力量参与,终于共同做起来了由小到大、由弱变强的新型产业业态,各产业形成了合力。目前,鹫宫商工会已被埼玉县久喜市商工会接管,鹫宫商工会成为久喜市商工会的一个支所,涵盖了税务沙龙会、各种演讲会、计算机研修会、商业部会(司批发业务之职)、工业部会(开展资质获取讲习会、员工福利事业工作)、建筑业部会、观光振兴委员会、大酉茶屋运营委员会、信息化支援委员会、公报委员会、青年部、女性部等多家组织机构。久喜市商工会仅仅是埼玉县商工会联合会中 57 个商工会中的一员,共同隶属于日本全国商工会联合会。

近年来,随着我国生活水平的提高,动漫元素日益渗透到生活中。我国一些大城市也开始发展动漫主题公园、动漫节、动漫展、声优赛事、动漫真人秀(Cosplay)赛事、动漫街区、动漫产业园区、主题动漫展馆、动漫科普展及动漫博物馆等动漫旅游业。研究日本"圣地巡礼型"动漫旅游案例,为我国发展动漫旅游新型业态提供了诸多启示。

2. 日本动漫旅游对我国的启示

一是应将动漫旅游作为新型旅游业态予以认真研究和对待。我国发展旅游业除传统旅游业态外,近年来比较重视针对不同年龄阶段的游客开展旅游服务,但是对动漫旅游的重视还未提到日程上来。随着旅游市场的细分,动漫旅游是具有很大发展潜力的新的细分市场。因此,应对特定试点区域进行市场细分,锁定目标市场人群,针对不同人群制定不同的供求战略。此外,我国现有动漫形式题材单一且过于低幼化,远远满足不了青少年的需求,也不足以吸引广大消费人群。因此,我国亟须重视动漫旅游,更新动漫制作,加强动漫与旅游融合发展。

二是应做好本土动漫作品与动漫题材的选择。在今后动漫产品开发、设计、发展模式、营销策略等方面,可以基于发展潜力大、发展预期良好、IP价值较高的动漫作品题材,选择能够与区域特色较好融合的动漫旅游项目并开拓这一市场。从已有动漫中挖掘与本土旅游相关的元素,并大力进行拓展、宣传,加深人们对该元素的印象。同时,也可以从这一元素出发,拓展相关产业链,借鉴鹭宫町桐制匾额型挂件与餐饮业发展经验,带动相关产业发展。

三是应整合各方面资源做好动漫旅游发展规划。要以互联网思维开拓发展思路,而不是仅仅局限于动漫产业。要以动漫旅游产业为基点,将传统文化元素相关产业整合起来,促进产业与旅游融合发展,形成生态体系。除此之外,在互联网时代,消费者也是动漫旅游品牌的推动者,通过品牌体验、广告投入、平台共享等方式吸引游客,让游客在消费中感知IP品牌,获得良好的消费体验,进而带动旅游客源的发展。

四是我国政府应扶持在具有中华传统文化特色基础上发展起来的动漫旅游,可将动漫旅游与庙会、宫廷表演、祭祀活动等传统活动有机结合,创建富有区域性与地方性特色的动漫旅游品牌。除此之外,也可以将具有地域特性的中国传统文化元素作为基调创作动漫,以此引发漫友与地域文化产生更多的共鸣,进而吸引更多游客。在传统文化元素选取上也应与时俱进,尽量寻找具有活力、比较新颖的元素来吸引年轻游客。此外,还应加强动漫纪念品设计开发等引导工作,在设计、选材以及制作工艺流程等方面均需要考虑周到,满足推广方便与批量生产的要求。

五是我国旅游规划部门、旅游局、旅行社、动漫企业家、有条件发展动漫旅游的各地区政府,应发挥本地区传统文化底蕴丰厚、地域特色鲜明之优势,抓住动漫旅游刚刚崭露头角的商业先机,及早制定规划,争取早日打造为群众喜闻乐见并具有一定影响力的知名动漫旅游品牌。政府还需要加强对动漫旅游的重视程度,形成系统的长效推进机制以及评估监督准则,加强对动漫旅游产业联盟、商会、协会或学会等社会第三方服务平台建设的支持力度。日本鹫宫神社动漫旅游业发展萌芽期主要依靠商会与政府的鼎力推动,才使其得以渡过最初的艰难发展期,故依此经验,政府完全可以在动漫旅游中扮演引导者的角色,在发展初期选择动漫基地进行试点投入资金,吸引人才以及依靠优惠政策吸引商家入驻。

二、肯尼亚生态旅游成功经验

20世纪80年代以后,生态旅游作为可持续旅游开发的方式之一,以每年30%的速度在世界范围内迅速发展。生态旅游的兴起是人们对自然环境的认识和环境保护意识不断增强的结果,被看作是可持续旅游发展的具体体现和实现途径之一。然而,生态旅游并不是万无一失的。生态旅游如果开发利用不当,对环境所造成的威胁甚至大于传统的大众旅游。因为大众旅游的地点大多是在人为开发程度较高的地区,而不是发生在环境敏感的保护区或国家公园。如何发展成功的生态旅游?综观世界各地生态旅游发展的经验与教训,可以发现:对当地居民利益的关注程度以及居民对旅游的参与程度和生态旅游的成功与否关系十分密切。下面将以世界上生态旅游的先驱者、生态旅游成功的典范——肯尼亚为例,分析生态旅游中重视当地居民利益的重要性。

(一)肯尼亚生态旅游发展概况

肯尼亚是非洲各国开展生态旅游最早的国家,是生态旅游的先驱者。旅游业是肯尼亚国民经济的支柱,而在旅游业中占成分最重的要属与野生动物有关的生态旅游。肯尼亚生态旅游发展的成绩是显著的。1990年肯尼亚曾召开关于佳态旅游的区域性工作会议,1993年肯尼亚诞生了全非洲第一个生态旅游协会(ESOK),1997年肯尼亚主办了关于生态旅游的国际研讨会。由此可知肯尼亚举国上下、各行各业对生态旅游的关心程度。

肯尼亚摆脱英国殖民统治后,自然观光和狩猎旅游迅速发展。由于狩猎旅游的兴盛,加上当时在国际上象牙和犀牛角价格昂贵,贩卖它们十分有利可图,因此斩尽杀绝式的打猎行为严重影响了野生动物的生长与繁衍。同时,缺乏科学的规划与良好的管理也造成旅游品质的下降。于是,政府于1977年宣布禁猎令,试图保护肯尼亚的野生动植物,政府通过强迫原住民迁移等办法,建立国家公园。累计至今,肯尼亚共成立了26座国家公园、28处保护区和1处自然保留区,共占陆地面积的12%,也就是说,全国有1/10的土地用于野生动植物的保护。政府并提出了"用你的镜头来猎取肯尼亚",用以替代过去的狩猎旅游。这样的改变取得了非常好的效果,不仅使旅游人数、旅游业收入增加,更重要的是对当地企业和民众有正面影响,因为在以狩猎游戏为主的旅游年代中,旅游活动的操纵者大多是西方的白人,旅游利益也大多由他们独占。自从旅游形态改变后,肯尼亚有更多的私人企业投入旅游业,并为当地居民带来许多就业机会;肯尼亚出现了许多属于国人自己经营的旅游集团、旅游服务公司,肯尼亚旅游发展协会成立于1966年,其主要设立宗旨是协助有兴趣的私人企业取得政府的资金赞助,发展生态旅游,以此和其他外国投资者分享"旅游"这块蛋糕。此外,根据肯尼亚的法律规定,所有的旅游企业都需有部分股权为肯尼亚人所拥有,所以肯尼亚旅游发展协会的另一种重要角色就是扮演外国投资者和本国商人之间的中介者和联系人,并发挥了相当重要的作用。

(二)肯尼亚生态旅游发展的经验分析

生态旅游的内容之一就是要顾及当地居民的利益,保证当地居民从旅游业中受益,改善居民的生活质量,以此推动生态旅游区的环境保护和可持续发展。在这方面,肯尼亚给我们树立了很好的榜样。其中,马赛马拉保护区和安渡沙提国家公园里结合当地居民的生活发展旅游的实际经验是非常珍贵的。

20世纪70年代中叶,由于缺乏合理的规划与妥善的管理,肯尼亚一些保护区和国家公园的问题日益突出。1989年4月,肯尼亚政府解散了工作成绩不佳的"野生生物保育暨管理部",取而代之成立了肯尼亚野生生物服务署,首任主席为理查·利基。利基在任期间,工作成绩很突出。他促进了禁止象牙买卖国际协议的签订,象群损失的数字从实行前每年平均4000~

5000头降至每年100头。在此同时,利基也明确宣布保护野生动物是国家公园最重要的工作,保护工作是极为神圣而不可侵犯的。利基和其幕僚还拟定了斑马文件,该文件明确指出肯尼亚野生生物服务署将以发展自然保护和生态旅游共存共荣为目标,设计出一套与当地居民有效的互助模式。

  利基在领导野生生物服务署时非常重视与当地居民的互动关系,他特别强调要保障居民的生命财产安全,并尽力减少野生动物对居民生活的干扰,并于1992年成立社区服务协会,目的在于通过该组织给予居住于国家公园或保护区周围的民众以实质的帮助,如提供经费赞助地方发展计划等。利基并大胆地开出支票,要从肯尼亚野生生物服务署门票所得收入中提取25%给受野生动物骚扰的村落作为回报,虽然这项承诺最终未能实现,但也表明了利基对民众的态度。

  为保证保护区的正常发展,政府鼓励当地居民参与到与野生生物相关的行业,如旅游、畜养、提供食物或制作纪念品及表演等,从而使当地居民从旅游业中获取利润,并进而赞成并加入环境保护活动,这样也可在更大程度上保证野生动植物有较大的生存空间、较安全的庇护所。政府还提倡主管野生动物的相关部门放下架子,不要当高高在上的政府官员,而要成为当地居民的好朋友、好帮手,尽力给他们辅导、建议和协助。这些提议都充分体现了政府在生态旅游中关注当地居民的意向。

  肯尼亚还与美国国际发展机构共同制定"生物多样区保护计划",该计划的出发点在于帮助当地居民站起来,即协助他们找到合适的工作项目,增加每个家庭的经济收入,改善居民的基本生活条件,缓解居民与国家公园管理之间的矛盾与冲突。利基后因承诺的25%的回馈金没有兑现而下台,接替他的是长期在安波沙提国家公园进行研究的大卫·魏诗登(David Western)。他继续推行以当地部落居民为出发点的生态旅游。他上任之初便发誓要在肯尼亚的国家公园内建立一套兼顾当地民众权益和保护自然环境以及让肯尼亚的野生动植物能永续生存的管理模式。他就任后就将施政重点放在保护区与周围居民关系的改善上,并推出了"野生动物发展与利益分享计划"。他认为旅游利益不应尽由白人所主导的旅游集团所独享,当地民众应分到该得的部分。他主张应对生态旅游赋予更积极的意义,视其为推动自然保护的强大动力,尤其需让当地民众因从中获取利益而感到满足,如此才能说服他们放弃放牧、农作等其他土地利用方式,以及彻底解决盗猎问题。魏诗登接受利基的教训,把回馈金比例定在10%。他还重新调整了肯尼亚野生生物服务署的工作目标,表现为:(1)保护生物多样性;(2)联结保护与旅游;(3)建立地方、国家、国际等不同层次团体间的伙伴关系。肯尼亚野生生物服务署从此开始下放权力,希望将许多决策下放至现场决定,邀请当地居民亲身参与,共同讨论,而不再采取由上而下的决策模式。魏诗登的努力获得了实际的成效。1995年底约有160万美元的回馈金分配给当地社区、民间团体以及地方政府,约有300个地方所提交的计划方案获得经费补助,其中约有1/3用来兴建学校或提供为学生奖学金。最近几年则更强调实质的建设,此举有益于增加地方生产力,重点在于推广与旅游或保护相关的谋生技能与活动,培养与训练民众的工作能力,并且把通过开创多样性的旅游活动以增加当地社区实际利益作为日后奋斗的目标。

马赛马拉保护区和安波沙提国家公园是肯尼亚生态旅游发展最著名的两个地区,两者的成功都与兼顾当地居民利益密不可分。

1. 马赛马拉保护区实例

马赛马拉保护区是肯尼亚最受欢迎的旅游景点。经过十多年的发展,它取得了显著成绩,尤其在保护活动与当地居民参与的结合上十分成功。许多居住在保护区内的马赛人被吸收为旅游发展协会的成员,通过参与,民众渐渐都能接受新的土地和资源利用方式。1977年政府颁布禁猎令,传统的马赛族人无法再靠贩卖猎物维生,此时恰好生态旅游兴起,生态旅游带来的可观收入足以弥补他们的损失,而且这种收入比以往更丰厚、稳定,还减少了风险。地方议会也很大方,每年都拿出一定比例的收入回馈当地居民,支持许多当地部落的发展计划,如兴建医疗服务站、学校、供水设备、改善牲畜蓄养设施以及道路的修建等。伴随着生态旅游带来的丰厚收益,许多旅游业者和土地拥有者对发展以观赏野生动物为主的生态旅游事业兴致勃勃,并且对保护工作抱积极的态度。居民也不愿再冒险去打猎,所以偷猎的情形有非常大的改善。正如一位协会管理人员所说的:"在短短的几年内就明显看到当地民众态度的转变,现在他们视野生动物为重要的经济资源,不仅不会去伤害他们,还会尽力去保护他们;年轻人更容易接受此观念。"当肯尼亚境内其他地区的犀牛和大象数量锐减时,马赛马拉保护区内的犀牛和大象族群数量却能稳定增加,1990年时在马赛马拉区域只记录到5头大象的死亡,其中还有3头是自然死亡的;仅有1头犀牛死亡,并且还是6年来的首次纪录。

2. 安波沙提国家公园实例

安波沙提国家公园是另一个成功的典范。安波沙提的当地居民马赛族人曾和政府议会有着严重的冲突。安波沙提集水区是马赛人重要的水资源,是他们生活的家园,由于野生动物出没、游客行为或多或少会影响农牧活动,所以马赛人对旅游发展颇有微词,因为他们并未得到实际的利益,反而增加了许多生活上的困扰。20世纪60年代后,随着安波沙提成为国家公园,矛盾进一步激化。肯尼亚总统于1971年宣布中央政府拥有安波沙提的管辖权,迫使马赛人迁出此区域,并另觅水源。这种来自中央的强硬措施激怒了马赛人,他们大肆猎杀草原上的犀牛、狮子、印度豹、大象等进行抗议;他们清楚地表达自救意识:要是中央政府强行占取该土地,马赛人就要让生存其上的动物消失,使其丧失作为一个国家公园的资格。后经多方协调,结果是,安波沙提顺利成为国家公园,政府则以下列承诺回报马赛人的让步:政府须在邻近湖泊兴建取水和引水设施,将水送至马赛人的土地;中央政府须将部分门票收入用于国家公园的管理与发展上;政府须聘用当地居民从事园区管理工作,增加就业机会;马赛自治团体对其他剩余土地保留拥有权;在世界银行所援助的3750万美元计划中,应提出600万美元用于安波沙提国家公园。

如此,专地村落的基础建设得以推动,学校、医疗站和村民活动中心就建在公园边上,国家公园周边以及区内的道路状况得到改善。为了报偿当地民众在禁猎野生动物方面所达成的共识,魏诗登一开始就回馈当地居民27万美元,从此马赛人觉得拥有这些野生动物是很棒的一件事,因为它们是高经济收益的象征。从此,马赛人开始自觉致力于保护野生动物;老一辈的马赛人还打趣地告诉公园管理处的人员,"无形中国家公园管理处已多聘有了二千多双眼睛,他们将协助管理人员取缔盗猎者"。

综合以上对马赛马拉保护区和安波沙提国家公园的分析,不难看出,生态旅游在这两个地区的顺利发展与取得当地民众的支持是分不开的。它使生态旅游真正成为解决环境保护、经济发展与当地民众三者矛盾的一贴良药。这也许就是肯尼亚生态旅游发展给全世界的最重要的启示。

(三) 启示

通过对肯尼亚生态旅游发展的经验分析,可以得出结论:维系当地人民生活,强调社区参与,兼顾当地居民的利益是生态旅游成功的关键,也是生态旅游持续发展的基本保证。生态旅游除了是一种提供自然旅游体验的环境责任型旅游之外,也负有繁荣地方经济、提高当地居民生活品质的重要功能。生态旅游应该将"维系当地人民生活"的责任内涵应用于实际。实践中发现,社区参与旅游业有4个突出的优点:(1)从经济方面看,社区的参与可使居民从旅游业中直接受益,在一些贫困地区称为"旅游扶贫";(2)从旅游方面看,社区居民参与到旅游服务中,渲染原汁原味的文化氛围,增加了吸引力;(3)从社会发展方面看,发展旅游促进当地社会的发展;(4)从环境保护方面看,社区参与为保护提供了强大动力。

怎样使当地居民参与生态旅游并从中受益呢?居民参与生态旅游的方式包括以下几点。

1. 让居民(社区)参与生态旅游的规划与开发

在生态旅游规划和管理过程中要充分考虑当地居民的利益,以谋求旅游可持续发展。为此,开发旅游业必须立足本地,让民众参与决定他们要做什么,以及他们想要什么样的开发。只有在规划过程中更多地深入社区,规划才能被民众所接受。要想使居民有能力参与生态旅游的规划与管理,就有必要提高他们的生态意识和生态保护知识。为此,必须对居民进行宣传教育,使他们明白生态旅游的价值以及会给他们带来的利益。Walker(1996)指出一些地方政府机构急于在保护区内开展生态旅游,以造福当地居民和保护当地生态系统,但当地居民可能意识不到生态旅游将给他们的社会、经济、环境带来的影响。所以有必要在规划的初级阶段就要强调居民积极参与,要听取当地居民的意见,使他们了解旅游规划及其进展情况。开发计划也应和居民一起制定,而非关起门来自行作业,最后发布一下信息就草草收场。以社区为基础的旅游业认为居民的参与极为重要,即使有外人参与,该社区还是开发的主要负责者。要保证主体社团位于开发规划的前沿,而不能只把它们当成附庸品。同时开发获得的利润应该返还投资者和当地社区,这样做有利于保护文化遗产、生态多样性以及基本生活体系。

2. 让居民(社区)参与生态旅游的经营与管理

在大众旅游中,通常只有很少一部分居民能从旅游开发中得到实惠,大多数人只会感受到发展旅游带来的社会成本上升,如物价上涨、拥挤等。长此以往,必然会引起当地居民对游客的反感和对旅游的厌恶情绪,从而对旅游环境的保护十分不利。另外,当地居民有权利选择安静、舒适的生活环境,所以社区参与是影响旅游业能否长期稳定发展的重要因素之一。国外提出发展以社区为基础的生态旅游,目的就是让当地人或企业成为旅游开发、经营和管理的主体,充分地参与生态旅游,并从中获益,以此提高当地居民的收入水平和生活质量,带动当地经济发展。以社区为基础的生态旅游意味着由社区经营旅游生意,其收获用于保护自然资源和文化遗产,改善居民福利。这意味着生态旅游应立足于本土,应鼓励当地居民直接地而非间接地参与旅游业的经营与管理,应避免保护区的旅馆、餐馆及纪念品的经营被外地企业所垄断,甚至是由跨国性集团所控制,连员工都从外地引进,当地居民所企盼的就业机会就会寥寥无几。应从立法方面尊重和保护民众权益,应明确规定当地民众参与旅游业应达到的比率,以此缔造双赢,促进旅游业的可持续发展。

3. 让居民(社区)成为环境保护的主体

当地居民与当地自然历史和文化资源关系密切,也是生态旅游业的核心成员。也就是说,他们真正掌握本地区历史文化的价值,是生态旅游业的促进者。生态环境要想真正得到保护,单靠环保部门、旅游部门甚至旅游者都是难以奏效的。真正的环境保护主体应是当地居民或社区,应使他们成为当地环境的自觉保护者和管理者,为此,必须在生态旅游的开发、建筑、经营、管理以及生态资源的保护等方面提供给当地居民优先参与的机会,让他们从生态旅游和实际发展中受益并感到满足,如此才能说服他们放弃放牧、砍伐、农作、打猎等传统土地利用方式,否则,当地居民为谋生存,难免会重操旧业,从而对生态环境造成破坏。肯尼亚马赛马拉保护区和安波沙提国家公园周围的原住居民正是从生态旅游中得到了实际的好处,才成了保护区的"眼睛",是他们协助管理人员保护了保护区的环境。

参考文献

[1] 马继,谢霞,秦放鸣.旅游经济、环境规制与入境旅游碳排放[J].技术经济与管理研究,2021(6):99-103.

[2] 廉一博.关于新时期旅游产业经济发展问题及改革研究[J].经济研究导刊,2021(18):99-101.

[3] 许克强,罗妹梅.入境旅游与区域经济增长的时序动态研究:以广西为例[J].遵义师范学院学报,2021,23(3):73-76.

[4] 文凤平,胡雪芹.产业集聚视角下中国省域森林公园旅游业竞争力内在机理[J].林产工业,2021,58(6):112-117.

[5] 余洁,刘亚男,张伟.珠三角城市群区域经济与旅游产业时空耦合研究:以"一带一路"和粤港澳大湾区建设为背景[J].西南师范大学学报(自然科学版),2021,46(6):83-89.

[6] 张琴.旅游经济脆弱性特点与产业联系分析[J].商展经济,2021(11):23-25.

[7] 孙嘉宁,王子洲,高燕,等.乡村旅游经济发展下的农村生活污水治理要点及案例研究:以浙江省为例[J].山西农经,2021(11):108-111.

[8] 杨利芬,袁涓文,竭云.少数民族村寨旅游发展问题探析:以贵州占里侗寨为例[J].现代农业科技,2021(10):249-251+255.

[9] 银松,李瑞,殷红梅.旅游发展背景下民族村寨居民地方性感知测度及影响因素研究:以贵州雷公山地区为例[J/OL].世界地理研究:1-18[2021-07-02].http://kns.cnki.net/kcms/detail/31.1626.P.20210506.0705.002.html.

[10] 吴海平.民族旅游发展促动民族村寨振兴研究:以贵州西江千户苗寨为例[J].湖北经济学院学报(人文社会科学版),2021,18(5):49-52.

[11] 贾真真,李苇洁,田奥,等.贵州百里杜鹃风景区旅游干扰对杜鹃群落特征的影响[J].生态学报,2021,41(11):4641-4649.

[12] 王红霞.乡村振兴背景下文化旅游扶贫的贵州实践[J].新西部,2021(Z1):11-14.

[13] 曹雯.贵州旅游:从复苏走向高质量发展[J].当代贵州,2021(12):52-53.

[14] 刘安乐,杨承玥,明庆忠,等.贵州县域乡村旅游发展潜力评价及其空间分异特征[J/OL].桂林理工大学学报:1-15[2021-07-02].http://kns.cnki.net/kcms/detail/45.1375.N.20210309.1703.004.html.

[15] 周清.旅游强省:推动旅游产业化实现大提质[J].当代贵州,2021(11):40-41.

[16] 洪正流.旅游经济时空格局演变及其影响因素研究[D].浙江农林大学,2020.

[17] 曾祥静.高铁网络下京津冀区域旅游经济空间溢出效应研究[D].燕山大学,2020.

[18] 苏愈.河北省旅游产业发展潜力评价研究[D].河北科技大学,2020.

[19] 刘诗越."互联网+"背景下农村扶贫经济拉动因素的PESTEL分析:以贵州旅游经济发展为例[J].中国商论,2020(20):3-5.

[20] 李琴.基于地理实践力培养的高中旅游地理乡土课程资源开发研究[D].西南大学,2020.

[21] 唐州圆.基于能值分析的梯田复合生态系统可持续发展评价研究[D].桂林理工大学,2020.

[22] 马小成,罗教讲,冯帅帅.新时代旅游经济研究理论与方法探析:以贵州为例[J].贵州社会科学,2020(7):139-144.

[23] 吴慧平.辽宁省旅游线路空间结构及其优化研究[D].辽宁师范大学,2020.

[24] 李新月.基于多维贫困视角下民族地区旅游减贫效应研究[D].新疆大学,2020.

[25] 库德热提·艾合买提.吐鲁番市旅游产业与区域经济耦合发展研究[D].新疆大学,2020.

[26] 周伟梁.丝绸之路经济带建设对旅游业经济增长的促进效用[D].新疆大学,2020.

[27] 张莉.贵州旅游产业治理机制研究[D].贵州大学,2015.

[28] 冯颖.低碳视角下贵州优势产业发展研究[D].重庆工商大学,2015.

[29] 桂柳.贵州省国内游空间结构研究[D].贵州财经大学,2013.

[30]张璞.贵州入境旅游客源的经济学分析[D].贵州财经学院,2010.

[31]唐明贵.旅游产业关联及其区域整合研究[D].贵州师范大学,2006.

[32]李南.生态美学视野中的贵州旅游[D].贵州大学,2006.